Hans Bürger

Der vergessene Mensch in der Wirtschaft

Neue Modelle zwischen Gier und Fairness

Hans Bürger

Der vergessene Mensch in der Wirtschaft

Neue Modelle zwischen Gier und Fairness

braumüller

Bibliografische Information der Deutschen Nationalbibliothek
Die Deutsche Nationalbibliothek verzeichnet diese Publikation in der Deutschen Nationalbibliografie; detaillierte bibliografische Daten sind im Internet über http://dnb.d-nb.de abrufbar.

Printed in Austria

1. Auflage 2012
© 2012 by Braumüller GmbH
Servitengasse 5, A-1090 Wien

www.braumueller.at

Coverfoto: orla / istockphoto
Druck: Druckerei Theiss GmbH, A-9431 St. Stefan im Lavanttal
ISBN 978-3-99100-074-7

In Erinnerung an Kurt Rothschild

Inhalt

III. Wie der Mensch sein *möchte* oder die Hürden zum Glück

Vorwort

Der Titel dieses Buches ist eigentlich falsch.

Auf den ersten Blick.

Ökonomen haben den Menschen nicht vergessen, sie haben ihn nicht einmal gesucht und schon gar nicht gefunden.

Eher müsste es heißen: Der falsche Mensch in der Wirtschaft. Oder noch genauer: Das völlig falsche Menschenbild in der Ökonomie. Denn seit dem 19. Jahrhundert wird mit dem Bild eines Menschen gearbeitet, den es in dieser Form nie gegeben hat. Die Hauptrolle auf der Bühne der Ökonomie hat eher eine Art Kunstfigur gespielt. So gesehen hat man doch den Menschen vergessen und mit einer ökonomischen Puppe gearbeitet. Auf den zweiten Blick stimmt der Titel des Buches also wieder.

Auf den zweiten Blick.

Die Ökonomie macht es uns im Grunde seit ihren Anfängen nicht einfach. Die ökonomische Puppe, *Homo oeconomicus* genannt, wird in vielen mathematischen Formeln und Kurven exakt beschrieben. Demnach handelt dieser Mensch ausschließlich eigeninteressiert und stellt permanent (Eigen-)Nutzen- / Kostenvergleiche an. Er scheint unabhängig von Gefühlsregungen zu sein.

Die seit der zweiten Weltwirtschaftskrise ab 2008 noch mehr unter Beschuss geratenen Ökonomen, die mit diesem Menschenbild arbeiten, schlagen mittlerweile hart zurück und zitieren konservative Ökonomen der alten (Österreichischen) Schule der Nationalökonomie. Nur „Schwachverständige" könnten ihren Vorwurf, dass es diesen Menschentypen des rationalen kühlen Rechners ja gar nicht gebe, ernst gemeint haben. Das habe man schon selbst gewusst, dass der *Homo oeconomicus* natürlich NICHT aus Fleisch und Blut existiere und „dass er keinen aus einem Mutterleib geborenen Menschen darstellen sollte, sondern eine aus einer Gedankenretorte erzeugte abstrakte Marionette, mit bloß ein paar menschlichen Zügen ausgestattet." (Fritz Machlup, zitiert nach Franz 2004: 3) Aber im Durchschnitt gesehen verhalte sich der Mensch, wenn er in der Wirtschaftswelt handelt, sehr wohl so. Sozial sei er schon gar nicht und es interessiere ihn nur einer: er selbst.

Nun ist die These des rationalen Wirtschaftssubjekts natürlich nicht *nur* falsch. Dieses Buch soll zeigen, dass die Mechanismen des Marktes – aufbauend auf dem Egoismus der Einzelnen – auf vielen Güter- und Dienstleistungsmärkten hervorragend funktionieren.

Dann stellt sich aber die Frage: Wenn sich diese Märkte immer wieder durch Preise, Löhne, Zinsen und Kurse ins Gleichgewicht bringen, kann es dann Krisen geben, oder gar Weltwirtschaftskrisen?

Ja, kann es. Erstens, weil der Mensch auch andere Seiten hat und nicht nur „im Durchschnitt" agiert. Zweitens, weil seit einigen Jahrzehnten *ein* Markt immer dominanter wird: der Markt der Finanzprodukte, auf dem nichts mehr zu greifen ist.

Spätestens jetzt funktionieren viele mathematische Modelle der Mainstream-Ökonomen nicht mehr. Was ist Herdentrieb? Welche Rolle spielen Verlustaversionen? Besitztum-Effekte? Wie-du-mir-so-ich-dir-Verhaltensweisen oder Fairness? Brauchen wir, wenn schon kein neues, dann zumindest ein *zusätzliches* Menschenbild? Auf jeden Fall ein realistischeres.

Menschen sind keine Märkte. Und Märkte sind keine Menschen. Obwohl angesichts von diversen Politikeraussagen zunehmend daran Zweifel aufkommen: *Wir müssen die Märkte bei Laune halten, sonst bestrafen sie uns. / Hoffentlich können wir sie umstimmen, sonst … / Wir brauchen zufriedene Märkte …* (vom Autor selbst vernommene Aussagen bei EU-Gipfeln der Staats- und Regierungschefs 2011 und 2012 in Brüssel). Angela Merkel soll laut Protokoll des britischen Historikers Peter Ludlow bei einem Abendessen der EU-Spitzen im Mai 2010 gesagt haben: „Wir haben keine paar Tage mehr [...] Wir müssen zeigen, was wir vorhaben, bevor am Montag die Märkte öffnen." (ZEIT ONLINE 2012)

Sind wir also verrückt geworden? Wir haben Angst vor Märkten – oder doch Göttern? – und versuchen sie durch politische und ökonomische Handlungen gnädig zu stimmen. Natürlich sitzen vor den Tastaturen und Bildschirmen der Finanzwelt Menschen, die die

Märkte bewegen, aber sie machen nur einen Bruchteil der arbeitenden Weltbevölkerung aus. Und vielleicht sind diese wenigen tatsächlich Fleisch und Blut gewordene Ausgaben des *Homo oeconomicus*.

Trotzdem bleiben noch immer 99,99 Prozent, die es nicht sind. Das ist keine zufällig gewählte Prozentangabe, es sind tatsächlich nicht mehr als einige hunderttausende Finanzmarkt-„Aktivisten" in den Wertpapierabteilungen der Banken, die die großen Summen bewegen. Also nicht mehr als 0,01 Prozent.

Und endlich erregen auch jene 99,99 Prozent der Menschen das Interesse von Ökonomen. Von Ökonomen, die nicht nur den Dauer-Kalkulierer, Optimierer und Nutzen-Maximierer beschreiben wollen, sondern auch die Innenwelt der „normalen" Wirtschaftsteilnehmer. Von Menschen wie dir und mir.

Was treibt diese riesige Mehrheit der Menschen an? Wann handeln *sie* fair, wann nur noch gierig und voller Neid? Wie viele von *ihnen* sehen vielleicht *ebenso* nur das rein Ökonomische? Und steigt die Prozentzahl der ausschließlich rational handelnden Menschen damit vielleicht auf zwei, drei oder fünf Prozent?

Das herauszufinden, daran arbeiten diese „anderen" Wirtschaftsexperten. Sie stehen im Mittelpunkt dieses Buches. Ökonomen, die seit Jahren, einige seit Jahrzehnten, gegen die Vereinfachung der Welt anschreiben. Einer von ihnen war Kurt Rothschild. So sehr hatte ich gehofft, nochmals mit ihm an einem Buchprojekt arbeiten zu können. Als wir gemeinsam „Wie Wirtschaft die Welt bewegt" erarbeitet haben, war der international anerkannte Doyen der österreichischen Volkswirtschaftslehre 94 Jahre alt. Ein Jahr nach Erscheinen unseres Buches ist Univ.-Prof. Dr. Kurt Rothschild gestorben.

Ihm möchte ich dieses Folgebuch widmen.

Einleitung

Das ist die Geschichte von drei Menschen.
Vom Menschen, der so nie gelebt hat und trotzdem von vielen
Ökonomen als Prototyp angesehen wird.
Vom Menschen, der so ist, wie er wirklich ist.
Vom Menschen, wie er gerne wäre.

Der Mensch hat sich immer im Griff. Er gibt nie mehr Geld aus, als er einnimmt, und hat keinerlei Neidgefühle seinem Nachbarn oder Arbeitskollegen gegenüber. Er vergleicht – bevor er etwas kauft – Preislisten und ersteht das Produkt dort, wo er es am günstigsten bekommt. Er fährt öffentlich, weil er sich ausgerechnet hat, dass der Weg per Auto teurer ist. Auch alle Zusatzkosten werden mit einkalkuliert. Er wechselt sofort den Stromanbieter, wenn ein attraktiverer Konzern auf den Plan tritt. Und selbstverständlich lässt er sich nie und nimmer von Aktienbooms an der Börse mitreißen, um vielleicht überteuerte Wertpapiere zu kaufen.

Ja, genau so ist er, der Mensch. Sagen die meisten Ökonomen. Und wie bereits im Vorwort angeführt, fügen sie mittlerweile gerne hinzu: Nur die Dummen würden sie bewusst missverstehen. Natürlich sei kein Mensch *wirklich* so, aber im Schnitt, oder sagen wir: Als Recheneinheit sei der Mensch sehr wohl so. Ein andauernd kalkulierendes Wesen, stets auf seinen Kostenvorteil bedacht, egal ob er nun Arbeitnehmer oder Unternehmer ist.

Und weil diesem Irrglauben zwei Jahrhunderte lang noch ein zweiter folgen musste, gehen jene Ökonomen seit fast ebenso langer Zeit davon aus, dass man diesen Durchschnittsmenschen, der sich im Dauergleichgewicht befindet, gleich auf ein ganzes Land übertragen kann. Ein Mensch im Gleichgewicht heißt mehrere Menschen im Gleichgewicht, bedeutet ein ganzes Land im Gleichgewicht. Niemand gibt mehr aus, als er verdient, niemand ist arbeitslos, weil er nur suchen muss, wo es eine Stelle gibt, wenn auch mit etwas geringerem Lohn. Und an den Börsen sorgen die Kurse dafür, dass jeder sein Papier zu einem markterzeugten Preis bekommt. Der Schluss daraus: Genau so müsse man mit dem Staatsbudget verfahren. Nie mehr ausgeben als einnehmen. Und soweit es nur irgendwie geht, alles dem „gerechten" Markt überlassen. Privatisieren, deregulieren, liberalisieren.

Also alles in bester Ordnung?

Natürlich nicht. Dieses Buch soll sich vor allem *einer* zentralen Frage widmen: Wenn wir den Menschen *anders* sehen, nur ein wenig mehr so, wie er wirklich ist, können wir dann herausfinden, weshalb es immer wieder zu Krisen kommt? Denn wenn wir wissen, wie der Mensch wirklich tickt, dann könnten wir doch auch versuchen zu ergründen, wie eine Gruppe von Menschen tickt, und wenn wir das wissen, vielleicht auch, warum ein ganzes Land anders funktioniert, als es die ökonomische Theorie vorsieht. Weil eben auch in den Regierungen, den Parlamenten, ja auch in den Wirtschaftsuniversitäten *Menschen* und nicht Modelle sitzen. Und wenn wir nur ein wenig mehr über das „Menschliche" in den Institutionen und über den einzelnen Wirtschaftsteilnehmer in Erfahrung bringen können, gelingt es uns dann vielleicht besser, Länder-, Kontinents- oder Weltkrisen vorauszusagen?

Vermutlich ja. Und genau das soll in diesem Buch „bewiesen" werden: Es gibt Möglichkeiten der Vorwarnung. Schon vor 2008 hatten Ökonomen die Krise prognostiziert. Aber gehört hat kaum jemand auf sie. Damals zählten sie nicht zum sogenannten „Mainstream". Heute stehen zumindest einige wenige von ihnen hoch im Kurs.

Was bedeutet das nun für die Wirtschaftswissenschaften?

Eine Wissenschaft, die den Menschen als Maschine definiert, die stets gleich handelt, wenn sie eingeschaltet wird, führt sich auf Dauer ad absurdum. Deshalb wird die Ökonomie der Zukunft keine alleinstehende Wissenschaft mehr sein können. Vor allem Psychologen, Soziologen, Neurowissenschaftler und Historiker könnten – und tun es teilweise bereits – ihr vereintes Wissen in eine „Neue Ökonomie" einfließen lassen.

„Könnten" deshalb, weil der Widerstand gegen die „Neuen" weltweit noch immer enorm groß ist. Aus diesem Grund werden etwa Nobelpreise nach wie vor an traditionelle Ökonomen vergeben (zuletzt 2011). Es wird dauern, bis die neuen Modelle und vor allem Experimente Eingang in alle Universitäten gefunden haben.

Auch wenn es in den letzten Jahrzehnten des 20. Jahrhunderts bereits einige Experimente gab wie beispielsweise das Ultimatum-Spiel. Jemand vergibt 100 Euro an einen Teilnehmer des Experiments mit der Bedingung, er könne den Betrag nur dann zum Teil behalten, wenn er den anderen Teil einem zweiten Mitspieler gebe. Lehnt jener den Betrag jedoch ab, bekommen beide nichts. Was würde ein stets kalkulierender Egoist (*Homo oeconomicus*) tun? Er würde wohl 1 Euro hergeben, damit er – voraussichtlich – 99 Euro behalten kann.

Was aber haben die realen Teilnehmer in diesem bekannten Experiment gemacht? Der Großteil teilte fifty-fifty. Aus Fairness? Kalkül? Aus welchem Motiv auch immer, die meisten Teilnehmer wollten schlicht und einfach nicht, dass der andere Mitspieler die Summe ablehnt, weil sie ihm als zu gering erscheint. Denn dann wären sie selbst ebenfalls leer ausgegangen. So gesehen waren die Beweggründe mehr einer klaren Strategie als einem vagen Gerechtigkeitsgefühl geschuldet.

Mittlerweile sind solche Experimente dermaßen ausgefeilt, dass sogar die Hirnströme gemessen werden können, die den jeweiligen Entscheidungen zugrunde liegen. Diese Neuroökonomie ist eine der jüngsten Wissenschaften, aber sie nimmt in den wissenschaftlichen Journalen von den USA bis Europa einen derart rasanten Aufstieg, dass auch die Kritiker schon lauter werden: „Sind wir wirklich nicht mehr als unser Gehirn?", fragen besorgte Soziologen und Philosophen. Einer extrem spannenden Debatte in den kommenden Jahren und Jahrzehnten steht also nichts im Weg.

Grundzüge aus dieser Welt der experimentellen Ökonomie sollen in diesem Buch genauso thematisiert werden wie die Frage nach dem Glück. Geht es wirklich immer nur ums Geld? Seit Ende des 20. Jahrhunderts könnte man davon ausgehen. Die Vertreter des reinen, bewusst „unsozialen" Kapitalismus, der Soziales ausklammert (siehe Hayek: „Soziales Denken ist Unsinn"), hatten ihre Theorie auf den Gipfel getrieben. *Alles* sollte dem Denkgebäude des *Homo oeconomicus* unterworfen werden. Geldanhäufung als Zielfunktion. Rendite, Rendite, Rendite. Wer nicht mitmacht, ist selbst schuld. Und wenn einer nicht mitmachen kann, weil er zu arm oder auch nur zu wenig mutig ist, hat er in der Welt des Finanzkapitalismus, oder auch Kasino-Kapitalismus, wie es schon John Maynard Keynes formuliert hat, ohnehin nichts verloren.

Burn-out-Rekordmeldungen, psychisch bedingte Invaliditäts-Ruhestände, die Tatsache, dass immer mehr Menschen mit Depressionen kämpfen, Jugendliche, die zunehmend über Sinnleere klagen – diese Alarmsignale einer Gesellschaft, in der offenbar vieles nicht im Lot ist, haben nicht bloß die Suche nach dem Glück anstatt nur nach Geld beschleunigt, sondern auch immer mehr Glücksforscher auf den Markt der Gefühle gebracht. Wirtschaftswissenschaftler, die sich mit der Glücksökonomie beschäftigen, interessiert sowohl, was glücklich *macht*, als auch die daraus folgende Herausforderung für den Staat: also wie Regierungen das, was angeblich glücklich macht, auch umsetzen, in Politik gießen können. Es muss ja nicht gleich wie in Bhutan sein. Im Himalaya-Staat hat König Jigme Singye Wangchuck 1974 das „Bruttoinlandsglück" erfunden. Statt Effizienz, Produktivitätssteigerungen und Profitgier regiert dort das Glücklich-Sein – per Verordnung.

Aber auch andere Staaten befassen sich mit der Frage, wie Wohlstand gemessen werden kann. Wirklich nur über die Wachstumsraten des Bruttoinlandsprodukts? Ob in Großbritannien oder in Frankreich und mittlerweile auch in Deutschland – die neuen Vermesser des Wohlstandes, teils mit, teils ohne Glücksökonomen, sind unterwegs und beginnen auch die Wirtschaftswissenschaften zu erobern.

Brauche ich das neue Auto wirklich oder neide ich es nur meinem Arbeitskollegen? Warum höre ich auf meinen Bauch und nicht auf meinen Verstand? Warum gehe ich an einem Samstagnachmittag auf Einkaufstour, ohne einen konkreten Konsumwunsch zu verspüren? Arbeit für Verhaltensökonomen, Prestigeforscher, Konsumpsychologen. Auch sie sollen in diesem Buch nicht zu kurz kommen.

Oder liegen wir überhaupt falsch? Messen wir Geld und Arbeit grundsätzlich zu viel Bedeutung bei? Mit Überlegungen darüber soll ein durchaus philosophischer Ausklang gefunden werden. Und nicht mit dem zynischen Ansatz, dass Arbeit nicht wichtig ist – Millionen von Arbeitslosen würde man damit brüskieren. Angesprochen wird das Paradoxon, dass ein nicht unerheblich großer Teil der Gesellschaft so viel und so schnell arbeiten muss, dass die jeweilige Tätigkeit nur noch krank macht, während anderen die Arbeit ausgeht.

Muße statt Gier?

Wir werden sehen.

I. Wie der Mensch nie war – aber aus Sicht der Wirtschaftswissenschaften bis heute ist

Zur Kritik an der Ökonomie

Krisen haben viele Väter. Gäbe es einen Vaterschaftstest für ökonomische Krisen, könnte es ein Überraschungs-Papa werden: der Ökonom selbst. Nicht der Politiker, nicht der Banker, nicht der Investor … nein: der Wirtschaftswissenschaftler. Bald 250 Jahre lang lehrt seine Zunft bereits den freien Markt. An Universitäten, bei Fachvorträgen in den Sälen der Interessenvertreter, in den Staatskanzleien. Unterbrochen nur von John Maynard Keynes, dessen makroökonomische Lehren für einige Jahrzehnte nach dem Zweiten Weltkrieg auch die Universitäten erobern konnten. Umso heftiger fiel dann der Gegenschlag der Neoklassiker ab den 1970er-Jahren aus, die in ihrer Allianz mit überzeugten Politikern als die sogenannten „Neoliberalen" so ziemlich alle Regeln für Märkte niederrissen. Aber eines schafften sie nicht: die große Krise von 2008/2009 plus Folgekrisen in ihrer weltweiten Dimension einzuschätzen, geschweige denn sie gar zu prognostizieren. Für derartige Prognosen wären sie aber eigentlich da. Bautechniker, die Brücken sperren lassen, weil sie einsturzgefährdet sind, wissen offenbar, was sie tun. Wirtschaftswissenschaftler der alten Schule sehen sich da vielleicht eher den Erd- und Seebebenforschern verbunden. Auch ein Tsunami ist schwer vorauszusehen. Allerdings gilt sogar das nur noch mit Einschränkungen, die Vorwarnsysteme für Beben funktionieren zumindest manchmal.

Grundsätzlich glauben die Anhänger des freien Marktes seit 250 Jahren an das Gleiche: an das sogenannte „simultane Gleichgewicht" auf allen Produkt-, Arbeits- und Kapitalmärkten. Das bedeutet, dass *alle* Wirtschaftssubjekte ein individuelles Gleichgewicht zustande bringen und zwar so, dass das gesamte Angebot auch immer nachgefragt wird. Voraussetzung dafür ist, dass jeder Haushalt seinen Nutzen und jedes Unternehmen seinen Gewinn maximiert. Möglich wird das alles durch sich ständig verändernde Preise, Löhne und Zinssätze.

So weit, so unrealistisch. Märkte sind selbstverständlich nahezu nie im Gleichgewicht. Wie wäre sonst etwa Arbeitslosigkeit erklärbar?

Warum ist oft ein Mehr an Arbeitskräften vorhanden, als von den Unternehmen nachgefragt wird? Die Antwort der Neoklassiker ist eine einfache: Runter mit den Löhnen und Unternehmen werden wieder mehr Arbeitskräfte einstellen. Tun sie das wirklich? Tun sie es vor allem dann, wenn vielleicht gerade ihre Branche in der Krise steckt und die Produkte ohnehin noch viel schwieriger abgesetzt werden als in den Jahren zuvor? Nehmen sie dann neue Mitarbeiter auf? Mitnichten. Sinkende Löhne führen dazu, dass die Mitarbeiter des betroffenen Konzerns weniger Kaufkraft haben, was wiederum Nachfragerückgänge in anderen Branchen bedingt. Mögliche Folgen: Auch dort kommt es zu Lohnsenkungen und / oder zu Kündigungen von Mitarbeitern.

Ein weiteres Hauptargument konservativer Ökonomen: Der Markt sei eben nicht frei, denn wäre er wirklich frei, vor allem von Eingriffen des Staates, dann würde er auch funktionieren. Eine gewagte These. Und sie stimmt durchaus auf bestimmten Güter- und Dienstleistungsmärkten. Auf den Finanzmärkten ist sie grundfalsch. Diese Märkte unterliegen kaum staatlichen oder globalen Regeln. Und haben sie sich selbst zurück ins Gleichgewicht gebracht? Mitnichten.

„Diese Volkswirtschaftslehre hat die intellektuelle Basis für die Deregulierungsbewegung geliefert", sagt Nobelpreisträger Joseph Stiglitz (2010b). Tatsächlich geht die alte, klassische Wirtschaftstheorie davon aus, dass jeder Mensch, der ausschließlich seine eigennützigen Interessen verfolgt, dem Wohlstand der Gesamtheit dient. Wenn der Bäcker seine Semmeln bäckt und dabei einen Gewinn erzielt, dann erzielt nicht nur *er* einen Gewinn, sondern viele Menschen werden satt (allerdings nur jene, die sich den Kauf leisten können, was aber in der Theorie nie dazugesagt wird). So hat es Adam Smith 1776 beschrieben. Damit der Bäcker nicht zu viel Gewinn für sich herausschlägt, also einen ungerechtfertigt hohen Preis verlangt, gibt es den Wettbewerb und alles wird für alle gut.

Unglaublich eigentlich, dass sogar mitten in der zweiten Weltwirtschaftskrise noch immer die meisten Ökonomen an Milchmädchenrechnungen wie diese glauben.

Wenn Bäcker Banker sind und Semmeln Risikopapiere – was ist dann? Gigantische Profite, die der Allgemeinheit zugutegekommen sind? Der Allgemeinheit? Bemerkt hat diese es jedenfalls nicht. Oder ist die „unsichtbare Hand" des Adam Smith, die für diese vielen Gleichgewichte sorgen sollte, nur deshalb unsichtbar, weil es sie vielleicht nie gegeben hat? (Stiglitz 2002)

Mit dem Aufstieg des Finanzkapitalismus, als Geld großteils aufgehört hat, im Zusammenhang mit Waren oder Dienstleistungen zu stehen, sondern Geld wieder Geld *geschaffen* hat, gelten all die Regeln der alten ökonomischen Theorie noch viel weniger, als sie ohnehin je gegolten haben. Dieser „neue Finanzsektor" mit seinen teils irrwitzigen Produkten, die abgesehen von ihren Erfindern ohnehin kaum noch jemand versteht, kommt übrigens in all den schönen Modellwelten der sogenannten „Mainstream"-Ökonomen gar nicht vor. Wie überhaupt Banken in der Ökonomie fehlen. (Gaulhofer 2010)

Ein weiterer Nobelpreisträger, ebenfalls ein Mainstream-Ökonom, Robert Lucas, hatte um die Jahrtausendwende Rezessionen noch für unbedeutend erklärt. „Wirtschaftsabschwünge richten langfristig so geringe Schäden an, dass sich die Wirtschaftspolitik nicht darum kümmern muss. Die Volkswirtschaftslehre hat das zentrale Problem, wie Depressionen verhindern, gelöst." (Storbeck 2010)

Dabei war man schon einmal viel weiter. In den 1950er- und 1960er-Jahren glaubte man durchaus daran – auch in der Wissenschaft –, dass man nicht von der Mikroökonomie auf die Gesamtwirtschaft, vom Einzelfall auf das Gesamtergebnis schließen kann. Am besten bringt diese keynesianische Erkenntnis Kurt Rothschild auf den Punkt. „Wenn Sie im Theater in der 17. Reihe sitzen und aufstehen, um besser zu sehen, dann ist das gut für Sie. Wenn alle aufstehen, sieht niemand etwas, und es ist schlecht für alle." (Bürger, Rothschild 2009)

Wie muss also eine Ökonomie der Zukunft aussehen, wenn sie sich von allem Bisherigen unterscheiden soll? Auf jeden Fall werden sich Wirtschaftswissenschaftler genauer damit beschäftigen müssen, wie Menschen ihre Entscheidungen wirklich treffen. Abseits alter, verstaubter Modelle. Sie werden herausfinden müssen, was zur Welt der undurchschaubaren Finanzprodukte geführt hat. Wirklich die Gier? Vielleicht auch der Wettbewerb einiger Mathematikstudenten? Und wie haben diese Entwicklungen die Welt der Realwirtschaft, also die der Güter und Dienstleistungen, beeinflusst?

Welche Rolle spielen Vertrauen, Unsicherheit und Irrationalität? Um Antworten auf diese Fragen zu finden, müssen Feldversuche und Fallstudien durchgeführt werden, nicht zu vergessen die virtuelle Reise ins menschliche Gehirn. Die Anwendung der für die Wirtschaftswissenschaften neuen Methoden wird unumgänglich sein.

Nur diese Rückbesinnung der gescheiterten *Natur*wissenschaft „Ökonomie" kann zu einer *Human*wissenschaft „Ökonomie plus" führen.

Der kühle Rechner

Beginnen wir dort, wo alles angefangen hat: beim *Homo oeconomicus*. Natürlich gibt es ihn *nicht*! Damit verteidigen sich, wie angeführt, heute Wirtschaftswissenschaftler, die von allen Seiten angegriffen werden.

Weshalb dann überhaupt dieses Kunstprodukt, auf dem eine ganze Wissenschaftsrichtung – noch dazu eine der wohl wichtigsten – basiert?

Es sei immer klar gewesen, dass mit einer derartigen Theorie nicht das tatsächliche Verhalten einzelner Individuen erklärt werden könne, heißt es. Von Interesse sei nur „das Verhalten größerer Gruppen von Individuen", sogenannter Aggregate, wie zum Beispiel der Konsumenten, der Unternehmer oder auch der Wähler (Kirchgässner 2008: 21). Gesucht werde das *typische* Verhalten einer Mehrheit von Individuen. Man könnte also auch von einem repräsentativ ausgewählten Durchschnittsmenschen sprechen, den es zwar nicht aus Fleisch und Blut gibt, der aber so agiert wie ein Durchschnitts*wert* aus allen (derzeit) sieben Milliarden Menschen. Wir könnten zwar die Kinder abziehen, aber sind nicht auch sie ab ihrer ersten Lebenswoche schon indirekt Zielobjekt der Spielzeugwerbung?

Doch auch wenn es bloß um einen Durchschnittswert gehen soll, machen die traditionellen Ökonomen einen schweren Fehler. Denn die klassischen und neoklassischen Modelle gehen davon aus, dass man eben vom „typischen Einzelfall" direkte Schlüsse auf die Masse ziehen könne. Ein Beispiel, das aus Sicht der Mainstream-Ökonomen den Markt „beweist": Der Benzinpreis wird erhöht. Es werden einige wenige Autofahrer ihr Fahrzeug weiterhin im selben Umfang nützen wie bisher. Die große Mehrheit wird allerdings – den Preisgesetzen des Marktes folgend – das Auto öfter stehen lassen und *weniger* Benzin tanken. So reagiere eben der „typische Konsument".

Stimmt das? Ist es nicht vielmehr so, dass Autos in den meisten Fällen (aus Sicht des Fahrers) täglich benötigt werden und man sich hinter das Lenkrad setzt, koste es, was es wolle? Natürlich gibt es eine Schmerzgrenze, ab der die Kosten auch für die Masse zu hoch sein werden. Aber es dauert, bis diese Grenze erreicht wird. Meist sehr lange.

Ein anderes Beispiel: Die Kreditzinsen sinken und sinken. Die Mehrheit der Unternehmen könnte als Reaktion darauf den Zeitpunkt für Investitionen nützen und Kredite aufnehmen: Aber tun sie das wirklich? In einer wirtschaftlich unsicheren Zeit? Zwei Weltwirtschaftskrisen haben gezeigt, dass dem *nicht* so ist.

Selbstverständlich heißt das nicht, dass die „alten Theorien" nie zutreffen. Die Ölpreis-Schocks in den 1970er-Jahren und die Krise ab 2008 haben sehr wohl dazu geführt, dass Autofahrer weniger getankt haben, nachdem die Preise gestiegen waren. Aber es ist eben nicht *immer* so und mit rationalen Zugängen schwer vorhersehbar. Und genau darauf kommt es an. Nur wenn dieses Moment der *Unsicherheit* in die ökonomischen Modelle eingebaut wird, besteht eine theoretische Chance, Krisen irgendwann zu prognostizieren.

Ralf Dahrendorf spricht bereits im Jahr 1958 von „problematischen" Menschen, die die Wirtschafts- und Sozialwissenschaften mit dem *Homo oeconomicus* kreiert hätten: „… ein Verbraucher, der vor jedem Einkauf Nutzen und Kosten sorgsam abwägt und Hunderte von Preisen vergleicht, bevor er seine Entscheidung trifft, und der Unternehmer, der alle Märkte und Börsen in seinem Kopf vereinigt und sämtliche Entschlüsse an diesem Wissen orientiert; der vollständig informierte, durch und durch ‚rationale‘ Mensch. Für unser naives Erleben ist dies eine seltsame Kreatur." (Kirchgässner 2008: 27) Knapp 30 Jahre später schreibt der US-amerikanische Wirtschaftswissenschaftler und Statistiker Robert H. Frank: „Menschen von der Art, wie sie ökonomische Modelle bewohnen, existieren sicherlich, aber die meisten von uns, einschließlich der Ökonomen, unternehmen alles, um ihnen aus dem Weg zu gehen." (Ebenda)

Heute haben diese Modell-Menschen die Macht übernommen. Es sind die Finanzjongleure in den Investmentbanken, aber auch in den normalen Geschäftsbanken, die meisten von ihnen junge Mathematiker. Es sind nur einige Hunderttausende rund um den Erdball und damit ein Bruchteil der Weltbevölkerung. Aber *sie* sind es, die der Modellfigur des *Homo oeconomicus* tatsächlich Leben eingehaucht haben. Sie entsprechen offenbar wirklich dem Typus, den Ökonomen so lange Zeit beschworen haben. Aber nicht, weil sie böse und kalt sind, sondern weil ihnen die Großanleger der Welt ihre Dollar- und Euro-Milliarden anvertraut haben und die höchste aller möglichen Renditen sehen wollen. So gesehen könnte man natürlich auch sagen, wer will das nicht? Und steckt diesem Verhalten zufolge nicht doch in uns allen ein kleiner oder auch größerer *Homo oeconomicus*?

Vielleicht. Aber ihn in allen Facetten auszuleben, ist eine andere Sache.

Kann es also sein, dass die Mainstream-Theoriegebäude aus dem 19. Jahrhundert den totalen Egoisten erst *erschaffen* haben und nicht umgekehrt? Vieles spricht dafür: Zuerst die Kunstfigur und erst dann der Fleisch gewordene totale Egoist und Rechner. Gleich einem Computer. Zur Perfektion gebracht am Beginn des 21. Jahrhunderts in den Wertpapierabteilungen der US-amerikanischen Großbanken.

Doch davon später, auch davon, dass mittlerweile der automatisierte oder auch algorithmische Handel mit Wertpapieren durch

Computerprogramme immer mehr *ohne* menschliches Zutun funktioniert. Sie – die neuen Elektronikriesen – brauchen ihn nicht mehr: den guten alten *Homo oeconomicus*. Denn den immer rascher wachsenden Hochfrequenzhandel, bei dem Computeranlagen Kauf- und Verkaufsentscheidungen – und das über Milliardenbeträge – in Sekundenbruchteilen erledigen, schafft auch der smarte 25-jährige Wall-Street-Star nicht mehr.

Wie tickt der *Homo oeconomicus* also wirklich? Vor allem verfolgt er ausschließlich seine eigenen Interessen und agiert als Permanent-Kalkulator. Wahrscheinlich trifft die Beschreibung eigennützig besser zu als egoistisch. Egoistisch impliziert im Sprachgebrauch ebenfalls eine Abwertung der anderen, die aber auch nicht notwendig ist, weil sich ein ökonomischer Nutzen-Maximierer grundsätzlich neutral gegenüber seinen Mitmenschen verhält.

Der Mitmensch ist einem ausschließlich ökonomisch denkenden Menschen egal. Er bedeutet ihm nichts. Kein Neid, kein Herabschauen auf ihn. Keine Gefühle. So steht es in der Theorie und man begreift, welche Schwachstellen in dieses Fundament der alten Wirtschaftswissenschaften zum Teil eingebaut sind.

Denn der „typische Konsument" handelt in weiten Teilen gegensätzlich. Man denke nur an die Apple-Hysterie in den ersten Jahren des 21. Jahrhunderts, die Menschenschlangen vor den Geschäften verursachte und Vorbestellungen für das jeweils allerneueste und trendigste Kommunikationsgerät, noch ehe es am Markt war.

Bester Zeuge dafür, dass der *Homo oeconomicus* wohl sicher nicht als Durchschnittsmensch herumläuft, ist der Begründer der Wirtschaftswissenschaften selbst. 17 Jahre vor (!) seinem Hauptwerk 1776 („Der Reichtum der Nationen") schreibt Adam Smith in der „Theorie der ethischen Gefühle": Auch wenn man den Menschen für noch so egoistisch halte, offenbar „nimmt er auch immer wieder am Schicksal der anderen teil und selbst deren Glückseligkeit ist ihm ein Bedürfnis, obwohl er keinen anderen Vorteil daraus zieht als das Vergnügen, Zeuge zu sein." (Kirchgässner 2008: 48)

Dennoch bleibt die Theorie ab dem 18. und vor allem gegen Ende des 19. Jahrhunderts bei ihrem ausschließlich ökonomischen Bild des Menschen.

Und er, der Mensch, scheint ein echter Wunderwuzzi und Tausendsassa zu sein. Er ist zu jedem Zeitpunkt über alles informiert. Innerhalb kürzester Zeit findet er durch Rationalität stets die beste Alternative für sich heraus.

1970 hat der spätere Nobelpreisträger (für seine „Theorie der asymmetrischen Funktion", 2001) George A. Akerlof mit einem mittlerweile berühmt gewordenen Beispiel die Absurdität dieser Annahme aufgezeigt. Er geht davon aus, dass grundsätzlich der *Ver*käufer seinen Markt besser kennt als der Käufer. Anhand des Gebrauchtwagenmarktes, den er als „Markt für Zitronen" bezeichnet, veranschaulicht er seine These. Den Besitzern eines gut erhaltenen, wertvollen Gebrauchtwagens, eines „Pfirsichs", gelingt es nicht, ihr Auto am Gebrauchtwagenmarkt zum wahren Wert zu verkaufen.

Stellt sich die Frage, warum nicht? Auf dem Markt sind auch Eigentümer von „Zitronen" – von Autos in schlechtem Zustand – unterwegs. Das Pech für die Käufer: Sie wissen nicht, ob der konkret angebotene Wagen ein guter oder ein schlechter ist, also ein Pfirsich oder eine Zitrone. Daher sind sie nur bereit, niedrige Preise zu zahlen – zu wenig für Anbieter von „Pfirsichen". Darauf reagieren die Verkäufer: Ihr Anreiz, Güter hoher Qualität auf dem Markt überhaupt noch anzubieten, sinkt. Die Folge: Anbieter von Pfirsichen verlassen den Markt. Ab diesem Zeitpunkt werden dort nur noch Zitronen angeboten. Die schlechte Qualität hat sich durchgesetzt.

Der anerkannte Welt-Ökonom George Akerlof spricht von Erfahrungsgütern, über deren Qualität man eben erst durch Gebrauch und Konsum ausreichend Informationen erhält. Stellt sich der Konsument diesen Erfahrungen? Wohl eher nicht, denn „was der Bauer nicht kennt, frisst er nicht".

Natürlich gibt es auch „Zitronen-Firmen", ja sogar „Zitronen-Länder" wie etwa 2011 und 2012 Griechenland. Da Anleger nicht wissen können, ob Bilanzen gefälscht sind oder nicht, werden irgendwann alle Wertpapiere zu niedrig bewertet, der Markt bricht zusammen.

Wie herrlich sich dieses Beispiel doch auf die Collateralized Debt Obligations (CDOs) anwenden lässt! Auf die sogenannten „Giftpapiere" von Finanzspekulanten, die aus Krediten von Häuslbauern „strukturierte Wertpapiere" gebastelt, sie weltweit vertrieben und schließlich jeden Bezug zu den Ursprungspapieren für den Käufer verschleiert haben.

Noch viel dramatischer ist die so lange gelehrte Theorie der vollkommenen Märkte – mit allen zur Verfügung stehenden Informationen – am Arbeitsmarkt. Wer Arbeit sucht, kennt die Details der Angebote kaum: tatsächlicher Lohn, Arbeitsbedingungen, das Wesen der Vorgesetzten. Das Problem der unvollständigen Informationen stellt sich aber auch für den Arbeitgeber. Nie kann er alle Bewerberinnen und Bewerber testen, der Markt ist schlicht zu groß, und nie wird er die tatsächliche Qualifikation der Interessenten kennen, solange er sie nicht „in Erfahrung gebracht" hat. Viele Arbeitsmarkt-Ökonomen bezeichnen deshalb den Moment des Vertragsabschlusses als Lotterie. Das Gegenteil eines vollkommenen Marktes mit zwei Marktteilnehmern, die wechselseitig über vollständige Informationen verfügen.

Was hat das alles mit großen Wirtschaftskrisen zu tun?

Auf den ersten Blick nichts. Ab dem zweiten Blick alles.

Denn wenn die Grundannahmen der Wissenschaft falsch sind, kann auch der Staat nur falsch reagieren. Und die Wirtschaftsteilnehmer haben offenbar anders gehandelt, als in den Lehrbüchern angegeben.

Wieder kommen wir zur Unsicherheit, „das größte Problem und das am meisten vernachlässigte Problem in der Ökonomie" (Bürger, Rothschild 2009). Wer unsicher ist, neigt dazu, sich zu *ver*sichern. Aber: Wer eine Versicherung abschließt, ändert sein Verhalten. Er wird sich weniger darum bemühen, dass der Versicherungsfall nicht eintritt.

Das ist auch das Argument der traditionellen Ökonomen für den Arbeitsmarkt: Arbeitslose wollen angeblich deshalb nicht mit vollem

Einsatz einen Job suchen, weil die Arbeitslosenversicherung zu hoch ist. Das mag auf einige Suchende zutreffen, für die meisten Arbeitslosen hingegen wäre es ein Segen, endlich wieder in den offenbar noch immer wichtigsten Prozess des sozialen Lebens eingegliedert zu werden.

Ein besonderes Problem stellen Krankenversicherungen dar. Natürlich steigt die Nachfrage nach Arztbesuchen, wenn die „Kasse" zahlt und natürlich werden immer mehr Medikamente verschrieben, solange der Selbstbehalt nicht allzu hoch wird. Zahnversicherungen bescheren den Menschen ebenfalls mehr Implantate als notwendig.

Völlig auf den Kopf gestellt wird die traditionelle Theorie rund um den *Homo oeconomicus* jedoch, wenn Konsumenten bewusst ein teureres Produkt kaufen. Das gibt es tatsächlich: je höher der Preis, desto größer der Absatz. Bei manchen Produkten wird sogar mit dem überdurchschnittlich hohen Preis geworben („Sauteuer, aber gut" – eine Haarshampoowerbung). Und schließlich geht der Trend in der Wohlstandsgesellschaft schon längere Zeit zu Image- oder Positionsgütern, die eine Käuferschicht von der anderen abheben. Effekte, wie sie nicht nur in der Mode, sondern schon lange auch in der Autoindustrie und immer mehr in der Kommunikationsbranche vorkommen.

Noch immer befinden wir uns aber in der kleinen Welt der Mikroökonomie, also in der Welt des Individuums. Bedeutet das Verwerfen der Theorie des *Homo oeconomicus* auch Änderungen in der Makroökonomie, in ganzen Volkswirtschaften, also in Staaten? Selbstverständlich, und zwar jahrzehntelang verleugnete, aber umso fundamentalere Änderungen.

Am berühmtesten ist das sogenannte Sparparadoxon in einer unterbeschäftigten Volkswirtschaft. Logisch wäre: Wenn alle Haushalte mehr sparen, steigt auch die Gesamtersparnis in einer Volkswirtschaft. Das tut sie aber nicht. Wenn alle mehr sparen, konsumieren sie weniger. Das Volkseinkommen sinkt. Die Beschäftigung geht zurück. Die Gesamtersparnis aller Wirtschaftsteilnehmer in einer Volkswirtschaft kann deshalb gleich bleiben oder unter bestimmten

Bedingungen sogar zurückgehen, auch wenn jeder Einzelne *mehr* gespart hat.

Das Beispiel des Theaterbesuchers trifft auch hier zu. Für einen (mikroökonomisch) mag es sinnvoll sein, bei schlechter Sicht aufzustehen, stehen hingegen alle (makroökonomisch) auf, sehen *alle* schlecht.

In der ersten Weltwirtschaftskrise in den 1920er-Jahren haben die Regierungen als Konsequenz den eigenen Gürtel und die ihrer Staatsbürger enger geschnallt, indem sie die Budgets gekürzt und gekürzt haben. Das erst hat damals die Krise zur Unbeherrschbarkeit verschärft.

In der zweiten Weltwirtschaftskrise 2008/09 hat die Politik gegenteilig reagiert: Dutzende billionenschwere Konjunkturpakete wurden geschnürt. Ein richtiger Ansatz, wenn auch mit einem großen „Aber": Was fehlt, ist eine neue ökonomische Theorie, wie das aus diesen Maßnahmen entstandene Schuldenchaos in den Griff zu bekommen ist, ohne eine dritte Weltwirtschaftskrise auszulösen.

Doch das ist eine andere Geschichte. Sie beginnt damit, dass auch Keynesianismus gerne falsch verstanden worden ist und nach wie vor wird. Spare in der Zeit, dann hast du in der Not, hat Keynes vor bald 80 Jahren sinngemäß geschrieben. Leider haben die Regierungen das Sparen zur richtigen Zeit gerne außer Acht gelassen. *Kein* Sparwille in konjunkturell guten Zeiten, dieses Versäumnis rächt sich heute fürchterlich.

Aber zurück zur Suche nach Erklärungen, weshalb das Menschenbild des *Homo oeconomicus* in Wirtschaft und Politik so lange überleben konnte und kann.

Oder sollte es uns letztlich nicht einerlei sein, welchem Bild des Menschen wir und Politiker anhängen? Nein. Denn „… das theoretische Menschenbild ist nicht nur der Versuch eines Abbildes, also eine modellhafte Beschreibung, die bestimmte Zusammenhänge erklären soll, es hat auch Leitbild-Funktionen. In dieser Funktion wirkt es auf das Selbstverständnis des Individuums zurück und dadurch auf das Gesamtverhalten einer Gesellschaft. Bezogen auf den

Homo oeconomicus kann gerade das fatal sein. Nehmen wir an, Menschen seien zwar alles andere als eigennutzorientiert, aber das ökonomische Menschenbild suggeriert, Eigennutz sei immer etwas Menscheneigenes. Das würde bedeuten, dass sich menschliches Handeln an dem Abbild von sich selbst orientiert." (Schräder 2008: 42ff)

Da scheint schon etwas dran zu sein. Immer mehr junge europäische Absolventen von Wirtschaftsuniversitäten, aber auch Mathematiker nehmen Topangebote von Wall-Street-Banken in den USA an. „Wall-Street-Boy" – ein Traumberuf für kühle, junge und meist überdurchschnittlich intelligente Kalkulierer.

Bei einer Anhörung im amerikanischen Kongress zu den Ursachen der Finanzkrise 2008 sagte selbst der frühere US-Notenbankchef Alan Greenspan: „Diejenigen, die geglaubt haben, dass das Eigeninteresse von Banken (also der Banker) das Kapital der Anleger (Anm.: und damit das Wohl einer Gesamtheit) *schützen* würde, sind einschließlich mir selbst in einem Stadium schockierter Fassungslosigkeit." Damit bringt Greenspan die zentrale These der Neoklassik ins Wanken – was für einen gut ist, ist unter bestimmten Bedingungen für alle gut – und er stellt erstmals eine Verbindung zum finanzkapitalistischen Desaster des beginnenden 21. Jahrhunderts her.

In diesem Zusammenhang sei erwähnt, dass das Modell des *Homo oeconomicus* von einer weiteren Prämisse ausgeht, von der der *stabilen Präferenzen*. Wie absurd! Nur weil sich die individuellen Präferenzen von Milliarden Menschen nicht feststellen lassen, geht die Theorie davon aus, dass sie stabil sind. Natürlich wieder im Durchschnitt gesehen – der typische Mensch habe also stabile Vorlieben. Als 1999 niemand so genau wusste, weshalb plötzlich der Kraftstoffverbrauch im Personenverkehr zurückging, antworteten Ökologen: Klar, der Mensch reagiere auf die Erderwärmung und werde vernünftiger, er habe andere Präferenzen, denke umweltfreundlicher und steige auf andere Verkehrsmittel um. Die neoklassischen Ökonomen hingegen ärgerten sich lautstark über solch „unsinnige Interpretationen": Die Ölfördermengen seien gedrosselt worden, die Preise gestiegen, der *Homo oeconomicus* habe nahezu modellhaft mit Kaufrückgang reagiert. (Vgl. Schneider 2006) Vielleicht war es so, vielleicht aber auch nicht – wer kann das mit absoluter Sicherheit sagen? Stabile Präferenzen und *ausschließliche* Reaktionen auf Mengenbeschränkungen sind jedenfalls unwahrscheinlich. Sehr oft geht es nicht um Mengen und Preise, sondern um viel *menschlichere* Gründe.

Von Mitläufer-Effekten haben wir schon gesprochen. „Ich will auch so ein schnelles Auto wie mein Kollege." Es gibt aber auch sogenannte Snob-Effekte. „Snob-Konsumenten" steigen, wie schon erwähnt, *ab* einer bestimmten Preishöhe ein. Liegt der Preis des betreffenden Produktes darunter, überlässt man das Produkt „der Masse". Wichtig ist dem Snob im ökonomischen Sinne, dass eine breite Schicht von Konsumenten dieses Gut *nicht* kaufen will – und es sich wohl auch nicht leisten kann. Entscheidend für diese „überhebliche" Käuferschicht ist also das antizipierte Verhalten des „kleinen und mittleren Mannes".

Abbildung 1: Der Homo oeconomicus

Der *Homo oeconomicus* hat also nie gelebt. Aber er hat lange als folgenreiche Kunstfigur gedient. Einer gesamten riesigen Wissenschaftsrichtung. Und irgendwann wurde das Modell sogar zum menschlichen, realen Vorbild aus Fleisch und Blut. Spätestens mit den Wall-Street-Boys in den Wertpapierabteilungen der internationalen Bankriesen.

Der *Homo oeconomicus*
- Eigennützig
- Handelt rational
- Nutzenmaximierungsmaschine
- Reagiert auf Mengenbeschränkungen und Preise
- Stabile Präferenzen
- Stets lückenlos über alles auf dem Markt informiert
- Permanentkalkulator

II. Wie der Mensch wirklich ist

Warum so verhalten? – Die Verhaltensökonomie

Eigentlich wäre es ja Aufgabe der Wissenschaften, dem jeweiligen Trend immer schon einen Schritt voraus zu sein, Fakten und Fundamente zu liefern, an denen sich der *Homo sapiens* orientieren kann. Eigentlich. In einigen anderen Wissenschaftsrichtungen funktioniert das auch.

Ich weiß, dass es besser ist, mich anzugurten, weil mich sonst bei einem Zusammenprall mit einem anderen Objekt bestimmte Kräfte durch die Windschutzscheibe aus dem Auto ziehen. Eine klare Aussage. Auch die Ökonomie hätte längst wertvolle „Gebrauchsanweisungen", etwa über wirklichkeitsnähere Verhaltensweisen von Anlegern auf den sogenannten „Märkten", liefern können. Und tatsächlich gibt es sie, jene Ökonomen und Verhaltensforscher, die niedergeschrieben haben, wie sich Menschen in Unsicherheit verhalten – und das viel präziser, als es die Lehrbücher der Wirtschaftswissenschaften seit vielen Jahrzehnten darstellen. Doch warum hat man sie nicht gehört? Weil traditionelle Wirtschaftswissenschaften eine automatische Lebensverlängerung des ausschließlich rational handelnden Wirtschaftssubjektes mittels „Umleitung" eingebaut haben. Die Umleitung heißt Politik.

Kluge Köpfe, etwa Kurt Rothschild, haben eine sehr drastische Erklärung geliefert: „Wissen Sie, Politiker orientieren sich zunächst an verstorbenen, bekannten Ökonomen, weil sie ihnen mehr vertrauen – erst wenn diese Politikergeneration selbst nicht mehr unter uns weilt, haben die neuen Forscher überhaupt eine Chance." (Bürger, Rothschild 2009)

Da muss etwas dran sein, hat doch auch schon John Maynard Keynes gemeint: „Männer der Praxis, die sich ganz von intellektuellen Einflüssen ausgenommen wähnen, sind gewöhnlich Sklaven irgendeines verblichenen Ökonomen." (Skidelsky 2005)

Ökonomie hinkt also nach. Der Mensch fühlt, dass schon lange etwas nicht stimmt, und die Wissenschaften trotten brav hinterher. Noch im Jahr 2011 Vertretern der „Theorie der rationalen Erwartungen", wie Thomas Sargent und Christopher Sims, den Nobelpreis für Wirtschaftswissenschaften zu verleihen, werteten viele Forscher der „Neuen Ökonomie" als gewaltigen Rückschlag und „schwere Enttäuschung" (Aiginger 2011). Dabei tut es überhaupt nichts zur Sache, dass beide Preisträger bei der Verkündigung im 69. Lebensjahr standen. Alter muss modernes Denken nicht verhindern.

Den Nobelpreis bekamen Sargent und Sims übrigens für ihre Leistungen in den 1970er-Jahren (!). Im Wesentlichen bauen ihre Theorien auf dem Modell des *Homo oeconomicus* und der „unsichtbaren Hand" (Adam Smith, 1776) des Preismechanismus auf. Natürlich ist nicht alles unrichtig, was Traditionalisten wie Sargent und Sims über die rationalen Erwartungen der Menschen schreiben. Es stimmt, dass viele von uns „rational (und aus Erfahrung) erwarten", dass das Hineinpumpen von Geld in den Wirtschaftskreislauf später zu Inflation führt und dass die Gewerkschaften daraufhin höhere Löhne fordern werden. Dass später die Zinsen wieder steigen und die Dinge ihren Lauf nehmen werden. /

Und – so der Hauptangriff der Neoklassiker auf die Keynesianer – dass schuldenfinanzierte Konjunkturpakete später zu Steuererhöhungen führen müssen. Und dass eben wegen all dieser Erwartungen der Konsument, noch *bevor* irgendwelche staatlichen Maßnahmen greifen können, seinen Konsum zurückfährt und der Unternehmer mit seinen ursprünglich geplanten Investitionen vielleicht ebenso verfährt. Dass also letztlich jede Konjunktursteuerungsmaßnahme durch Regierungen und Notenbanken wirkungslos verpuffen wird.

Das ist in vielen Fällen auch so. Es muss aber nicht so sein. Denn der Mensch verhält sich eben nicht „nur rational". Er handelt manchmal und immer öfter völlig irrational. Er kauft ein neues Auto, weil ihm der Staat eine Abwrackprämie (erstmals in Deutschland 2009) für sein altes Fahrzeug schenkt, obwohl er im Grunde *kein* neues Auto kaufen wollte. Er gibt für seine Weihnachtseinkäufe mitten in den Weltkrisenjahren so viel Geld aus wie nie zuvor und lässt sich Finanzprodukte aufschwatzen, die ihm nicht einmal sein Berater richtig erklären kann, weil sie ohnehin nur eine kleine Zahl der mächtigen Banker versteht – kein Wunder, haben doch genau sie diese Finanzprodukte zusammengebastelt. Für Neoklassiker und „alte Ökonomen" zählt das alles nicht. Sie haben ihre mathematischen Modelle, bezichtigen ihre Kritiker aus der Neuen Ökonomie der intellektuellen Faulheit und werfen ihnen manchmal sogar vor, dass sie für die verwendete Mathematik einfach zu wenig intelligent sind.

Damit stehen wir vor dem Hauptproblem. Diese Mainstream-Ökonomen sehen in ihren Darstellungen die reine Wahrheit, bewiesen in hochkomplexen mathematischen Modellen. Dadurch verbauen sie sich den kritischen Diskurs mit anderen, die ihnen ja zum Teil recht geben würden und, wie erwähnt, der Erwartungstheorie durchaus einiges abgewinnen können.

Diese „neuen Ökonomen" stellen diesen Anspruch der Allwissenheit nicht. Und neu muss nicht jung bedeuten, wie wir nochmals an einer Aussage des damals 94 Jahre alten Kurt Rothschild aus dem Jahre 2009 ablesen können: „Natürlich gibt es auch Staatsversagen, aber zu glauben, dass eine Nichtintervention sozusagen die beste Intervention auf einer höheren Ebene ist, ist Unsinn. Jedenfalls sind die Leute, die *für* eine Intervention sind, in einer stärkeren Lage, weil sie ja nicht sagen, der Staat *muss* eingreifen, sondern nur, er soll und darf. Die Neoliberalen hingegen sagen sehr wohl: Der Staat *darf* nicht. Das Dogma liegt also auf deren Seite." (Bürger, Rothschild 2009)

Mit dem offensichtlichen Hinterherhinken der Wissenschaft hinter den Lebenswünschen der Menschen stellt sich aber auch eine ganz andere Frage: Wirtschaften wir überhaupt *richtig*? Wollen wir wirklich immer mehr Güter oder stimmt es, was etwa Trendforscher sagen: Dass das Einzige, was wohlstandsge- und -verwöhnte Frauen und Männer wirklich noch auf den Berg der Produkte oben drauf wollen, „mehr Zeit für sich" und „innere Ruhephasen" sind.

Die neuen Ökonomen hat es allerdings „Selten" gegeben. Verzeihen Sie das Wortspiel. Aber in den Arbeiten des deutschen Nobelpreisträgers für Wirtschaftswissenschaften, Reinhard Selten, sehen einige den Beginn des „Umsturzes" in der Ökonomie (Heuser 2008: 32), andere schon in den 1950er-Jahren mit Thorstein Veblen (Schneider 2010: 6).

Tatsächlich hat man schon vor 60 Jahren damit begonnen, die Thesen der Wirtschaftswissenschaftler zum menschlichen Verhalten mithilfe psychologischer Erkenntnisse Punkt für Punkt zu überprüfen. Womit? Mit Experimenten. Und damit ging rund 180 Jahre nach Adam Smith, dem Begründer der Wirtschaftstheorie, ein Tor auf. Nur einen winzig kleinen Spalt, aber immerhin. Heute, im zweiten Jahrzehnt des 21. Jahrhunderts, steht es schon ein wenig mehr offen. Und immer mehr Forscher wollen mittlerweile hindurch.

Was ist experimentelle Ökonomie?

Vereinfacht könnte man sagen, dass „gespielt" wird. Allerdings ist dieser Spielsituation ein sehr, sehr enger Rahmen gesteckt. Die Teilnehmer (meist Studenten) spielen nicht „Mensch ärgere dich nicht", auch wenn sie sich nach derart anstrengenden „Spielen" vielleicht so fühlen, sondern sie treffen ökonomische Entscheidungen: Kauf und Verkauf. Und sie können damit tatsächlich Geld gewinnen. Gespielt wird in eigens an Universitäten eingerichteten Labors, jeder Teilnehmer hat einen eigenen Computer zur Verfügung. Die Spiele selbst sind älter als die Teilnehmer, die meisten stammen aus der Spieltheorie, und deren Wurzeln gehen bis ins mittlere 19. Jahrhundert zurück. Schon damals hatten übrigens diese vor-spieltheoretisch arbeitenden Wissenschaftler versucht, den Wahrheitsgehalt der Theorie des *Homo oeconomicus* zu überprüfen. Hätte man ihnen doch damals mehr Gehör geschenkt. Den Durchbruch schafften die Spieltheoretiker aber erst mehr als hundert Jahre später, 1944. Mit dem Buch „Theory of Games and Economic Behavior" (Spieltheorie und wirtschaftliches Verhalten) gelang es Vordenker John von Neumann gemeinsam mit

Oskar Morgenstern, die Anwendbarkeit der Spieltheorie zur Analyse wirtschaftlicher Fragestellungen darzustellen. Damit war die Symbiose zwischen Mathematik und Ökonomie erstmals gelungen.

In der Spieltheorie kommt es zu Entscheidungssituationen, in denen sich mehrere Teilnehmer gegenseitig beeinflussen. Das war neu. Denn in der klassischen Entscheidungstheorie hängt der Erfolg des Einzelnen nur vom eigenen Handeln ab. Die Aktionen und Reaktionen der anderen haben keinen Einfluss auf das Ergebnis des jeweiligen Entscheiders.

Zwei typische ökonomische Beispiele aus der sogenannten klassischen Entscheidungstheorie.

In einem Unternehmen entscheide ich mich für die kostengünstigste Wahl der Produktionsmaschinen bei gleichbleibenden Rohstoffpreisen. Die Wirtschaftsteilnehmer treffen also eine ökonomische Entscheidung, die ihnen einen Vorteil bringen soll, aber auf Basis von bestimmten Faktoren (den Rohstoffpreisen), die sich durch diese Entscheidung *nicht* ändern. Ebenso verläuft die Entscheidung eines Unternehmers, das Produktangebot mit maximalem Gewinn zu verkaufen, ohne dass sich die Produktpreise ändern.

In der Spieltheorie hingegen wird die Umwelt durch die individuellen Entscheidungen sehr wohl verändert. Und – auch das ist wichtig: Die eigene Strategie hängt vom Verhalten der anderen Wirtschaftsteilnehmer ab (interdependente Entscheidungssituation).

Man muss kein Ökonom sein, um zu erkennen, dass spieltheoretische Entscheidungen das wirkliche Leben besser abbilden als „klassische" Modelle.

Ein Beispiel, das Ultimatum-Spiel, wurde bereits angeführt. Derer gibt es Dutzende. Und immer wieder geht es um ähnliche Überprüfungen: Handelt der Mensch wirklich rein rational, kauft er also, wenn die Preise gefallen sind? Investiert der Unternehmer, wenn der Zinssatz tief genug liegt, stellt er Mitarbeiter ein, wenn das Lohnniveau fällt, und kündigt er sie, wenn ihm die Löhne zu hoch geworden sind? Kauft der potenzielle Anleger, wenn der Wertpapierkurs gefallen ist, wie verhandelt A mit B, wenn er spürt, dass ihn B „hereinlegen" will, was hingegen macht er, wenn er von seinem Gegenüber Fairness empfindet? Und, und, und. Reale Situationen werden in einer Laborwelt nachgespielt, mit so realistischen Bedingungen wie nur irgend möglich.

Abbildung 2: Wie man sich wirtschaftswissenschaftliche Experimente vorstellen kann …

Bevor konkrete Beispiele angeführt werden, nochmals zur genauen Methode, wie sie der deutsche Ökonom Armin Falk sehr gut erklärt. Zu einem wirtschaftswissenschaftlichen Labor-Experiment lädt man üblicherweise eine Gruppe von Teilnehmern ein, die im Labor exakte Instruktionen über den detaillierten Ablauf des Experiments, die Informationsbedingungen und die Entscheidungs- und Auszahlungsregeln erhalten. Von zentraler Bedeutung ist für Falk, dass die Teilnehmer entsprechend der festgelegten Auszahlungsfunktionen *tatsächliches* Geld erhalten, das heißt, alle Entscheidungen der Teilnehmer haben unmittelbar monetäre Konsequenzen. Letzteres unterscheidet wirtschaftswissenschaftliche Experimente von Umfragestudien oder sozialpsychologischen Experimenten. Während es für den deutschen Ökonomen „billig" ist, in einer Umfrage zu behaupten, man sei ein kooperativer Mensch, fordere die gleiche Willensäußerung im Experiment ein Verhalten, welches das entsprechende Individuum Geld kostet.

„Es geht in Experimenten nicht um Bekenntnisse, sondern um *reales* Verhalten mit *realen* Konsequenzen. Die besondere Stärke experimenteller Techniken liegt in der Möglichkeit, Verhalten in einer *kontrollierten* Umgebung zu studieren. Keine andere empirische Methode erlaubt ein vergleichbares Maß an Kontrolle. So bestimmt der Leiter des Experiments beispielsweise, welche monetären Konsequenzen ein bestimmtes Verhalten im Experiment hervorruft. Er kann präzise festlegen, welche Informationen die Teilnehmer in einer bestimmten Entscheidungssituation haben, er kontrolliert Einflussgrößen wie Anonymität und Kommunikationsbedingungen und er bestimmt, ob ein Spiel wiederholt oder einmalig durchgeführt wird." (Falk 2001: 2)

Teilnehmer an derartigen Experimenten erhalten zum Teil durchaus attraktive Geldsummen, wenn sie im Spiel erfolgreich gehandelt haben. Die Entlohnung setzt sich meist aus einem variablen Geldbetrag in Anlehnung an den Spielverlauf und einem Fixum (als „Belohnung" für die Teilnahme am Experiment) zusammen.

Für den Probanden schaut der Beginn eines Experiments beispielsweise so aus: Wir blicken ins Labor für experimentelle und empirische Wirtschaftsforschung der Universität Bremen (vgl. Literatur Internet 1), Fachbereich Volkswirtschaftslehre. Folgendes bekommen die Teilnehmer am Beginn des Experiments zu lesen:

Im Labor werden regelmäßig Experimente durchgeführt. Für die Teilnahme an Experimenten sind keine Vorkenntnisse erforderlich. Grundsätzlich erfordert die Teilnahme jedoch sehr gute Deutschkenntnisse. In den Experimenten sollen die Teilnehmer grundsätzlich ihre Präferenzen bzw. Vorlieben zu sehr unterschiedlichen Entscheidungssituationen angeben. Die experimentelle Forschung hat grundsätzlich das Interesse, die Einstellungen etc. der Teilnehmer aufzudecken.

Je nach Experiment und Entscheidung können bis zu 100 Euro verdient werden. Die Experimente dauern in der Regel 60–90 Minuten.

Durchschnittlich verdienen die Teilnehmer ca. 15 Euro pro Stunde. Die Mindestvergütung in allen Experimenten beträgt 5 Euro. Sie können sich unter dem unten stehenden Link für die Teilnahme registrieren und werden dann zu den Experimenten per Mail eingeladen. Für jedes Experiment erfahren Sie zuvor die Dauer und die Vergütungsmöglichkeiten. Sie können sich dann bequem online einen Platz zu verschiedenen Terminen aussuchen. Wenn Sie zu keinen weiteren Experimenten eingeladen werden möchten und aus dem System gelöscht werden möchten, können Sie dieses jederzeit selbstständig und bequem machen.

Wenn Sie sich zur Teilnahme an ökonomischen Experimenten des Lehrstuhls registrieren möchten und noch nicht registriert sind, dann klicken Sie einfach hier …

Bei Fragen wenden Sie sich bitte an den Laborleiter.

Das Ultimatum-Spiel

Spieler A muss einen Teil der 100 Spieleinheiten (nennen wir sie zur Vereinfachung „Euro"), die er als Spielgeld erhalten hat, an seinen Mit- / Gegenspieler B abgeben. Lehnt B allerdings den Betrag ab, bekommen beide nichts. Wie würden zwei Spieler des Typs *Homo oeconomicus* handeln?

A würde B 1 Euro geben und B würde diesen auch nicht ablehnen, weil doch 1 besser als 0 ist. A bekommt 99 der 100 Euro Spielgeld.

Und was macht der echte *Homo sapiens* – herausgefunden in zahllosen Experimenten? A überlegt: Wie groß ist die Gefahr, dass B ablehnt, wenn ich ihm zu wenig biete? B überlegt: Wehe, er gibt mir zu wenig von seinen 100! (B weiß selbstverständlich, dass A über 100 Euro verfügt.)

Das Ergebnis: Fast alle A-Spieler geben zwischen 30 und 50 Prozent der Summe an B. Und tatsächlich: Jener kleine Teil an A-Spielern, die weniger als 25 Euro abgegeben haben, hatte Pech: In diesen Fällen hat B abgelehnt.

Handelt es sich bei dieser Minderheit, die zu wenig abgegeben hat, vielleicht um den echten *Homo oeconomicus*? Soll sich eine gesamte Wissenschaft wirklich an *ihnen* orientieren? Obwohl es eigentlich *sie* sind, die die Minderheit darstellen?

Die neuen, experimentell orientierten Wirtschaftswissenschaftler bezeichnen das Verhalten der B-Spieler, die das (aus ihrer Sicht zu geringe) Angebot der A-Spieler abgelehnt haben, übrigens als „Unfairness-Aversion", also eine tiefe Verärgerung über eine Verhaltensweise, die man als sehr unfair *empfindet*. Eine Denkweise, die in der Neoklassik nicht zu finden ist.

Die experimentelle Ökonomie „spielt" auch mit der vereinfachten Form des Ultimatum-Spiels.

Das Diktator-Spiel

Hier darf nur *ein* Spieler handeln. Wieder bekommt A eine bestimmte Geldsumme, die er zwischen sich selbst und Spieler B aufteilen muss, oder eben auch nicht. Diesmal kann B aber *nicht* ablehnen. Was wäre also logischer, also dem *Homo oeconomicus* entsprechend rein rationaler, als alles zu behalten?

Doch was ergeben die Tests? Bis zu 25 Prozent der im Spiel befindlichen Geldsumme gibt A an B freiwillig ab. Und das, obwohl es zu keinerlei Konsequenzen kommen kann, falls A die gesamte Summe für sich behält.

Das Gefangenen-Dilemma

Dieses Spiel kommt aus der Spieltheorie und wurde in den 1950er-Jahren von zwei Mitarbeitern eines – heute würde man sagen – „Thinktank" mit dem Firmennamen RAND (Research & Development, also Forschung und Entwicklung) für das US-Militär erfunden.

Zwei Spieler, im Spiel Gefangene, die gemeinsam eine Straftat begangen haben, können entweder zusammenarbeiten oder einander verraten. Die Höchststrafe beträgt sechs Jahre. Sie werden getrennt voneinander befragt – wer hat nun die Tat begangen?

Beide wissen:

- Wenn **beide schweigen**, werden sie nur zu jeweils **2 Jahren Haft** verurteilt.
- Wenn **beide gestehen**, werden sie wegen Kooperation mit den ermittelnden Behörden zu jeweils **4** statt 6 Jahren **Haft** verurteilt.
- Wenn **einer gesteht** (den anderen also verrät) **und der andere schweigt** (dem anderen gutgläubig vertraut, dass er auch schweigt, aber damit bitter enttäuscht wird), **geht der Geständige frei** (und bekommt nur eine Bewährungsstrafe auf ein Jahr), **der Schweigende erhält die Höchststrafe von 6 Jahren.**

Was tun?

- Wenn ich den anderen verrate, und er verrät mich nicht und schweigt, gehe ich frei. Ich weiß aber nicht, was er macht.
- Wenn ich ihn verrate und er mich auch, bekomme ich 4 Jahre.
- Wenn ich ihn nicht verrate, er mich aber schon, bekomme ich die Maximalstrafe von 6 Jahren.
- Vielleicht wäre es doch besser zu schweigen? Er wird schon auch „nichts sagen". Dann bekommen wir beide nur zwei Jahre.

Das erste Hauptergebnis dieses Spieles, bevor sich noch einer entschieden hat:

- Gemeinsames Handeln ergibt auf jeden Fall ein insgesamt besseres Ergebnis für beide.
- Individuelles Handeln ist für einen der beiden besser.

Ein höchst ökonomisches Problem also. Und mittlerweile wurde in zahlreichen Beispielen „bewiesen", dass das Verhalten eines Einzelnen keinesfalls für mehrere Beteiligte „Gutes" bedeuten muss. Denn kollektives Schweigen würde beide Spieler nur zwei Jahre ins Gefängnis bringen. Wären also insgesamt 4 Jahre Haft. Das ist auf jeden Fall weniger als die Summe von Höchststrafe (6 Jahre) und Freispruch (0 Jahre), also 6 Jahre insgesamt für beide.

- Kollektiv gesehen wäre also **Schweigen** die richtige Reaktion.
- Individuell gesehen wäre **Gestehen** die richtige Reaktion.

Der *Homo oeconomicus* würde also gestehen. Das ist rational für ihn besser.

Experimente in den letzten Jahrzehnten haben ein anderes Bild ergeben. Die meisten Spieler schweigen. Auch wenn sie vom „Kollegen" bitter enttäuscht werden und damit die Höchststrafe erhalten.

Wird das Gefangenen-Dilemma allerdings mehrmals hintereinander gespielt, ändert sich das Bild. Denn nach mehreren Runden wird klar, ob der Gegenspieler ein Egoist ist oder kooperiert. Hat er sich fair verhalten, wird man ihm in den weiteren Runden auch fair entgegenkommen. Hat er sich ausschließlich von egoistischen Motiven leiten lassen, wird er vom Mitspieler bestraft werden. Die Anzahl der Runden wird den Spielern allerdings nicht verraten. Wäre der Zeitpunkt des letzten Spieles bekannt, würde wohl jeder mit der Strafaktion auf die allerletzte Runde warten.

Wie auch immer: Je länger ein Gefangenen-Dilemma-Spiel dauert, desto (homo-)ökonomischer werden die Spieler.

Der österreichische Wirtschafts- und Politikjournalist Eric Frey hat das so zusammengefasst: „Jim und Tom wollten gerade auf den Highway auffahren, als sie von einer Polizeistreife gestoppt wurden. Auf dem Rücksitz erblickte der Cop zwei Pistolen, die ganz offensichtlich illegal waren. Er nahm die beiden auf die Polizeistation mit. Dort interessierte Sheriff Eddie O'Flynns vor allem eines: Waren das die Männer, die vor zwei Tagen im Nachbarort die Bank ausgeraubt hatten? Der Sheriff hatte einen starken Verdacht, aber keine Beweise.

O'Flynns setzte Jim und Tom in zwei getrennte Zellen und begann mit seiner bewährten Verhörmethode: ,Hör mir einmal zu, Buddy. Wir haben dich mit illegalen Waffen erwischt und können dich und deinen Freund auf jeden Fall für ein Jahr verknacken. Aber

48

wir glauben, dass ihr auch die Bank ausgeraubt habt. Wenn du gestehst und dein Kumpan schweigt, lassen wir dich gehen, und er kriegt zehn Jahre.' ,Und wenn wir beide gestehen?', fragte Jim. ,Dann kriegt ihr beide vier Jahre.' Jim dachte kurz nach.

Er wusste nicht, ob Tom dichthalten würde. Wenn dieser singt, dann wäre es wohl besser, wenn auch er gesteht. Und wenn er schweigt? ,Dann gehe ich frei, wenn ich rede.' Für Jim war es klar: Reden ist immer besser als Schweigen. Und auch Tom kam zum gleichen Schluss: Sie gestanden beide und wurden gleichermaßen zu vier Jahren verurteilt.

Sheriff O'Flynns war zufrieden. Wieder einmal hatte er einen schwierigen Fall rasch gelöst. Und innerlich lachte er über die Ganoven: Hätten Jim und Tom geschwiegen, dann wären sie mit einem Jahr Haft davongekommen." (Frey 2012)

Zu Veränderungen der Persönlichkeit sei auch an eine nun schon 20 Jahre alte Studie der US-Ökonomen Frank, Gilovich und Regan erinnert, in der Ergebnisse eines Experiments veröffentlicht werden, wonach Ökonomiestudenten im Laufe ihres Studiums immer egoistischer werden und sich der Kunstfigur des eigennützigen *Homo oeconomicus* immer mehr annähern.

In diesem Experiment, dessen Rahmenbedingungen das Gefangenen-Dilemma bildet, wird das Verhalten von Studienanfängern mit dem von Studenten kurz vor den Abschlussprüfungen verglichen. Je zwei Dollar gibt es bei Kooperation beider (gestehen), einen Dollar für Nicht-Kooperation von beiden (schweigen) und drei Dollar fürs Kooperieren des einen (gestehen = verraten) beziehungsweise null Dollar für den verratenen Gutgläubigen.

Das Ergebnis: Erstsemestrige kooperieren (mit den Behörden) und zwar in großer Mehrheit. Übrigens genauso wie Erstsemestrige aus völlig anderen Studienrichtungen. Ab dem vierten Studienjahr wendet sich das Wirtschaftsblatt: Studenten anderer Fachrichtungen sind kooperativ geblieben, Volkswirte sind mehrheitlich zum *Homo oeconomicus* geworden. (Frank et al. 1993)

Die Studie sorgte für großes Aufsehen und wurde – vor allem von neoklassischen Ökonomen – in den darauffolgenden Jahren des Öfteren scharf kritisiert. Aber bis heute auch immer wieder *zitiert*. Ein Argument ist allerdings nicht von der Hand zu weisen: Hier, wie überhaupt in der experimentellen Ökonomie, geht es häufig um Laborsituationen und – nicht nur in diesem Beispiel – sehr oft um Studenten. „Für mich ist das alles Unsinn – Eine Moral, die auf der Unaufgeklärtheit über die relevanten Interaktionsprobleme beruht, die also Reflexion nicht verträgt, kann auf Dauer keinen Bestand haben", poltert etwa Karl Homann in „Vorteile und Anreize: Zur Grundlegung einer Ethik der Zukunft" (2002).

Das stimmt aber nicht. Die beim Gefangenen-Dilemma entstehenden Probleme werden seit Jahrzehnten in vielen Situationen des menschlichen Lebens durchgespielt. Von der Kriminalistik über Bewertungssysteme bei eBay bis hin zu Verhaltensweisen zwischen Fondsmanagern und Anlegern oder auch Fondsmanagern untereinander.

Aber auch Unternehmen, die etwa einen Supermarkt in der Nähe eines anderen Supermarktes eröffnen wollen, beginnen die Situation „durchzuspielen". Wenn ich mit deutlich niedrigeren Preisen in den Markt stoße als mein Mitbewerber, wie lange kann ich das mit meinen Kosten aushalten? Zieht der andere sofort nach? Was machen die Dritten – in den Umlandgemeinden? Sollte ich nicht doch fairer agieren? Und so weiter.

Noch ein extrem vereinfachtes Beispiel aus der Klimapolitik, das Kritiker zum berechtigten Vorwurf der Milchmädchenrechnung veranlassen wird.

Dennoch: Zwei Länder unterzeichnen ein Abkommen zur Senkung der Umweltbelastung. Innerhalb der nächsten 20 Jahre muss die Schadstoffbelastung um 40 Prozent gesenkt werden. Die Kosten für die beiden gleich großen Länder, nennen wir sie einfach Spiel-Italien und Spiel-Großbritannien, die nahezu gleich viele Einwohner haben (auf-/abgerundet 62 Millionen), belaufen sich auf

1000 Milliarden Euro für Investitionen in die Umwelttechnologie. Der gemeinsame Nutzen der neuen, modernen Umweltstandards wird von Wissenschaftlern für beide Länder mit 3000 Milliarden Euro beziffert. Also mit 1500 Milliarden für jedes Land. Nun müssen natürlich je 1000 Milliarden an Investitionen abgezogen werden. Bleiben immer noch 500 Milliarden Euro an Nutzen für jedes Land. (Wenn beide kooperieren.)

Nun macht nur ein Land mit. Der Gesamtnutzen: 1500 Milliarden. Wieder müssen 1000 Milliarden abgezogen werden (diesmal nur in Spiel-Italien, das investiert hat). Bleiben 500 Milliarden an Nutzen für beide (!) Länder übrig. Also 250 Milliarden für das (umweltbewusste) Spiel-Italien und 250 Milliarden „Gewinn" an reinerer Luft für das (null Geld investierende) Spiel-Großbritannien.

Wie oft wird sich Spiel-Italien das wohl gefallen lassen?

Und was ist die realistische, in der Spieltheorie stets als „dominante" Strategie bezeichnete – und weltweit mit großem „Erfolg" auch angewandte Strategie?

Nichts tun.

Keine Kosten. Aber auch keinen Nutzen. Aus der Innensicht der beiden Länder ist das das beste (Spiel-)Verhalten. Länderübergreifend (und global) aber zweifellos das schlechteste. (Demel et al. 2009)

Und weil wir ohnehin schon in der Gegenwart gelandet sind, nun

Das andere G-Dilemma
… Griechenland-Dilemma.

Hier geht es um Unsicherheit und (fehlendes) Vertrauen. Zu lange Zeit haben zu wenige Menschen erkannt oder erkennen wollen, dass ihnen Rücksichtnahme auf den Kollegen (Mittäter aus dem Gefangenen-Dilemma) und ein *Sich-als-Teil-des-Ganzen-Begreifen* letztlich mehr gebracht hätten als ökonomischer Egoismus gegenüber dem Staat. Der Autor selbst hat aus dem Mund des Besitzers einer Eisenwarenhandlung und einer Taverne im Süden des Peloponnes im

Sommer 2012 folgenden Satz gehört: „Warum soll ich Steuern zahlen? Dann habe ich zu wenig Geld, um meine Familie zu ernähren." Angesichts der dramatischen Lage 2011 und 2012 in Griechenland völlig logisch klingende Worte, wäre da nicht noch ein Nachsatz gekommen: „Und außerdem zahlt hier seit vielen Jahren kaum jemand Steuern."

Die meisten Griechen wissen, dass sie Steuern zahlen sollten und dass viele Beamte bestechlich sind. Aber eigenes Umdenken wird als weniger wichtig angesehen als eine Art „allgemeine" Wende. Erst wenn ich vom Staat „belohnt" werde, werde ich im nächsten Schritt (Spielzug) auch kooperativ sein. Kürzt der Staat meine Sozialleistungen weiter, werde ich im nächsten (Spiel-)Zug weiterhin keine Steuern zahlen.

„Wie du mir, so ich dir" (Tit for tat)

Die Spieler A und B erhalten je 12 Euro. Jetzt kann dem Mitspieler Geld gegeben oder genommen werden. Es dürfen aber nur zwei Züge gemacht werden.

Zug eins: Spieler A

A darf B bis zu 6 Euro geben oder ihm bis zu 6 Euro nehmen.

Gibt A dem Spieler B Geld, dann verdreifacht der Spielleiter für B die gegebene Summe.

Nimmt A dem Spieler B Geld weg, dann erhält A von B einen Betrag zwischen 1 und 6 Euro, *ohne* dass diese Summe vom Spielleiter verdreifacht werden würde.

Zug zwei: Spieler B

Er darf A für dessen Verhalten belohnen oder ihn bestrafen. Belohnt er A (weil ihm dieser Geld gegeben hat), gibt er ihm einfach einen bestimmten Eurc-Betrag zurück. Hat ihm A im ersten Zug Geld genommen, dann hat B die Möglichkeit, einen bestimmten Geldbetrag dem Spielleiter zurückzugeben – mit dem zusätzlichen Nutzen der „Rache", dass der Spielleiter diesen Betrag wieder verdreifacht und A als dreifache Strafe für sein „unfaires" Verhalten wegnimmt.

Bevor wir uns das in vielen Laborversuchen mit „echten" Menschen ansehen, schauen wir in der Ratio des *Homo oeconomicus* nach. Was hätte er gemacht? Die Antwort ist einfach: Im ersten Zug hätte A dem B die maximal mögliche Summe von 6 Euro weggenommen. Er hielte dann bei 18 Euro. Und B? B würde „rational" gar nichts tun. Belohnen und Bestrafen ist in seiner Welt nicht vorgesehen. Jetzt hätte er eben nur noch 6 Euro.

Im mittlerweile berühmt gewordenen Artikel „Homo Oeconomicus Versus Homo Reciprocans: Ansätze für ein Neues Wirtschaftspolitisches Leitbild?" aus dem Jahr 2001 fasst der bekannte experimentell arbeitende deutsche Ökonom Armin Falk das tatsächliche menschliche und in späteren Experimenten immer wieder nachgewiesene Spielergebnis wie folgt zusammen: „Durch dieses Spiel zeigt sich eindeutig ein reziprokes Verhaltensmuster. Die Spieler B belohnen freundliche und bestrafen unfreundliche Handlungen. Wenn ein Spieler A (Anm.: im ersten Zug) 6 Punkte von B wegnimmt, wird er von B so bestraft werden, dass sich sein Gewinn auf der zweiten Stufe (Anm.: zweiter Zug) um 9 Punkte reduziert. Gibt ein Spieler A hingegen z. B. 1 Punkt, erhält er hierfür etwa 2 Punkte zurück. Die Daten verwerfen somit eindeutig die auf den Annahmen des *Homo oeconomicus*-Modells beruhende Prognose", dass B gar nicht reagiert. (Falk 2001: 3)

Statt hochtrabend vom Prinzip der Reziprozität zu sprechen, könnte man natürlich auch sagen: Der reale Mensch handelt nach dem Prinzip „Wie du mir, so ich dir": Bist du fair, bin ich es auch, wenn nicht, dann erwarte aber auch von mir keine Fairness. Oder wie es im Englischen heißt: „Tit for tat".

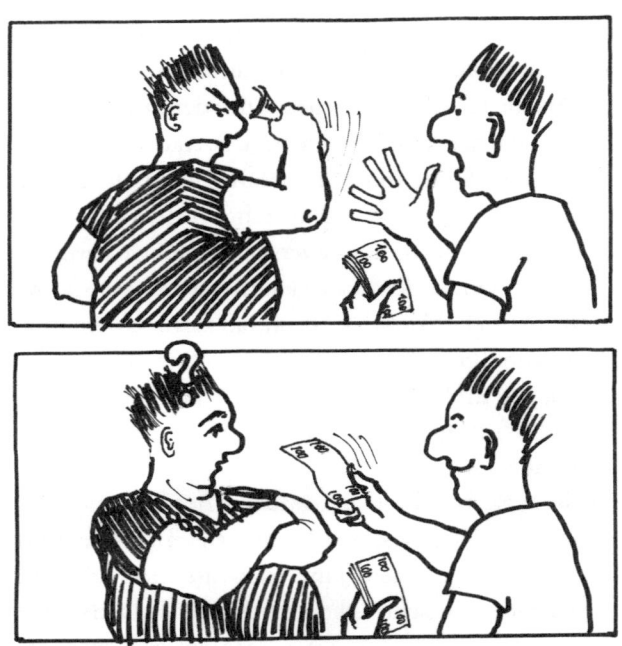

Abbildung 3: „Wie du mir, so ich dir"

Wenn ein Spieler „nichts dafür kann"

Die Wissenschaft untersucht ebenso, ob der Spieler B den Spieler A auch dann bestraft oder belohnt, wenn A sein Verhalten nicht beeinflussen kann, also „nichts dafür kann". Geht es nur um das „Ob" oder auch um das „Warum"?

Die Spieler vom Typ A und Typ B sitzen sich gegenüber. Diesmal aber wird um die Entscheidung, ob ein Spieler A einem Spieler B etwas gibt oder wegnimmt, sowie die Höhe des Betrages gewürfelt. Der Spieler B hat wieder die Möglichkeit, A zu belohnen oder zu bestrafen.

Der Unterschied zwischen beiden Experimenten ist nicht überraschend und deshalb eindeutig. In diesem Fall gibt es kein „Tit for tat". Verhält sich A wissentlich unfair, wird er bestraft; kann er hingegen nichts dafür, dann bleibt die Bestrafung aus.

Diese Aussage hat für die Wirtschaftswissenschaften eine weitreichendere Bedeutung, als es vielleicht auf den ersten Blick erscheint.

Für den Schweizer Ökonomen Bruno Frey ist die sogenannte „prozedurale Gerechtigkeit" von politischer Bedeutung, da der Großteil der Menschen sehr viel eher bereit ist, auch unvorteilhafte Konsequenzen zu akzeptieren, wenn das zugrunde liegende Verfahren als fair und gerecht angesehen wird – etwa in der Steuermoral oder der Freiwilligenarbeit. (Frey 1997)

Gemeinsam statt einsam?

Was aber, wenn sich nicht nur zwei Spieler gegenübersitzen, sondern zwei Gruppen? Um gleich die Antwort vorwegzunehmen: Dann sieht alles ein wenig anders aus. In der sogenannten sozialen Dilemma-Situation ist es um kooperatives Verhalten schon nicht mehr so gut bestellt. Nach dem Motto: „Wenn andere nicht zusammenarbeiten, tue ich es auch nicht."

In diesem Beispiel (vgl. erneut Armin Falk 2001) werden die Teilnehmer in Vierergruppen eingeteilt. Jeder erhält 20 Punkte. Bleiben wir aber wie gehabt, wenn auch nicht ganz „wissenschaftlich", beim Euro, weil die Vorstellung vielleicht einfacher möglich ist.

Jeder Teilnehmer hat nun die Möglichkeit, zwischen 0 und 20 Euro in ein öffentliches Gut, wenn man so will, in eine Art Gemeinschaftskasse etwa für einen Spielplatz in Wohnnähe zu investieren. Es gilt folgende auf den ersten Blick etwas komplizierte Regel: Ausgezahlt wird am Ende jener Betrag, der übrig bleibt, wenn von den 20 Euro der Beitrag zum öffentlichen Gut *abgezogen* und dann die Gesamtsumme der eingezahlten „öffentlichen" Beiträge, multipliziert mit 0,4 (Vierergruppen), addiert wird.

(20 minus Beitrag in Gemeinschaftskasse) plus (0,4 mal Summe aller Beiträge in Gemeinschaftskasse)

Daraus folgt logischerweise, dass es für jeden Einzelnen besser wäre, *gar nichts* zum öffentlichen Gut beizutragen, da jeder an die Öffentlichkeit gegebene Anteil mindestens einen Euro kostet, aber nur 0,4 Euro, also 40 Cent, zurückbringt. Das stimmt so nicht, wie folgende einfache Rechnung zeigt. Nehmen wir an, jeder Teilnehmer investiert die Höchstsumme in ein öffentliches Gut. In diesem Fall ist der Gewinn pro Spieler

$$20 - 20 + 0{,}4(4 \times 20) = \mathbf{32},$$

während er nur

$$20 - 0 + 0{,}4(0) = \mathbf{20}$$

beträgt, wenn niemand etwas von seinen 20 Euro hergibt.

Es handelt sich laut Falk um ein typisches soziales Dilemma: „Die individuell dominante Strategie *nichts beizutragen*, führt kollektiv zu einem ineffizienten Ergebnis." (Falk 2001: 6)

Natürlich fragen wir auch an dieser Stelle nach unserem *Homo oeconomicus*. Er hat wieder einmal gar nichts getan. Alle vier Spielteilnehmer haben 0 Euro beigetragen, unabhängig vom Verhalten der anderen Gruppenmitglieder. Die armen Kinder. Ein neuer Spielplatz ist in weite Ferne gerückt – in weiter Ferne geblieben.

Allerdings wird mit diesem Beispiel auch eines klar: Festzustellen ist eine sogenannte „bedingte Kooperation". Man trägt nur dann bei, wenn auch die anderen ihren Beitrag leisten. „Wenn die anderen nichts beitragen, trägt auch ein reziprokes Individuum nichts bei, da es nicht der ‚Dumme' sein möchte (Ausbeutungsaversion)." (Ebenda)

Kopfmensch trifft „Bauchmensch" und die unsichtbare Ohrfeige

Jetzt sehen wir uns an, wie Belohnungs- und Bestrafungsmöglichkeiten den Charakter, oder sagen wir besser, die Verhaltensweise von

Menschen innerhalb von Gruppen beeinflussen können. Setzt sich wirklich immer der emotional reagierende, manchmal auch faire „Bauchmensch" durch oder in bestimmten sozialen Dilemma-Situationen doch der eigennützige „Kopfmensch"?

Im Experiment von Falk stehen sich wieder Gruppen mit jeweils vier Teilnehmern gegenüber. Wieder bekommt jeder einzelne Spieler 20 Euro (im Original-Experiment „Punkte"). Es liegt an ihm, ob er einen Teil seines Startkapitals für einen öffentlichen Spielplatz (bleiben wir beim gewählten Beispiel) zur Verfügung stellt oder nicht.

Jetzt wird aber viel länger gespielt. Insgesamt über zehn Runden. Nach jeder Runde werden die Gruppenmitglieder darüber aufgeklärt, was die anderen Teilnehmer gemacht haben.

Die Spieler können sich alle gegenseitig bestrafen (durch Euro-Abzug), wobei der Spielleiter vom Bestrafenden ebenfalls einen bestimmten Euro-Betrag verlangt. Das Sanktionieren eines Mitspielers „kostet" also etwas.

Was macht der Kopfmensch (*Homo oeconomicus*)? Nichts. Weder zahlt er für einen öffentlichen Spielplatz Geld ein, noch bestraft er einen Mitspieler, weil ihn das ja etwas kosten würde. Und was macht er, wenn es keine Strafmöglichkeit gibt? Wieder nichts.

Und was macht der Bauchmensch ohne Sanktionsmöglichkeit? Auch nichts. Die Experimente zeigen, dass sich in diesem Fall auch beim „normalen" Menschen, also nicht nur bei der Kunstfigur des *Homo oeconomicus*, der eigennützige Charakterzug durchsetzt. Nur jeder zweite Teilnehmer zahlt einige wenige Euro als Beitrag für einen neuen öffentlichen Spielplatz ein, die andere Hälfte gibt überhaupt nichts in die Gemeinschaftskasse.

Wenn nun aber eine Strafe möglich ist, wie sehen dann die Ergebnisse aus? Also wenn besondere Egoisten sanktioniert werden können? Dann zahlen plötzlich fast alle Bauchmenschen – mit einer Aversion gegen Unfairness – in den Spielplatz-Topf ein. 80 Prozent von ihnen sogar die gesamte, anfänglich erhaltene Euro-Summe.

Interessant ist vor allem der Verlauf der Teilnehmer-Reaktionen in diesen zehn Spielrunden.

In den ersten Runden – ohne Strafmöglichkeit – zahlen die Bauchmenschen noch relativ große Eurosummen für den Spielplatz ein. Doch dann „vergeht" es ihnen. Runde um Runde zahlen auch sie weniger ein. Es verärgert sie immer mehr, dass die Kopfmenschen null einzahlen.

Völlig anders die Situation, wenn es möglich ist, die Egoisten zu bestrafen. Es gelingt den Bauchmenschen sogar, die Kopfmenschen zu disziplinieren, „sodass es auch im Eigeninteresse der Egoisten liegt, beizutragen […] und es verfügen Gruppen nicht nur über eine Bereitschaft zu freiwilliger Kooperation, sondern – und das ist besonders wichtig – über die freiwillige Bereitschaft, Trittbrettfahren zu sanktionieren, selbst wenn die Ausübung der Sanktionen mit Kosten verbunden ist." (Falk 2001: 11)

Umgekehrt gestaltet sich der Spielverlauf, wenn keine Sanktionsmöglichkeiten bestehen. Dann „ziehen" die Egoisten die Fairen charakterlich „nach unten". Zwar spielen vier Fünftel der Menschen zu Beginn derartiger Versuche fair und der Rest kassiert (unverdientermaßen) mit. Dann kippt die Situation und die Fairen werden immer eigennütziger. Damit sinkt der Gesamtprofit von Runde zu Runde.

Erst Strafen drehen die Stimmung wieder.

Manche vergleichen das heute mit dem Online-Auktionshaus eBay. Nur wer fair mitmacht, behält seinen Kundenstock, die anderen werden bestraft, indem man ihnen nichts mehr abkauft. Deshalb auch die veröffentlichten Bewertungen für Anbieter. Ein deutscher Wirtschaftsjournalist bringt es auf den Punkt:

„Die Erkenntnisse der beiden Smiths (Anm.: gemeint sind die Ökonomen Adam und Vernon) sind ein Plädoyer für Zivilcourage und Opportunität: Der Mensch ist von Natur aus schlecht. Wo er kann, schmarotzt er sich durch. Das ist schlecht für alle. Sobald man das aber entsprechend sanktioniert, entwickelt er zahllose Tugenden, wird anständig, bisweilen sogar selbstlos. Die unsichtbare Hand, sie wirkt vor allem als unsichtbare Ohrfeige. Schmerzloser lebt indes, wer die Lektion schon vorher verinnerlicht." (2007)

Sie mögen sich vielleicht denken: Ist doch alles logisch, wenig überraschend und im Grunde genommen banal.

Vielleicht.

Wurden derartige Verhaltensweisen aber je in die ökonomischen Modelle aufgenommen? Nein.

Dabei wäre gerade das so wichtig: Denn selbstverständlich lassen sich diese Ergebnisse etwa auf die Steuermoral eines Volkes anwenden – wie wir im Griechenland-Dilemma gesehen haben. Ein Erwerbstätiger ist klarerweise eher bereit, Steuern zu hinterziehen, wenn er das gesamte Steuersystem seines Landes als unfair beurteilt. Neben nachvollziehbaren Steuertarifen empfehlen Ökonomen als Möglichkeit zur Hebung der Steuermoral allerlei relativ einfach durchführbare Maßnahmen: Zeitungsinserate (in Österreich momentan nicht so gut angeschrieben) oder auch TV-Spots, in denen die Politik die hohe Steuermoral der Bürger auf das Höchste lobt (Vorbildcharakter und Erzeugen schlechten Gewissens bei den schwarzen Schafen). Auf diesen Erstimpuls könnten trockene Informationen folgen, wie sehr die Steuerhinterziehung Einzelner der großen Allgemeinheit schadet: weniger Straßensanierung, weniger Spielplätze, weniger Kulturangebote und, und, und. Am schlimmsten leidet übrigens die Steuermoral durch negative prominente „Vorbilder". Wenn dieser bekannte Politiker nie gezahlt hat, weshalb dann ich? Es müssen also auch die hohen Strafen in derartigen Fällen durchaus auch veröffentlicht werden – raten einige Ökonomen. Die Steuermoral steigt übrigens auch mit mehr direkter Demokratie.

In ähnlicher Weise gilt all das auch für die Akzeptanz von Sozialsystemen. Sie müssen als fair empfunden werden, Missbrauch senkt die Bereitschaft für mehr oder weniger hohe Sozialversicherungsbeiträge in einem unglaublich hohen Ausmaß.

Die Ergebnisse der Forschungen „beweisen" auch eine andere Binsenweisheit: Die Hilfsbereitschaft der Menschen ist nur dann groß, wenn die Betroffenen unverschuldet in eine Notsituation gekommen sind. Österreich gilt, umgelegt auf seine Einwohnerzahl, als eines der spendenfreudigsten Länder der Welt – wenn es um

Erdbebenopfer, Hochwassergeschädigte („Nachbar in Not") oder auch um behinderte Kinder geht („Licht ins Dunkel"). Bei Eigenverschulden der Geschädigten sinkt die Hilfsbereitschaft. Wenngleich es auch hier wieder vom Bekanntheitsgrad des Opfers abhängt (etwa Samuel Koch, querschnittsgelähmt seit der Sendung „Wetten, dass ..?").

In anderen Bereichen der Solidarität ist es wichtig – und durchaus ökonomisch – dass dem Nehmen ein Geben folgt. Ökonom Falk nimmt die Asylpolitik als Beispiel. Die Akzeptanz für politisches Asyl würde deutlich höher sein, wenn aufgenommene Asylwerber geringfügige Tätigkeiten verrichten dürften, um so ihren Lebensunterhalt selbst zu bestreiten („bedingte Kooperation").

„Der Grundsatz, wonach jemand, der etwas erhält, auch etwas zurückgeben sollte, erhöht nicht nur die Akzeptanz staatlicher Transferleistungen, sondern verringert auch die Schamgefühle der Empfänger." (Falk 2001: 17)

Rein rationales Verhalten kann übrigens in bestimmten Bereichen sogar kontraproduktiv sein. Fast zeitgleich mit der wissenschaftlichen Geburt des *Homo reciprocans* (wechselseitig reagierende Menschen), über den wir in diesem Kapitel so viel erfahren haben, zeigen Experimente anderer Ökonomen, dass Arbeitnehmer in Betrieben oft völlig anders regieren, als es die orthodoxe Theorie annimmt. So haben Gehaltserhöhungen (!) in Unternehmer-/Arbeitsnehmer-Experimenten dazu geführt, dass diese nun besser verdienenden Mitarbeiter deutlich weniger bereit waren, bei freiwilligen Projekten für eine bessere Zusammenarbeit im Betrieb mitzumachen. *Mehr* Geld hatte zu *weniger* Solidarität geführt. (Vgl. Fehr, Gächter 2000)

Wenn die bisherigen mathematisch orientierten Ökonomen schon unbedingt „naturwissenschaftlicher" arbeiten wollen, dann bitte: Näher an der Natur geht es kaum. All diese Verhaltensweisen sind nicht einfach bloß niedergeschrieben, sondern in sehr vielen Laborversuchen „bewiesen" worden. Die Existenz reziproken Verhaltens wurde laut Ökonom Falk auch unter variierenden experimentellen Bedingungen und in verschiedenen Kulturen detailreich dargelegt.

Der einzige – aber für alle diesen Versuchen extrem kritisch gegenüberstehenden Ökonomen *entscheidende* – Schönheitsfehler. Gespielt wurde im Labor – und nicht im wirklichen Leben. Dennoch: Ist es nicht auch „rationaler", die Realität zumindest nachzuspielen, als sie gleich ganz zu ignorieren?

Apropos Schönheit.

Der Schönheitswettbewerb

Sie werden sich vielleicht noch immer fragen, was hat die Politik und vor allem was haben wir davon, dass wir wissen, *wie* wir sind? Oder, um es mit Friedrich Nietzsche umzukehren, „wie wir werden, was wir sind"?

Mit diesen Fragen hat sich wieder einmal John Maynard Keynes, vor mehr als 75 Jahren, beschäftigt. Können, und wenn ja, wie können Ereignisse am Aktienmarkt, weil sie eben alles andere als rational ablaufen, erklärt werden? Die Antwort Keynes' lautete 1936: mit den menschlichen Eigenschaften Unsicherheit, Vertrauen und Zuversicht. Das alles zähle mehr als die tatsächlichen Fundamentaldaten der jeweiligen Unternehmen, die den Aktien zugrunde liegen (sollten). Vermutlich Tausende Male zitiert, aber dennoch so bedeutend, dass man nicht daran vorbeigehen kann, ist das Keynes-Beispiel der „Schönheitskonkurrenz". Keynes hatte den Aktienmarkt mit einem Preisausschreiben in einer Zeitung verglichen. Gesucht wurden die sechs hübschesten Frauen unter 100 Fotos. Gewinnen würde das Preisausschreiben jener Teilnehmer, dessen Wahl dem durchschnittlichen Geschmack aller Teilnehmer am nächsten komme, hieß es. Was macht man in so einem Fall? Wählt man wirklich jene sechs Gesichter aus, die einem selbst am besten gefallen? Nein, natürlich nicht, argumentierte Keynes.

Strategie eins: Man sucht die Gesichter aus, von denen man meint, die meisten der anderen Teilnehmer würden sie hübsch finden. Strategie zwei, die noch gescheitere – aus Sicht von Keynes: Man sucht jene Gesichter aus, von denen man meint, die meisten der anderen Teilnehmer des Preisausschreibens glauben, dass die meisten der anderen meinen, die anderen hielten genau diese sechs für am hübschesten.

So weit, so kompliziert. Und doch irgendwie einleuchtend. „Und genau so verhalten sich Investoren auf den Finanzmärkten", schloss Keynes daraus. Im Wesentlichen geht es also um *Erwartungen* statt um Werte. Menschen, die viel Geld in Wertpapiere investieren, sind nicht wirklich daran interessiert, ob der „Wert" der Papiere tatsächlich auf dem Wert des zugrunde liegenden Unternehmens basiert – was zählt, ist, was die anderen über den „Wert" des Papiers denken.

Keynes sieht aber darin nicht nur eine Frage von Erwartungen, sondern auch eine des mangelnden Vertrauens in die ökonomischen Ereignisse im Allgemeinen. Diese These klingt plausibel. Denn *hätten* alle (!) Menschen, die sich am Markt tummeln, das volle Vertrauen in *ihre* Aktie und damit in *ihr* Unternehmen, dann wäre es tatsächlich der *wahre* Wert eines Unternehmens, der den Kurs an den Börsen bestimmt. Aber es sind meist völlig andere Faktoren, die nichts mit dem Wert eines Unternehmens zu tun haben, die den Kurs bestimmen. Umgelegt auf die „große" Politik, also die Wirtschaftspolitik für ein ganzes Land, kann auch die Frage gestellt werden: *Ist* es denn überhaupt noch so, dass die Senkung von Zinssätzen (bei festverzinslichen Papieren) die Menschen dazu ermuntert, auf Aktien umzusteigen? Die Annahme: Bei besonders niedrigen Zinssätzen legen Anleger ihr Geld nicht mehr aufs Sparbuch oder kaufen andere risikoarme Wertpapiere, weil ihnen das ohnehin fast nichts bringt, sondern probieren risikoreichere Anlagen aus. Schon kaufen immer mehr Menschen Aktien und die Börse boomt wieder. Und auf der anderen Seite der Wirtschaftswelt freuen sich die Unternehmer über gefallene Zinssätze, nehmen Kredite auf und investieren fleißig. Das wäre die Theorie. Die ökonomische „Mainstream"-Theorie.

Was ist, wenn beide, Anleger und Unternehmer, all dem nicht mehr trauen? Leider „brauchte es einige Jahrzehnte, bis die Ökonomen das Zentrale an Keynes' Theorie zu erkennen begannen und begriffen, dass Psychologen wertvolle Beiträge zur Entwicklung einer auf Keynes' Überlegungen basierenden Theorie beizusteuern vermögen", so der US-amerikanische Ökonom Robert J. Shiller. (2002: 88)

Die Willenskraft

Machen wir nun einen Zeitsprung um einige Jahrzehnte von Keynes nach vorne in die 1980er-Jahre. Seit damals versuchen Wissenschaftler aus aller Welt die so schwierige Symbiose von Psychologie und Ökonomie. Und sie stellen nicht nur die Rationalität des Menschen infrage, sondern auch seine Willenskraft. Das heißt, selbst wenn es einigen Marktteilnehmern gelingen sollte, alle Mittel und Informationen aufzutreiben, die für richtige rationale Entscheidungen notwendig sind, ist noch immer nicht gesagt, dass auch der Wille mitspielt, dementsprechend zu handeln. So zeigt etwa der österreichische Ökonom Ernst Fehr in zahlreichen Verhaltensexperimenten, dass die „Verführungskraft sofortigen Genusses alle guten Vorsätze zunichtemacht" (Fehr, Schwarz 2002: 13). Dass also alles, was ich sofort haben könnte, viel interessanter (und verführerischer) ist, als das, worauf ich warten muss, auch wenn der Genuss in der Zukunft vielleicht ein noch viel größerer wäre. Ein Beispiel: Ich nehme mir vor, acht Kilogramm abzunehmen, und weiß, wie glücklich ich in einem halben Jahr darüber sein werde, wenn ich es tatsächlich geschafft habe. Aber dieser herrliche Kuchen jeden Tag nach dem Essen in der Betriebsküche … Fünfmal daran vorbeigehen, sechsmal … Und irgendwann ist diese „Verführungskraft des sofortigen Genusses" so unglaublich stark, stärker als das mögliche Glück des schlankeren Körpers in einem halben Jahr.

Tatsächlich betreffen auch die Fragen von großen (Verhaltens-) Ökonomen oft Themen, die zunächst nichts mit ökonomischen Dingen zu tun haben. Etwa: „Welche Filme wollen Sie sich in Zukunft gerne anschauen?" Antwort der überwiegenden Mehrheit: „Intellektuell und moralisch anspruchsvolle Filme." Zusatzfrage: „Und heute Abend?" – „Na ja, *heute* einen leichten Unterhaltungsfilm."

Was hat das mit Wirtschaft oder gar Wirtschaftspolitik zu tun? Sehr viel! Wissend um die Schwäche der Menschen, Geld langfristig zu sparen, etwa für den beruflichen Ruhestand, kann die Politik mit Anreizen reagieren. Beispielsweise mit einem „Schubs", mit dem die Sofortgenießer und „Kurzfristdenker" zu langfristig wirkendem Verhalten ermuntert werden können. Dieser Schubs kann in steuerlichen Vorteilen bestehen. Die Aussicht darauf lässt Menschen zusätzlich zur gesetzlichen Versicherung eine private Altersvorsorge abschließen.

Dass der Mensch alles andere als rational ist, zeigen nicht nur ökonomische Beispiele. Der freie Wille scheint offensichtlich weniger frei zu sein, als wir es uns wünschen würden. Mehr Bewegung – ja, aber erst ab dem nächsten Jahr, wenn im Büro mehrere Großprojekte abgeschlossen sind; mehr Zeit für den Partner – das wird sich erst dann machen lassen, nachdem ich dreimal die Woche joggen war, und so weiter …

Weshalb verstoßen wir immer wieder gegen unsere ureigensten Interessen und handeln den damit verbundenen Zielen zuwider?

Bedauerlicherweise sind all diese Fragen zwei Jahrhunderte lang ins Reich der Psychologie und Philosophie verbannt worden. So zeigen Studien aus den 1990er-Jahren über Einwanderer in die USA, dass sie ihr Sparverhalten gegenüber dem in ihrem Ursprungsland dramatisch geändert haben. Ökonomen folgern daraus, dass nicht kulturelle oder gar genetische Faktoren eine Rolle spielen, sondern ökonomische Anreiz-Systeme und das generelle institutionelle Umfeld. Sparsamste Japaner oder Koreaner – so sagt es die Studie – wurden so zu Konsumfreaks, wie es viele Amerikaner sind. (Carroll et al. 1999)

Ökonomen sprechen mittlerweile auch von Selbstbindung als Mittel zur Durchsetzung langfristiger Ziele. (Laibson, Zettelmeyer 2002: 39ff)

Illustriert wird dieser Begriff am besten durch Verhaltensexperimente, die zeigen, dass man durchaus bereit ist, den Konsum aufzuschieben, die Ungeduld also auszuhalten – wenn, ja wenn die Entscheidung in der fernen Zukunft liegt.

Ein Beispiel: Variante 1: Ein Gutschein kann in 100 Tagen einge-löst werden. Wartet man einen Tag länger, also 101 Tage, bekommt man zwei Gutscheine. Was macht die überwiegende Mehrheit der Versuchspersonen. Sie wartet – noch einen Tag.

Jetzt verlagern wir die fast identische Entscheidung in die nahe Gegenwart: Variante 2: Sie können jetzt sofort einen Gutschein ein-lösen oder morgen zwei. Wieder liegt also genau ein Tag zwischen beiden Entscheidungen.

Was hat das Experiment für den überwiegenden Teil der Proban-den ergeben? Das Gegenteil vom Ergebnis in Variante 1: Die meisten Menschen wollen lieber einen Gutschein sofort einlösen, als morgen zwei zur Verfügung zu haben. (Lieber den Spatz in der Hand als die Taube auf dem Dach, also.) Für die Ökonomen Laibson und Zettel-meyer (2002) widersprechen diese Ergebnisse klar der klassischen Konsumtheorie. Denn diese in allen Lehrbüchern der Volkswirt-schaftslehre zu findende Theorie geht eindeutig davon aus, dass es völlig egal ist, zu welchem Zeitpunkt sich die Entscheidung „heute oder morgen?" stellt. Ein rational denkender Mensch würde *immer* bis zum nächsten Tag warten, um eben zwei Gutscheine statt einen zu bekommen.

Egal ob heute oder in 100 Tagen, sagt die graue Theorie. Die Mensch gewordene Theorie sieht anders aus: „Beherrschung" und Konsumaufschub – ja gerne, aber nur in der Zukunft. Man könnte auch sagen: Ungeduld heute und Geduld morgen, oder eher über-morgen.

Der Staat weiß das natürlich. Warum besteuert er sonst die Ein-kommen und versucht eine staatliche Pensionsversicherung aufrecht-zuerhalten? Er zwingt also seine Bürger durch Besteuerung zum Spa-ren und zum Konsumaufschub. /

Wieder sehen wir, welche Möglichkeiten der Staat hätte, würde er das Wesen des Menschen wirklich kennen. Warum nicht auch ge-sunde Lebensmittel subventionieren und Süßigkeiten höher besteu-ern? Bald stoßen wir an die Grenzen und fragen uns zu Recht: Wol-len wir überhaupt, dass uns der Staat in die „richtige" Richtung mehr oder weniger sanft „schubst"? Soll er etwa Kultur subventionieren, weil er will, dass das Volk sich (weiter-)bildet? Antworten auf diese Fragen bleiben jedem selbst überlassen. Das ist nicht Sinn dieses Buches. Es soll lediglich eines aufgezeigt werden: Je mehr wir über uns wissen, desto mehr ist möglich. Wenig über uns zu wissen und deshalb theoretischen ökonomischen Modellen, die nur selten etwas mit der Realität zu tun haben, anzuhängen oder gar nachzutrauern, kann jedenfalls nicht die Alternative sein.

Manche Steuerungsmethoden scheinen auch durchaus vernünftig. Etwa gesperrte Sparkonten bis zum Ende des Berufslebens. Den Schutz des Ersparten vor dem Konsumimpuls nennen das Ökonomen. Studien haben ebenso gezeigt, dass oft „Nichtstun" mehr bringt als aktive Sparmaßnahmen. Wird ein Teil des Einkommens automatisch auf ein Sparkonto überwiesen, und das über-Jahre hinweg, sind 95 Prozent der Menschen zu „faul", um diesen Dauerauftrag zu kündigen. Der Kauf eines neuen Autos wird dann verschoben, auch wenn einem das neue Modell noch so gefällt. Wer hingegen *keine* monatlichen Abstriche für die Zukunft machen muss, wartet nicht lange ab – und kauft. Sofort.

„Die Überlistung des destruktiven Aspekts der menschlichen Natur", formulieren es die Ökonomen Laibson und Zettelmeyer (2002).

Weshalb die Verlustangst stärker ist als die Gewinnfreude

Schon 1979 haben zwei Psychologen, von denen einer später den Wirtschafts(!)-Nobelpreis erhalten sollte, Fragen wie diese in verschiedenen Experimenten untersucht. (Kahneman, Tversky 1979)

Wieder ein Beispiel:

Die eine Gruppe (1) bekommt 300 US-Dollar, *muss* aber zusätzlich zwischen zwei Optionen wählen: Entweder sie erhält mit 100-prozentiger Wahrscheinlichkeit weitere 100 Dollar oder mit 50-prozentiger Wahrscheinlichkeit weitere 200 Dollar.

Die andere Gruppe (2) bekommt 500 US-Dollar und *muss* sich zusätzlich ebenfalls zwischen zwei Optionen entscheiden. Entweder die Teilnehmer verlieren mit 100-prozentiger Wahrscheinlichkeit 100 Dollar oder sie verlieren mit 50-prozentiger Wahrscheinlichkeit entweder 200 Dollar oder gar nichts.

Aus der Wahrscheinlichkeitsrechnung ergibt sich in beiden Fällen am Ende ein sogenannter Erwartungswert von 400 Dollar.

Der *Homo oeconomicus* würde deshalb genau die entsprechenden Varianten wählen: Also in der Gruppe 1 die zu 100 Prozent sicheren 100 Dollar nehmen und in der Gruppe 2 auf 100 Dollar verzichten. Macht am Ende jeweils 400 Dollar.

Doch was macht der reale Mensch?

In Gruppe 1 wählen tatsächlich 72 Prozent der Versuchsteilnehmer die Option der sicheren zusätzlichen 100 US-Dollar, sie verhalten sich also wie der *Homo oeconomicus*.

In Gruppe 2 jedoch wählen die Versuchsteilnehmer zu 64 Prozent die risikoreichere Option. Die Angst vor dem Verlust ist so groß, dass man lieber die nur 50-prozentige Wahrscheinlichkeit wählt, vielleicht gar nichts zu verlieren. Dass es auch 200 Dollar sein können und man am Schluss nur noch mit 300 Dollar dasteht, dieses ebenso 50 Prozent große Risiko nimmt man in Kauf.

Diese Ergebnisse können mit der in vielen Experimenten festgestellten sogenannten Verlustaversion erklärt werden. Angeblich empfinden Menschen einen Verlust doppelt so stark wie die Freude, die gleiche Summe zu gewinnen.

33 Jahre später, 2012, erklärt Kahneman diese Aversion nochmals – gleiches Prinzip, nur andere Summen.

Und wir haben den Versuchspersonen noch Namen gegeben:

Jemand gibt Bernhard 1000 Dollar, verlangt aber eine Zusatzentscheidung von ihm. Er kann wählen: zwischen weiteren 500 sicheren Dollar oder einem Glücksspiel, bei dem er entweder 1000 oder 0 weitere Dollar gewinnt (etwa über einen Münzwurf: Kopf sind 1000 Dollar, Zahl bedeutet kein Gewinn).

Damit zu Konstanze: Ihr werden zu Beginn sicher 2000 Dollar gegeben. Aber auch von ihr wird eine Zusatzentscheidung verlangt. Entweder sie verliert 500 Dollar sicher. Oder sie verliert bei einem Münzwurf 1000 Dollar oder auch nichts.

Eigentlich sollte man meinen, dass Bernhard und Konstanze vor dem gleichen Problem stehen. In beiden Fällen würden sie „sicher" um 1500 Dollar vermögender werden. Doch überprüfen Sie selbst!

Wenn Sie sich im Fall Bernhard für die „sichere" Variante entschieden haben, weil Sie lieber 1000 plus 500 sicher haben wollen, als auf ein Glücksspiel einzugehen, sind Sie bei der klaren „psychologisch bewiesenen" Mehrheit.

Und wenn Sie im Fall Konstanze die Risiko-Variante gewählt haben, sind Sie wieder bei der Mehrheit. 500 Dollar „sicher" verlieren? Niemals! Da riskiere ich es lieber, 1000 zu verlieren. (Schneider 2010)

Sicherheitsdenken im Gewinn- oder Verlustfall

Erneut bekommen zwei Gruppen zwei unterschiedliche Aufgaben.

Gruppe 1

Wenn eine ansteckende Krankheit ohne Gegenmaßnahmen voraussichtlich 600 Menschenleben fordern wird, was würden Sie tun?
- **Variante A:** Sie retten auf jeden Fall 200 Menschenleben.
- **Variante B:** Sie können mit einer Wahrscheinlichkeit von 33 Prozent 600 Menschenleben retten.

„Mathematisch" gesehen ist die Eintrittswahrscheinlichkeit gleich. Doch was machen Menschen mit Herz und Hirn wirklich? Fast 75 Prozent wählen die sichere Variante. Lieber 200 Menschenleben sicher retten als möglicherweise niemanden – natürlich ist damit aber auch die Chance weg, alle 600 beispielsweise durch ein bestimmtes Impfprogramm vor dem sicheren Tod zu bewahren.

Jetzt drehen die Psychologen die Fragestellung um.

Gruppe 2

- **Variante C:** Dieses Programm führt zum sicheren Tod von 400 Menschen.
- **Variante D:** Mit diesem Programm können sie mit einer Wahrscheinlichkeit von 33 Prozent alle 600 Menschen retten.

Hier reagiert bzw. regiert die Angst. 400 Menschen sicher sterben lassen? Niemals – auch wenn natürlich wieder 200 sicher überleben würden. 78 Prozent (!) der Befragten wählen die Risiko-Variante. Lieber – wenn auch nur mit einer Wahrscheinlichkeit von einem Drittel – das Programm, das alle 600 Menschenleben retten *könnte*.

In Gruppe 2 wurden die Fragen aus dem Blickwinkel „Verlust" formuliert. Die Ergebnisse kehren sich im Vergleich zur Gruppe 1 völlig um. (Tversky, Kahneman 1981: 63)

Das Trolley-(Straßenbahn-)Problem

Als makaberes Gedankenexperiment ist es im Jahre 1967 von Philippa Foot erstmals niedergeschrieben worden.

Sie sehen einen führerlosen Straßenbahnwagen, wie er mit hoher Geschwindigkeit auf fünf Männer zurast, die an den Gleisanlagen Reparaturarbeiten durchführen. Sie selbst stehen an der Weiche und könnten durch Umlegen dieser Weiche diese fünf Männer retten. Auf dem Gleis, das dann befahren würde, steht allerdings ein einzelner Bauarbeiter, den der Wagen mit 100-prozentiger Wahrscheinlichkeit überfahren und tödlich verletzen würde.

Dann stellt die Experiment-Leiterin die Frage: Ist es erlaubt, den Weichenhebel umzulegen und das Leben des einen zu opfern, um fünf Menschenleben zu retten?

Fast alle antworten nach einer längeren Nachdenkpause mit: „Ja."

Jetzt wird die Situation adaptiert: Die gleiche Szene, aber Sie selbst stehen nun auf einer Brücke. Sie wissen, nur noch ein großer, schwerer Gegenstand, von Ihnen auf die Gleise geworfen, kann den Straßenbahnwagen stoppen, um ihn nicht in die Gruppe der fünf Bauarbeiter rasen zu lassen. Das Einzige, was Sie in dieser Situation sehen, ist ein dicker Mann, der knapp neben Ihnen steht. Die Frage diesmal: Würden Sie den Mann von der Brücke werfen, um die fünf Bauarbeiter zu retten?

Ökonomisch gesehen macht es, obwohl einem beim Wiedergeben dieses Beispiels schaudert, keinen Unterschied. Ein Mensch wird geopfert, um fünf zu retten.

Doch wie sehen die Ergebnisse des Experiments jetzt aus? Jetzt lehnen mehr als 83 Prozent diesen Schritt ab. Dass damit fünf Menschen sterben, macht die Hürde, selbst jemanden anzufassen und in den sicheren Tod zu stoßen, nicht niedriger.

Dieses Gedankenexperiment wird seit Jahrzehnten auf die vielfältigste Weise interpretiert. Es zeige sich, wie pervers Moral eben sei, auch wenn es darum gehe, als europäisches Land Kriegsmaterial zu liefern, von dem man wisse, dass damit Menschen getötet werden. (Foot 1978)

Elger und Schwarz legen in ihrem Buch „Neurofinance" (2009) das Beispiel auf die Finanzwelt um: Vermögensverwalter und Fondsmanager würden ihre Kunden ohnehin nicht mehr kennen und außerdem fast alle Entscheidungen per Mausklick treffen. Deshalb unterscheide sie das – vom Grundgedanken her – nur wenig von der Problematik der Person am Hebel neben den Gleisen. Keine persönliche Rechtfertigung, kein Blick in die Augen, wenn vielleicht für den Kunden eben 300.000 Euro verspielt worden sind. Im Prinzip könnte man auch das Haus des Kunden in Brand stecken: Vermögen ist vernichtet, im Tastatur-Fall aber ohne irgendeinen „Akt des Bösen".

Die daraus folgenden Forderungen sind nicht neu: Mehr persönliche Verantwortung für den Vermögensverwalter, mehr Transparenz an den Finanzmärkten.

Der Standort bestimmt tatsächlich den Standpunkt

Bernhard und Konstanze besitzen heute ein Vermögen von je 600.000 Dollar. Gestern hatte Bernhard nur 100.000, aber Konstanze 1,1 Millionen Dollar. Sind beide heute gleich zufrieden? Wenn nein, warum nicht? Beide haben doch das gleiche Vermögen von je 600.000 Dollar.

Natürlich wissen wir, dass Bernhard glücklicher ist als Konstanze. Denn, so Nobelpreisträger Daniel Kahneman in seinem neuesten Buch: „Die Referenzabhängigkeit ist bei Empfindung und Wahrnehmung allgegenwärtig." (2012: 338)

Bezugsgrößen sind also enorm wichtig und haben es im weiten Feld der Ökonomie dennoch geschafft, vollkommen ausgeblendet zu werden.

Ein weiteres Beispiel: Jetzt stellt Kahneman die beiden Menschen, denen wir hier andere Namen gegeben haben, vor folgende Entscheidung: Sie können zwischen Angebot 1 und 2 wählen.

- **Angebot 1:** Gewinnchance im Rahmen einer Lotterie auf eine Summe zwischen 1 Million und 4 Millionen Dollar.
- **Angebot 2:** sicher 2 Millionen Dollar.

Die Ausgangslage vor der Entscheidung bei Bernhard: Sein Vermögen beläuft sich derzeit auf 1 Million Dollar, Konstanze besitzt hingegen 4 Millionen. Was sind die Erwartungen?

- Der Wahrscheinlichkeitsrechnung folgend summiert man also 1 und 4 und dividiert die Summe 5 durch 2, dann liegen wir im **Angebot 1** bei 2,5 Millionen Dollar Gewinnchance.
- Und im **Angebot 2** bleiben wir bei den sicheren 2 Millionen.

Sie spüren schon, wer sich wie entscheidet.

- Bernhard (derzeit 1 Million) verdoppelt sein Vermögen auf 2 Millionen. Das genügt ihm. Er wählt Variante 2.
- Konstanze (derzeit 4 Millionen) verliert mit ziemlicher Sicherheit. Im Fall 2 ganz sicher 2 Millionen. Im Fall 1 vielleicht nichts. Sie wählt Variante 1.

Kahneman fasst zusammen: „Die von den beiden beurteilten psychologischen Ergebnisse sind völlig unterschiedlich, obwohl die möglichen Vermögenszustände, mit denen sie konfrontiert sind, identisch sind." (Ebenda: 340)

Alles logisch, irgendwie sogar banal, jetzt müsste man es nur noch anwenden.

Noch deutlicher zeigt sich die Rolle der Bezugspunkte, oder sagen wir: der im Spiel befindlichen Geldsummen, bei folgendem Beispiel:

Es werden Ihnen drei Möglichkeiten geboten: Sind diese für Sie gleich viel wert?

- Mit einer Chance von eins zu einer Million 1 Million Dollar gewinnen.
- Mit einer Chance von 90 Prozent 12 Dollar gewinnen oder mit einer 10-prozentigen Chance nichts gewinnen.
- Mit einer Chance von 90 Prozent 1 Million Dollar gewinnen oder mit einer 10-prozentigen Chance nichts gewinnen.

Sie könnten in allen drei Fällen möglicherweise als Verlierer dastehen und nichts gewinnen. Die Frage lautet jetzt: Wären Sie in allen Fällen gleich *unglücklich*?

Natürlich nicht! Klarerweise sind Sie über das „Nicht-Ereignis" in Variante drei am unglücklichsten. 1 Million Dollar hätten Sie gewinnen können ... zu 90 Prozent, und jetzt sind es doch diese verflixten 10 Prozent geworden. Gedanken wie diese spielen auch in der Politik eine große Rolle. Ich verspreche im Wahlkampf eine saftige Senkung der Einkommenssteuern, die das verfügbare Einkommen für einen Durchschnittsverdiener um 2000 Euro im Jahr erhöht, weiters die Erhöhung der Familienbeihilfe um 5 Euro im Monat sowie die Senkung des Preises für die Autobahn-Jahresvignette um 3 Euro.

Alle drei Wahlversprechen werden gebrochen. Was macht Sie am unglücklichsten? Natürlich der nicht eingetretene Einkommenszuwachs. Aber warum? Denn eigentlich ist NICHTS geschehen. Einkommen, Familienbeihilfe, Vignette. Nichts hat sich geändert.

Und dennoch sind Sie schwer verärgert. Nicht nur die Ökonomie könnte also mehr Psychologie vertragen – wohl auch die Politik.

Jedenfalls hat die Ökonomie Fragen, in denen Bezugsgrößen eine Rolle spielen, bisher überhaupt noch nie gestellt. Zu Unrecht.

Was ich besitze, gebe ich nicht mehr her

Dieses in der Verhaltensökonomie besser unter seiner englischen Bezeichnung „Endowment-Effekt" bekannte Phänomen zeigt noch eindeutiger, wie sehr der Standpunkt vom Standort abhängt. Es besagt, dass der empfundene Wert eines Gutes höher ist, wenn man es besitzt. Durch zahlreiche Experimente haben etwa Richard Thaler und später Daniel Kahneman gezeigt, dass die Geldsumme, die man für ein noch nicht in Besitz befindliches Gut zahlen würde, deutlich *unter* dem tatsächlichen Wert des Gutes liegt. Und dass diese Summe deutlich *über* dem tatsächlichen Wert ist, wenn ich das Gut schon besitze, es aber verkaufen möchte. Bei einem Experiment mit einer Kaffeetasse hatten die Verkäufer 7 Dollar verlangt und die Käufer nicht einmal 3 Dollar geboten. Für ein und dasselbe Gut – nur anders bewertet von Besitzenden und Nicht-Besitzenden. (Kahneman et al. 1991)

Einer der Grundpfeiler der neoklassischen Ökonomie besagt, dass Präferenzen von Wirtschaftsteilnehmern stets stabil bleiben. Mainstream-Ökonomen nehmen etwa an, dass Menschen entweder lieber mehr Freizeit haben oder eben mehr verdienen. Mitnichten.

Das Beispiel: Ein Unternehmen bietet zwei Menschen, nennen wir sie Fritz und Robert, zwei Möglichkeiten an: Entweder 10.000 Dollar im Jahr mehr Einkommen. Oder 12 bezahlte Urlaubstage mehr (einen pro Monat). Beiden ist beides gleich recht. Eine wichtige Annahme! Keiner hatte bis dahin irgendeine Präferenz in Richtung mehr Freizeit oder mehr Geld. Kahneman nimmt deshalb als Testpersonen „hedonistische Zwillinge", wie er es formuliert: gleiche Präferenzen, wenig Geld, wenig Urlaub. Wieder können sich beide nicht entscheiden. Das übernimmt der Münzwurf. Fritz bekommt das Geld. Robert den Urlaub.

Dann lässt das Unternehmen einige Zeit vergehen. Nach, sagen wir, einem Jahr sollen die Stellen getauscht werden. Doch Fritz will plötzlich nicht mehr. Er könnte zwar 12 Tage mehr Urlaub machen, aber sein Gehalt würde wieder um 10.000 Dollar gekürzt werden. Das Problem: Fritz hat sich an den neuen Bezugspunkt gewöhnt. Und da wiegt das Mehr an Urlaubstagen bei Weitem nicht so viel wie eine saftige Gehaltskürzung. Interessanterweise denkt Robert genauso. Er hat sich an den zusätzlichen Urlaub so sehr gewöhnt, dass er nicht mehr zurück möchte. Die Präferenzen der zuvor „Gleichdenkenden" haben sich durch den Besitztums-Effekt verschoben.

Die Nachteile der Veränderung gegenüber dem Status quo wiegen schwerer als die Vorteile durch die Veränderung.

Kahneman bemerkt dazu nicht eben bescheiden: „Es war eine Fehlannahme zu glauben, dass der individuelle Nutzen eines Zustandes nur von diesem Zustand abhängig ist und nicht von der individuellen Geschichte beeinflusst würde. Es war eine der Leistungen der Verhaltensökonomik, dass sie diesen Fehler korrigiert hat." (2012: 359)

Zum Abschluss noch ein völlig unökonomischer Gedanke: Haben Sie schon einmal darüber nachgedacht, was Sie fühlen, wenn sich zwei Menschen auf dem Gehsteig in der Stadt ganz heftig und innig umarmen?

Es hängt von Ihrer individuellen Geschichte ab. Haben Sie eben eine Trennung hinter sich, wird Sie dieser Anblick wohl eher traurig machen. Stecken Sie gerade in einer Phase, in der Sie eher Wut auf das andere (oder auch gleiche) Geschlecht haben, wird Sie der Anblick vielleicht sogar zornig machen. „Geht doch nach Hause! Provoziert uns nicht!" Sind Sie eben glücklicher Single, werden Sie vielleicht schmunzeln – „Ihr werdet schon noch sehen!"

Was aber, wenn Sie selbst in einer glücklichen Beziehung oder vielleicht sogar frisch verliebt sind? Dann wird Sie das Pärchen auf dem Gehsteig glücklich machen und Sie werden sich vermutlich mitfreuen.

Ein Bild. Ein Augenblick. Und so viele verschiedene Reaktions-
möglichkeiten. Wir sind alles. Nur fast nie rational.

Abbildung 4: Ein Bild – zwei Reaktionen

Aber gerade an dieser Stelle doch einmal auch ein Plädoyer für den
„reinen" Markt. Denn natürlich finden wir weite Bereiche, in denen
das Angebot-Nachfrage-Spiel (über den Preis) sehr wohl und ein-
wandfrei funktioniert. Entscheidend ist die Funktion des Gutes.
Handelt es sich um Gebrauchs- oder gar um Genussgüter, wollen wir
uns nicht von ihnen trennen, auch wenn uns noch so viel Geld dafür
geboten wird. Geht es hingegen um Tauschgüter (Geld gegen Kleidung, Gutschein gegen Geld), funktioniert der Markt.

Zwei in der Ökonomie bekannte Beispiele sind zunächst die teure
Flasche Wein, die der Besitzer (übrigens ein Wirtschaftsprofessor, der

viele Jahre das stets rationale Verhalten von Wirtschaftssubjekten lehrte) völlig irrational auch dann nicht verkaufte, als man ihm das X-fache des Kaufpreises geboten hatte, und die Besitzer von Tickets für Top-Sportveranstaltungen, die diese ebenfalls nicht einmal zum zehnfachen Preis verkaufen wollten.

Anders ist das etwa bei den erwähnten Gutscheinen. In einem Experiment werden Gutscheine an die Teilnehmer verteilt. Dann wird gehandelt. Am Ende können die Gutscheine gegen Bargeld eingetauscht werden. Das Problem: Niemand weiß vorher, wie viel der Gutschein wert sein wird. Das Spiel beginnt, die einen bieten 10 Dollar, die anderen wollen um 20 Dollar verkaufen und so fort. Am Ende des (realen) Spieles haben die Gutscheine ihren tatsächlichen, vom Spielleiter festgelegten Wert erreicht. Es ist so lange hin und her getauscht worden, bis jeder seinen Maximalpreis erzielen konnte. Der Markt hat perfekte Arbeit geleistet.

Getäuscht werden

Wehe, Menschen *fühlen sich* unfair behandelt. Dann zählen überhaupt keine Wahrscheinlichkeitsrechnungen, mathematischen Modelle oder Nutzenkurven rund um den *Homo oeconomicus* mehr.

Zur Veranschaulichung ein Beispiel: Bei einem neuen Automodell kommt es zu längeren Wartezeiten. Daraufhin – so wird es den Versuchsteilnehmern erzählt – erhöht der Autohändler den Listenpreis. Um 200 US-Dollar. „Unfair!", geben 71 Prozent der Menschen an.

Einer zweiten Versuchsgruppe wird anderes berichtet. Der Autohändler hat wegen der Lieferausfälle und Produktionsengpässe den bis zuletzt gegebenen Rabatt von 200 US-Dollar gestrichen. 58 Prozent (!) der Mitglieder der zweiten Gruppe verstehen diese Reaktion und akzeptieren sie. Die Reaktion des Autohändlers ist in beiden Fällen gleich fair oder unfair. Aber Fall eins wird dramatisch unfairer *empfunden.*

Ein anderes Beispiel: Ein Imbissstandbesitzer hat nur einen Mitarbeiter und bezahlt ihm 10 Euro in der Stunde. Alles läuft zur

Zufriedenheit von Chef und Mitarbeiter. Da eröffnen im Umkreis von rund hundert Metern drei weitere Imbissläden. Dort zahlen die Chefs ihren Mitarbeitern nur 8 Euro, woraufhin der Imbissstandbesitzer den Lohn seines Kollegen ebenfalls auf 8 Euro kürzt. Mehr als 80 Prozent der Menschen finden ein Verhalten wie dieses unfair oder sehr unfair. (Litschka 2011)

Wir haben hier ein Beispiel von 1994 ein wenig adaptiert. Eigentlich ging es um Copyshops – aber in der Tendenz wird sich nichts geändert haben. Wenn wir die Ausgangslage nur leicht verändern, beurteilen die interviewten Personen die Reaktion des Imbissstandbesitzers völlig anders. Diesmal kündigt sein Mitarbeiter, verlässt also das Unternehmen freiwillig, worauf der Besitzer beschließt, seinem Nachfolger nur noch 8 Euro zu zahlen. Fast drei von vier Befragten halten diesen Schritt für durchaus akzeptabel. Einem Mitarbeiter etwas wegzunehmen, nur weil andere das auch tun, wird dramatisch unfairer gesehen, als einem neuen Mann gleich weniger zu zahlen. Ähnlich ist die Einschätzung, wenn es der Firma schlecht geht. Hier ist die generelle Meinung viel deutlicher als allgemein angenommen: Verhält sich ein Unternehmen seinen Mitarbeitern gegenüber fair, dann werden in schlechten Zeiten auch Lohneinbußen akzeptiert. Werden jedoch auch in guten Zeiten Löhne gekürzt oder nicht erhöht, nur um Macht und Gewinn des Unternehmens auszuweiten, geht sogar die Produktivität in diesem Unternehmen zurück. Intensiv hat sich damit der österreichische Verhaltensökonom Ernst Fehr an der Universität Zürich befasst. (Fehr et al. 2009) Die Erkenntnisse des international renommierten Wirtschaftswissenschaftlers werden im Kapitel „Neuroökonomie" ausführlicher dargestellt.

Auch Konsumenten sind übrigens hart und bestrafen unfaires Verhalten sofort. Es gibt zahllose Experimente, unter anderem auch in der Neuroökonomie, bei denen mit komplizierten Geräten die Hirnströme bei wirtschaftlichen Entscheidungen gemessen werden können. Und sie „beweisen", dass unfair agierende Händler sofort „bestraft" werden. Wer etwa den Preis von Schneeschaufeln in einer

Großstadt unmittelbar nach Dauer-Schneefall drastisch erhöht, wird nicht mehr aufgesucht. Ähnlich sanktionieren Wanderer Berghütten und Gasthäuser, die Getränkepreise in Hitzezeiten hinauftreiben. Alles keine Erfindungen, alles „gemessene" Fakten.

Geldillusion

Ein Uraltbeispiel aus der Ökonomie sei der Vollständigkeit halber angeführt: Angenommen, die Arbeitgeber verkünden, dass die Nominallöhne, also die Summen, die auf dem Gehaltszettel stehen, um 2 Prozent *gesenkt* werden. Die Inflation liegt in diesem Land bei 1 Prozent. Aufschrei, Empörung, Proteste wären wohl die Folge. Ein Einkommensverlust von „real" 3 Prozent könne nicht hingenommen werden, würden die Arbeitnehmer argumentieren.

Nehmen wir nun an, dass zwar die Nominallöhne um 2 Prozent *erhöht* werden, dass aber die Inflationsrate in diesem Land 5 Prozent beträgt. Wieder ein realer Einkommensverlust von 3 Prozent. Und dennoch werden die Arbeitnehmer diese Lohnveränderung eher akzeptieren als im ersten Fall. Denn die Nominaleinkommenssteigerungen werden „auf den ersten Blick" irrtümlich mit Realeinkommenserhöhungen gleichgesetzt. Was ist die Folge? Durch diese Täuschung oder „Geldillusion" werden irrational denkende Menschen ihren Konsum nicht nur nicht zurückfahren, sondern ihn kurzfristig möglicherweise erhöhen: im (trügerischen) Gefühl, dass man mehr Geld zur Verfügung habe – immerhin stehe es schwarz auf weiß auf dem Gehaltszettel.

Und damit sind wir erstmals auch in der großen Wirtschaftspolitik gelandet. Denn während die Neoklassiker, die Mainstream-Ökonomen, argumentieren, dass beispielsweise die Erhöhung der Geldmenge in einer Volkswirtschaft nur zu mehr Inflation führe, sagen Ökonomen von Keynes bis Irving Fisher, dass eben Preise und Löhne keineswegs so schnell reagieren und man mit Geldpolitik sehr wohl, wenn vielleicht auch nicht sehr langfristig, die Beschäftigung ankurbeln könne. (Bürger, Rothschild 2009)

Aber die Neoklassiker bleiben dabei: Die Menschen seien nicht so einfältig, dass sie nicht durchschauten, dass sie Löhne *sofort* mit dem aktuellen Preisniveau vergleichen müssten. Sie seien rational genug, eben *nicht* der Geldillusion zu unterliegen. Angenommen wird damit aber nicht nur Rationalität jedes Einzelnen, sondern auch, dass allen bewusst sei, dass alle anderen ebenso rational seien.

Zu welchem Schluss kommt man aber nun auf Basis all dieser Experimente und Befragungen?

Die Menschenkenner hatten recht. Selbstverständlich sei Geldillusion eine realistische, weltweit verbreitete „Eigenschaft". Noch deutlicher wird die Existenz von Geldillusionen in Experimenten der Universität Zürich aus dem Jahr 2001. (Fehr, Tyran 2001) Die Teilnehmer müssen die Rolle von Firmen übernehmen und können jederzeit die Preise variieren. Dann werden die Firmen informiert, dass plötzlich die Geldmenge reduziert werden wird. Eigentlich müssten nun alle sofort die Preise senken. Das passiert aber nicht. Es kommt zu einem Abwarten. Was werden die anderen machen? Denn was, wenn die Mitbewerber ihre Preise nicht senken und man schließlich als Einziger auf dem Markt weniger verdient, weil man im Alleingang die Preise nach unten revidiert hat? Das heißt: Offenbar genügt schon der Glaube an die Geldillusion (Fehr, Tyran 2001), um vorerst abzuwarten, zu zögern und nicht zu handeln.

Und damit stecken wir bereits tief drinnen in der Psychologie der Finanzmärkte, oder besser gesagt in der Psychologie der *Teilnehmer* auf den Finanzmärkten. Ein Käufer könnte demnach sehr wohl eine offensichtlich überbewertete Aktie kaufen, wenn er davon ausgeht, dass die anderen Marktteilnehmer ebenfalls weiter kaufen werden.

Der Zufall und der Anker

Zum Teil handeln wir so, als wären wir von allen guten Geistern verlassen.

Ein Beispiel: Studenten wurden aufgefordert, die letzten beiden Ziffern ihrer Sozialversicherungsnummer auf ein Stück Papier zu schreiben. Anschließend wurde folgende Frage gestellt: „Sind Sie bereit, diese zweistellige Zahl als Dollar-Preis für eine Flasche Wein zu bezahlen?"

Unmittelbar darauf mussten sie den Preis auf denselben Zettel schreiben, den sie tatsächlich bereit wären, zu zahlen. Das Ergebnis ist unglaublich: In der Tat waren jene Studenten, die die höhere Zahl am Ende ihrer Sozialversicherung hatten, auch bereit, einen höheren Preis für eine Flasche Wein zu zahlen. Es hatte sich mit dieser völlig irrationalen und zufällig gewählten Zahl ein Anker im Kopf festgesetzt.

Man spricht von der „Ankertheorie" oder auch vom „Ankereffekt". In der Psychologie auch von der „Ankerheuristik". Menschen werden mit bestimmten Zahlen konfrontiert und lassen sich bei ihren Antworten auf dazu gestellte Fragen von sogenannten Umgebungsinformationen beeinflussen, die nichts mit der Frage zu tun haben. Psychologen sprechen auch von „systematischer Verzerrung in Richtung des Ankers". (Ariely et al. 2001)

„Auf den ersten Blick" – irrational

Rational auf den ersten Blick. Wirklich? Oder doch völlig irrational?

Bei den nun folgenden Aufgaben überlegen Sie bitte nicht lange. Versuchen Sie einfach, sofort zu antworten.

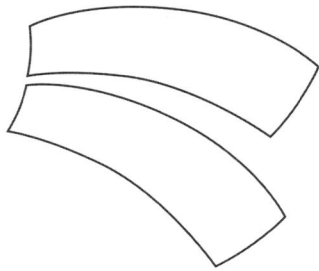

Abbildung 5: Welche der beiden Figuren ist kleiner?

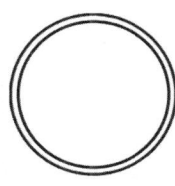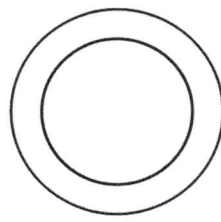

Abbildung 6: Welcher der beiden Innenkreise ist größer?

Abbildung 7: Welcher Bogen ist länger?

Abbildung 8: Welche der horizontalen Striche sind länger?

Abbildung 9: Ist der Abstand zwischen A und B oder zwischen B und C länger?

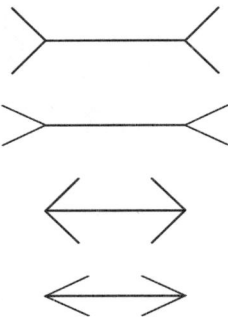

Abbildung 10: Sind die Linien zwischen den beiden Pfeilen, die nach innen, oder die Linien zwischen den beiden Pfeilen, die nach außen weisen, länger?

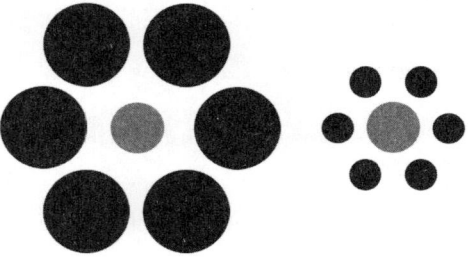

Abbildung 11: Welcher Innenkreis ist größer?

Abbildung 12: Passt vielleicht nicht in diese Kategorie, trotzdem: Schauen Sie genau auf die zwei Zacken – oder sind es doch drei?

Abbildung 13: Welche der horizontalen Linien sind zueinander parallel?

Haben Sie sich täuschen lassen oder gleich gesehen, dass natürlich alle verglichenen Objekte gleich groß bzw. lang sind bzw. parallel zueinander verlaufen? (Siehe auch Literatur Internet 2)

Unser Gehirn spielt uns Streiche. Nicht nur in der Geometrie. Bereits zu Beginn dieses Buches wurde behandelt, weshalb wir gerade bei ökonomischen Entscheidungen nicht nur danebengreifen, sondern oft genau das Gegenteil dessen tun, was wir eigentlich wollen. Erinnern wir uns nur an das berühmte Herdenverhalten: Viele andere kaufen ein bestimmtes Wertpapier, also mache ich das auch. Auch wenn sogar die Intuition davor gewarnt hat – die Gier oder der Wunsch, beim Erfolg „dazuzugehören", ist einfach stärker. Oder denken Sie an Zeitungsabonnements, die Sie seit Jahren haben. Die Zeitung oder die Zeitschrift interessiert Sie schon lange nicht mehr. Wäre da nicht der seltsame sogenannte „Status quo bias", wie er zuvor beschrieben wurde: eine Art verzerrte Wahrnehmung des Status quo.

Man glaubt, der Aufwand, Dinge zu ändern, sei größer als der Nutzen, den man hat, wenn man alles so lässt, wie es ist. Bei nüchterner Überlegung stimmt das natürlich nicht. Gerade im Abonnement-Fall werden oft über-Jahre hinweg Kosten mitgeschleppt, die keinerlei Nutzen mehr bringen, wenn etwa bestimmte Publikationen gar nicht mehr gelesen werden. Noch unbefriedigender ist die Situation, wenn zum Beispiel ein Gratis-6-Wochen-Abo wegen Unachtsamkeit oder Trägheit nicht rechtzeitig storniert und damit automatisch verlängert wurde. Oder wenn im Rahmen des Gratis-Abo-Angebotes vor vielen Jahren gleich zwei weitere Zeitschriften mitbestellt worden sind, die man überhaupt nie lesen wollte und dann auch nie gelesen hat.

Warum sind wir so? Weil wir eben so sind. Mit Ausnahmen natürlich. Selbstverständlich würde einem stets kalkulierenden, stets auf seine Kosten achtenden Menschen so etwas nie passieren. Und dass es diese „Kopfmenschen" durchaus gibt, wissen wir aus unserem Bekanntenkreis. Doch sagt Ihnen nicht auch die Erfahrung, dass diese eher Außenseiter-Status denn Vorbildfunktion genießen? Viele Untersuchungen, Feldversuche und Experimente seit der „Erfindung" des Ausdruckes „Status quo bias" durch W. Samuelson und R. J. Zeckhauser 1988 sprechen eine klare Sprache: Wir schätzen unser Festhalten am aktuellen Stand vollkommen falsch ein – wir reden uns ein, dass etwas gut für uns ist, und hören doch eine innere Stimme rufen: Ändere es! Und wenn es bloß diese eine menschliche „Schwäche" wäre. Wie zu Beginn erwähnt und wie es schon 1979 Kahneman und Tversky in ihrer „Prospect Theory" oder „Neuen Erwartungstheorie" aufgezeigt haben, müht sich der Mensch mit vielerlei kognitiven Verzerrungen ab.

Am Ende dieses Kapitels nochmals ein Best-of der (untersuchten) menschlichen Schwächen:
- Überschätzen der eigenen Fähigkeiten
- Trägheit
- Bevorzugung des Bekannten gegenüber dem Unbekannten

- Größere Angst vor Verlust als Hoffnung auf einen Gewinn
- Status-quo-Erhaltung trotz Nutzenverlusts
- Falsche Prioritäten
- Framing-Effekt (Abhängigkeit der Entscheidung von der Präsentation oder Formulierung der Frage)
- Ankereffekt (Entscheidung aufgrund zufällig vorhandener aktueller Umgebungsinformationen, ohne dass einem der Einfluss dieser Faktoren bewusst ist)
- „Mir ist doch alles egal"-Denken
- Der Mehrheit angepasstes Handeln (Herdenverhalten)

Robert Shiller erklärte schon acht Jahre vor der zweiten Weltwirtschaftskrise den „Irrationalen Überschwang", eine Art Optimismus-Spirale, die unweigerlich zu Spekulations-Blasen und langfristig zu deren Platzen führe. Und zu Beginn der Krise 2008 sieht er eine „soziale Ansteckung" der Boom-Gläubigen. (Shiller 2008)

Wo zwei Ökonomen, da drei Meinungen, heißt es boshaft vor allem aus dem Munde von Politikern. Und natürlich wird an den vielen Experimenten auch Kritik geübt, sogar von Verhaltensökonomen selbst.

In einem langen Gespräch mit dem Autor, geführt im Frühjahr 2012 in Zürich, sagt etwa der weltbekannte Schweizer Verhaltensökonom Bruno Frey:

„Ich bin da im Vergleich zu einigen meiner Kollegen sehr skeptisch. Wir sprechen hier von Laborexperimenten und die werden wohl in 90 Prozent der Fälle mit Studierenden gemacht, das ist schon ein Problem. Denn das bedeutet ja eine bestimmte Auswahl aus der Gesellschaft und die gilt nicht für alle. Aber selbst wenn das nicht der Fall ist, dann gibt es die sogenannte externe Validität, das heißt, was sagt uns jetzt ein sehr künstlich gemachtes Experiment über die Wirklichkeit? Leider tritt das in letzter Zeit immer mehr in den Hintergrund. Also die Experimentatoren haben heute gelernt, wie man Experimente macht. Das bedeutet, die interne Validität ist oft wirklich sehr, sehr präzise. Aber sobald es dann dazu kommt, wie wendet man jetzt ein Ultimatum- oder ein Diktator-Spiel genau an, nicht nur mit hand waving, also allgemein, sondern wie jetzt präzise, da brechen die meisten Experimentatoren total ein. Mir scheinen andere Experimente sehr viel besser und nützlicher, das sind Feldexperimente, wo man rausgeht und etwas verändert. Zum Beispiel kann man in einer Unternehmung sagen, jetzt bezahlen wir dieser Gruppe mehr und lassen alles andere konstant und dann schaut man, was passiert. Oder bei meiner eigenen Forschung, wir führen jetzt Auszeichnungen ein, Belobigungen mithilfe von Auszeichnungen, die der Hauptmann dann verteilt, was geschieht dann? Und dann können wir sehen, was in der Wirklichkeit passiert. Allerdings nur für eine Unternehmung, da muss man eben weiter gehen und das für mehrere Unternehmungen machen. Ganz besonders interessant sind die natürlichen Experimente, wo von außen irgendwas passiert und man schaut, was geschieht dann. Zum Beispiel der Tsunami eben in Japan. Niemand hat gewusst, dass der kommen wird und er ist sicher nicht durch die Japaner verursacht worden, sondern kam total von außen – dann kann man schauen, wie reagieren die Leute darauf. Und das gibt unmittelbare, sehr nützliche Erkenntnisse. Und jetzt noch einmal zurück zu den Laborexperimenten: Es hat natürlich Vorteile, klar, das wird ja immer gesagt und das versteht auch jeder, dass da total fest kontrolliert werden kann. Man weiß genau, was man ändert, aber je mehr man in diese Richtung geht und je künstlicher die Experimente werden, desto weniger sind sie dann in die Wirklichkeit übertragbar."

Vermutlich haben beide Seiten recht. Jedenfalls wissen wir nun doch ein Stück mehr über uns. Wie wir vielleicht wirklich ticken. Zumindest zeigt sich ein Menschenbild, das ein wenig mehr an der Realität hängt als das des *Homo oeconomicus*.

Aber dieses „Stück mehr" genügt den neuen Ökonomen des 21. Jahrhunderts nicht. Umfragen, Interviews, Gruppenspiele, Feldstudien – alles schön und gut, aber das kann doch nicht alles gewesen sein? Das müsse doch noch viel eindeutiger und aussagekräftiger möglich sein, so die Forderung der „Neuen".

Die Lösung liegt in dem, was Kurt Rothschild immer als die Notwendigkeit von interdisziplinärer Zusammenarbeit beschrieben hatte. Wissenschaftszweige sollten nicht getrennt, sondern gemeinsam forschen. Und als man Hirnforscher und Ökonomen „aufeinander losließ", konnte ab den 1990er-Jahren niemand ahnen, welch nahezu eruptive Verbreitung dieser neue Forschungszweig erleben würde: Geboren war die Neuroökonomie.

Eine ökonomische Reise durch unser Gehirn – Die Neuroökonomie

Die frühen Wurzeln der Neuroökonomie oder der Mann mit der Brechstange im Kopf

Es ist viele Jahrzehnte lang bloß beim verzweifelten Versuch geblieben, die Wirtschaft als eine Art Naturwissenschaft zu etablieren. Aber nicht einmal bei den Nobelpreisen ist es gelungen. Wussten Sie eigentlich, dass es im Grunde KEINEN Nobelpreis für Wirtschaftswissenschaften gibt? Es wurden zwar auch einige Ökonomen in diesem Buch als Nobelpreisträger bezeichnet – ganz korrekt ist das aber nicht. Der Nobelpreis, der seinen Namen vom Erfinder und Industriellen Alfred Nobel hat, wird für Physik, Chemie, Medizin (und Physiologie), Literatur und für Bemühungen um den Frieden vergeben. Erst 1968 hat die schwedische Reichsbank – in Erinnerung an Alfred Nobel – den Preis für Wirtschaftswissenschaften „erfunden". Vergeben wird er zwar aufgrund derselben Kriterien und mit der gleich hohen Dotierung wie der Nobelpreis – ist aber de facto keiner. Deshalb dürfte man ihn korrekterweise auch nicht als „Wirtschafts-Nobelpreis" bezeichnen. Doch nicht einmal Daniel Kahneman hält sich in seinem neuesten Buch daran: Schon auf dem Cover steht dick und stolz geschrieben „Nobelpreis für Wirtschaft".

Ähnlich geht es der Wissenschaft selbst. So gerne würde man Beweise führen und Gesetzmäßigkeiten ableiten. Doch der Mensch macht der „Sozialwissenschaft" Ökonomie immer wieder einen Strich durch die Rechnung. Der *Homo oeconomicus* wäre ja so ein mathematisches Wesen, doch mit Auftreten der ersten Börsen, Kredit- und Weltkrisen blieb nur noch Ernüchterung statt einer Weltformel für wirtschaftliche Abläufe.

Ende der 1990er-Jahre haben es „die anderen" versucht. Nennen wir sie die Marktungläubigen. Sie lehnten naturgemäß den *Homo oeconomicus* ab und wollten den „wirklichen Menschen" nachweisen. Diesen neuen Ökonomen genügte es auch nicht, dass mittlerweile dank Experimenten, Umfragen oder Feldversuchen ohnehin eine enorme Annäherung an den real existierenden Menschen gelungen war. Verhaltensökonomie scheint zwar überzeugend – aber beweisen kann sie letztlich auch nichts. Da hilft nur eines: der Blick in den Kopf, oder exakter: der Blick ins ökonomische Gehirn. Um das zu schaffen, waren drei Faktoren notwendig: die Neurowissenschaften, die Verhaltensökonomie und der Zufall.

In den Neurowissenschaften tummeln sich die Forschungszweige Biologie, Physik, Medizin und Psychologie. Von der Verhaltensökonomie und ihren vielen Experimenten war schon die Rede. Fehlt nur noch der Zufall. Zu Beginn der 1990er-Jahre fand man heraus, dass zuvor gesunde Menschen mit plötzlichen Schädigungen in der Hirnrinde (Cortex, eingedeutscht auch Kortex) schwere Fehler bei der Entscheidungsfindung machten. (Lanthaler 2010) Betroffen waren vor allem zwei Lebensbereiche: Entscheidungsprobleme in (menschlichen) Beziehungen und in Finanzangelegenheiten. Andere Patienten wiederum, die vom Verstand her völlig normal waren, hatten zum Teil große emotionale Defekte. Ihnen waren durch die Verletzungen im Frontallappen der Großhirnrinde gesamte Emotionsfelder wie Mitgefühl abhandengekommen.

Trotz hoher intellektueller Fähigkeiten hatten viele dieser Menschen plötzlich gegen ihre eigenen Interessen oder auch gegen die Interessen anderer gehandelt, ohne irgendeine emotionale Regung zu verspüren. Rationales Denken, Lernen, Sprechen – all das war ihnen möglich. Richtige Entscheidungen „aus dem Bauch heraus" zu treffen, nicht mehr. So „gefühlskalt" es klingt, mit diesen Erkenntnissen war die Neuroökonomie geboren.

Erstmals wurde vermutet, dass für Fehlentscheidungen eines Menschen ein gestörtes Signal im Kopf ausschlaggebend gewesen sein könnte. Nach einer Fehlentscheidung war ihm diese übrigens stets *rational* bewusst, dennoch konnte er sich auch beim nächsten Mal *emotional* nicht dagegen wehren und traf wieder die falsche Entscheidung. So steht es in den Büchern, die in jüngster Zeit über Neuroökonomie und deren noch junge Entstehungsgeschichte geschrieben wurden. Doch stimmt das wirklich? War da nicht noch etwas? Etwa jene unglaubliche Geschichte des Phineas Gage, die sich 1848 zugetragen hatte. Sie markiert zwar nicht den Beginn der Neuro-*ökonomie*, gilt aber als historischer Meilenstein der Neurowissenschaften an sich.

Der 25-jährige Bahnarbeiter sollte in Vermont, USA, neue Schienen verlegen. Dazu musste ein Felsen gesprengt werden. Es war eine kurze Unachtsamkeit – Gage begann mit der Bearbeitung des Dynamits und noch bevor sein Mitarbeiter das Bohrloch mit Sand auffüllen konnte, kam es zur Explosion. Eine einen Meter lange und drei Zentimeter dicke Eisenstange schoss nach oben, bohrte sich von unten durch die linke Wange in den vorderen Teil des Gehirns von Gage, trat mit extrem hoher Geschwindigkeit oben aus dem Schädel wieder aus, flog noch einige Meter durch die Luft und fiel zu Boden.

Phineas Gage war nur wenige Minuten bewusstlos, stand danach auf und sprach mit seinen Kollegen. Nach zwei Monaten galt der 25-Jährige als vollständig geheilt.

Und doch war etwas anders. Zwar sprach und dachte Gage wie zuvor, seine geistigen Fähigkeiten stellten sich im sozialen Umfeld des

Mannes so dar wie *vor* dem Unfall. Aber gerade dieses Umfeld war irritiert. Statt als netter Kamerad mit sozialem Gespür fiel Phineas Gage nun durch Ungeduld, Sturheit, Launenhaftigkeit, Entscheidungsschwäche und Aktionen, getragen von fehlendem Einfühlungsvermögen, auf.

Es dauerte fast 150 Jahre, bis die Wissenschaft daraus die offenbar richtigen Schlüsse ziehen konnte: Auch unsere Persönlichkeit sitzt irgendwo in unserem Kopf. Sie ist *nicht* bloß abstrakt und sie kann verändert beziehungsweise zerstört werden.

Gages Arzt, Dr. John D. Harlow, hatte fünf Jahre nach dem Tod von Gage (zwölf Jahre nach dem Unfall und unmittelbar nach einem epileptischen Anfall) dessen Familie um eine Exhumierung gebeten. Der Schädel und die Eisenstange wurden in einem Museum ausgestellt.

130 Jahre später fotografiert und analysiert das portugiesische Forscherehepaar Hanna und Antonio Damasio den Schädel von Phineas Gage.

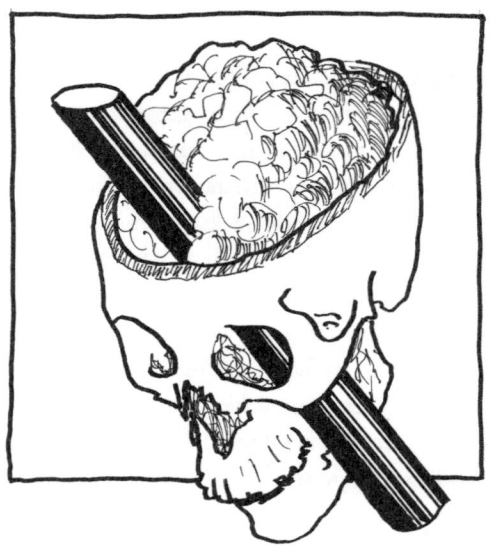

Abbildung 14: Der Schädel von Phineas Gage

Ein Computerprogramm „produzierte" ein Gehirn, das zu diesem – besser *in* diesen – Schädel passen könnte. So konnte genau festgestellt werden, welche Areale durch die Eisenstange zerstört worden waren.

Und tatsächlich: Betroffen war der sogenannte präfrontale Cortex, noch genauer die ventromediale Region. Genug Latein – es handelt sich um eine Hirnregion hinter Nase und Stirn, die als eine Art Vermittler zwischen Gefühl und Verstand gilt. Nach zehn Jahren Forschung weiß Antonio Damasio: Ist diese Hirnregion zerstört, empfinden die betroffenen Menschen weder Scham noch Schuld. Einfühlungsvermögen ist ihnen ein Fremdwort.

„Körper und Geist sind unzertrennbar miteinander verknüpft und interagieren als eine Art Einheit", folgert Antonio Damasio sinngemäß. Und: „Nur durch das Zusammenspiel von Körper und Geist sind Emotionen erlebbar und komplexes, logisches Denken erst möglich." (Damasio, Damasio 1996)

Dem Neurowissenschaftler von Weltruf geht es vor allem um Zustandsänderungen des Geistes und des Körpers, die durch die Schaltkreise im Gehirn und durch Arme, Hände, Beine, Füße, also die Organe der Peripherie, vermittelt werden. Diese Zustandsänderungen werden von einem System im Gehirn gesteuert, das wiederum auf Gedanken basiert, die einem gerade „durch den Kopf gehen" – weil man eben eine ganz bestimmte Situation erlebt. Dann werden die Zustandsänderungen gesammelt und äußern sich in „menschlichen Reaktionen". Beispielsweise Rotwerden, wenn einem etwas gerade sehr peinlich ist – dieses Schämen in solch unangenehmen Momenten, in denen man sich am liebsten verkriechen würde.

Im gesunden Gehirn, so Damasio, geben sogenannte „somatische Marker" eine Art Rückmeldung über die Konsequenzen von Handlungen: „Achtung! Wenn ich das mache, könnten die Folgen negativ sein." Man könnte vielleicht auch „dem menschlichen Gehirn innewohnende Entscheidungshilfen" sagen, wenn medizinisch ausgebildete Leser die Vereinfachung eines Ökonomen verzeihen. Die Basis solcher Orientierungshilfen ist die Verbindung zwischen der aktuellen Empfindung (= somatischer Marker) und der bisher erlernten Erfahrung. Soma ist das griechische Wort für Körper.

Der Gedanke des portugiesischen Wissenschafters ist also: Wenn Menschen etwas entscheiden, werden sie dabei durch unbewusste emotionale Signale (Markersignale), die in weiterer Folge bestimmte Gefühle *auslösen,* beeinflusst.

Unterschieden wird dann noch zwischen primären und sekundären Auslösern. Die primären sind angeboren oder erlernt und lösen angenehme Zustände aus. Es kommt zu automatischen körperlichen Reaktionen, gegen die man sich nicht wehren kann.

Wenn nun so ein primärer Auslöser einmal erlebt worden ist, legt das Gehirn eine Art Muster an. (Pritzel et al. 2009: 8f)

Tritt dann irgendwann noch einmal ein solcher Auslöseimpuls ein, erinnert sich das Gehirn an „damals" und es kommt wieder zum erlernten Zustand, genannt sekundärer Auslöser.

Um es jetzt sehr vereinfacht auszudrücken, das Ganze spielt sich im Mandelkern (Amygdala) ab. Ist er geschädigt, können die primären Auslöser keine körperlichen Reaktionen herbeiführen und folglich können diese auch nicht mehr erlernt werden. Erinnern wird ebenfalls unmöglich, denn *woran* nur?

Wir erinnern uns hingegen: Sekundäre Auslöser sind ja jene, die durch ein Zurückgreifen auf ein ganz besonderes, individuelles, wohl emotionales Ereignis einen bestimmten körperlichen Zustand herbeigeführt haben.

Worin besteht nun der Zusammenhang mit der Ökonomie?

Entscheidungen bedeuten eine große Zahl an Handlungsalternativen. Stellen Sie sich vor, Sie hätten keinerlei Emotionen (wie es dem *Homo oeconomicus* zugeschrieben wird) und nur die Logik zur Verfügung. Sie würden schon frühmorgens stundenlang vor ihren Schuhen stehen und nicht entscheiden können, welche zu ihrer heutigen Tagesstimmung passen. Die somatischen Marker urteilen blitzschnell, indem sie auf unsere Erfahrung zurückgreifen und sich / uns daran erinnern, dass mit dieser Handlung etwas Wohltuendes und mit einer anderen etwas Unerfreuliches verbunden gewesen ist.

Jedenfalls vergleicht unser Gehirn ohne Unterbrechung damals und heute, verknüpft die Informationen und präsentiert uns das Werturteil von damals. Und es sucht jene Schuhe aus, die unseren Tagesemotionen entsprechen. So wir nicht ohnehin meist dieselben anziehen.

Man kann sich vorstellen, wie entscheidend ein derartiges Wissen für das Marketing ist. Warum verändern die berühmtesten Konzerne der Welt ihren Außenauftritt immer nur minimal? Der Coca-Cola-Schriftzug, McDonald's, Sportartikel – immer nur ganz geringfügige Adaptionen, zu wichtig ist der Erinnerungseffekt an die Marke. Zu gefährlich ein kompletter Umbruch.

Wenn etwa Mobilfunk-Betreiber immer wieder und wieder fusionieren, und Sie manchmal nicht mehr wissen, ob sie „1"- „2"- oder „3"-Handy-Kunde sind, oder vielleicht doch schon „A" oder „T", vielleicht auch „Orange" oder „Blau", dann ist das eine gefährliche (Nicht-)Markenstrategie. Es gibt Restaurants und Bars, die ihren Namen öfter als die Speisekarte ändern. Dementsprechend wirkt sich das mittel- und langfristig auf den Kundenstrom aus.

Auch der Körper speichert alte Muster, weshalb beim neuerlichen Erleben eines schon einmal empfundenen Gefühls Blutdruck, Muskelspannung und Atmung dieselben Werte aufweisen wie „damals". (Pritzel et al. 2009: 9f)

Hochinteressant ist der sogenannte Bechara-Kartensortiertest aus dem Jahr 1994. Vor den jeweiligen Versuchspersonen liegen vier Stapel mit Karten.

„A, B, C, D" steht auf den Karten jedes einzelnen Stapels. Dann wird gezogen. Auf der Rückseite jeder Karte stehen Geldbeträge geschrieben. Hinter Stapel A und B „verstecken" sich 100-Euro-Beträge. Hinter Stapel C und D 50-Euro-Beträge. Dumm nur, dass den Probanden beim Kartenziehen auch ein Verlust (Geldabzug) treffen kann, wobei die Reihenfolge der Einzahlung an den Spielleiter (also die Strafe) vom bisherigen Spielverlauf abhängt. Die „Strafe" bei den Stapeln A und B ist 1250 Euro, bei den Stapeln C und D sind es nur 250 Euro.

Man muss also permanent abwägen zwischen unmittelbarem Gewinn, zu erwartendem Gewinn und Verlusthöhe. 160 Karten in vier Stapeln. Jetzt gilt es, loszulegen. Um das Ergebnis vorwegzunehmen: Nach einiger Zeit wird klar: Wenn ich von den Stapeln A und B nehme, habe ich zwar hohe Gewinne, aber es kann mich immer wieder auch ein gewaltig hoher Verlust treffen, den ich gleich an den Spielleiter abgeben muss. Also werde ich letztlich mehr gewinnen, wenn ich nur noch Karten von den Stapeln C und D nehme.

Versuchspersonen mit Verletzungen im Bereich der Hirnrinde (präfrontaler Cortex) wussten nach 50 gezogenen Karten vom Stapel A oder B noch immer nicht, dass es sich bei diesen Karten um die weitaus verlustreichere Variante handelt. Das Spiel wurde abgebrochen. Die Testpersonen hatten im bisherigen Verlauf überhaupt nichts „erlernt". Gesunde Teilnehmer hingegen wussten sehr rasch, dass die Stapel A und B zu gefährlich waren, weil zu risikobehaftet.

Emotionale Entscheidungen werden übrigens tatsächlich doppelt so schnell getroffen wie rationale. Im Schnitt dauert die Entscheidung 240 Millisekunden, während der Verstand schon mal träge 480 Millisekunden braucht, manchmal sogar 640 Millisekunden.

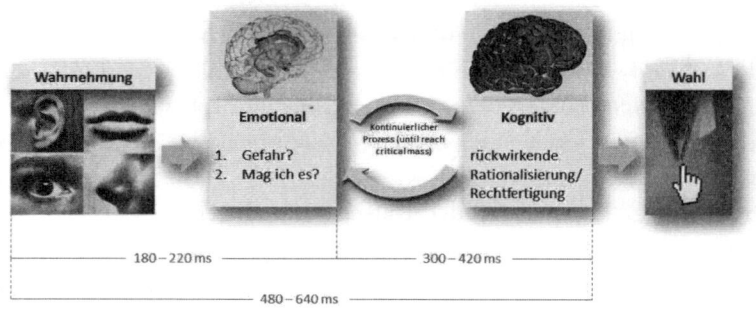

ms = Millisekunden

Abbildung 15: Von der Wahrnehmung bis zur Entscheidung

In obiger Grafik sieht man, was sich in unserem Kopf alles abspielt, wenn etwa wieder irgendein schlanker Kollege eine Tafel Schokolade im Sekretariat zur Konsumation „für alle" hingelegt hat.

- Wahrnehmen der Schokolade
- Ja, ich mag sie!

Das heißt, die Entscheidung für die Schokolade ist bereits gefallen, während ich noch nach Begründungen suche, sie nicht zu essen: Aber davon werde ich ja nur dick, was bedeutet dies für meine Diät, deretwegen ich gerade leide? Kalkulieren, vergleichen, justifizieren, rationalisieren. „Ich *brauch* das jetzt!" versus „Ich halte mich zurück!". Aber die Emotion hat ja schon längst entschieden. Wiederkehrende Bestärkung. Die Entscheidung wird getroffen, die Schokolade gegessen.

Mit den neurowissenschaftlichen Erkenntnissen war er geschafft: der Umstieg, oder besser, der fließende Übergang der Verhaltensökonomie, die noch immer auf geistes- oder sozialwissenschaftlichen Fundamenten steht, zu einer Naturwissenschaft. Wenn man, ja wenn man an diese neue Methodik glaubt. Die Zahl der Kritiker ist noch immer bei Weitem höher als die Zahl der Anhänger. So hat im „Österreicher-Duell" der Ökonomen der aus dem linken Lager kommende und in Princeton lehrende Wolfgang Pesendorfer in Richtung seines Ex-Kollegen, des weltberühmten Neuroökonomen Ernst Fehr, selbst mit studentisch linken Wurzeln, geschrieben: „Es ist nicht Aufgabe der Ökonomie, den Menschen aus Fleisch und Blut zu entdecken und eine Art Kombination von Moralphilosophie und therapeutischem Sozialaktivismus zu betreiben." (Gul, Pesendorfer 2005)

Fehr soll trocken geantwortet haben: „Lieber Wolfgang, diesen Kampf wirst du verlieren." (Ecker 2011: 32)

Vereinfacht kann man die Neuroökonomie als eine Beschreibung menschlichen Verhaltens in wirtschaftlichen Entscheidungssituationen mittels Unterstützung methodischer Möglichkeiten der Neurowissenschaften definieren.

Die Neuroökonomie will nicht nur die menschlichen Reaktionen in einer Kaufsituation messen, sondern auch die damit verbundenen Emotionen, Motive, Einstellungen oder Prozesse, die aufzeigen, wie Informationen verarbeitet werden.

Wie macht sie das?

Der Blick ins Gehirn und die „Wut im Bauch"

Mehr als 50.000 Forscher auf dieser Welt tun es – und wagen den ökonomisch motivierten Blick ins Gehirn. Dennoch stehen sie erst am Anfang. Man geht davon aus, dass die Medizin erst 60 Prozent des Feinaufbaus unseres Gehirns erforscht hat, die molekularen Vorgänge überhaupt erst zu einem Drittel. Die Methoden, Vorgänge im Gehirn mittels technischer Geräte darzustellen, sind mittlerweile so vielfältig, dass deren Beschreibung eigentlich ein medizinisches Buch füllen könnte, dennoch ein kurzer Überblick.

Grundsätzlich geht es um bildgebende Verfahren. Aus gemessenen Daten wird ein Bild über rekonstruierte Teile des Gehirns erzeugt. Dem Menschen, der entweder in einer Scanner-Röhre liegt oder eine sogenannte EEG-Haube (Elektroenzephalografie) am Kopf trägt oder wie auch immer an – sagen wir es laienhaft – Kabeln hängt, werden bestimmte kognitive Aufgaben gestellt. Dann wird beobachtet und gemessen, wie sich gewisse Bereiche des Gehirns verändern, weil sie aktiviert worden sind – während andere Bereiche durch die Aufgabe eben *nicht* aktiviert wurden.

Die Elektroenzephalografie (EEG) misst, vereinfacht ausgedrückt, das Auf und Ab von Spannungen in Nervenzellen. Und zwar nur jene Spannungen an der Schädeloberfläche, die senkrecht zu den am Kopf angebrachten Elektroden gelagert sind. (Reimann, Bernd 2011: 45) Das EEG ist sehr schnell, es sind Messungen im Millisekunden-Bereich möglich. Was früher nur bei Tierversuchen angewendet worden ist, wird seit einigen Jahren auch am Menschen durchgeführt: die Implantation von Elektroden bis in tiefer liegende Gehirnregionen. Die Komplexität der Messverfahren ist – wie überraschend – sehr hoch. Na ja. Belassen wir es dabei.

Die Magnetenzephalografie (MEG) misst die Spannungsveränderungen durch kleine magnetische Felder, die durch die Aktivitäten von bestimmten Nervenzellen entstanden sind. Der Vorteil: Das MEG kann von mehr, vor allem unter der Großhirnrinde liegenden Bereichen des Gehirns Bilder erzeugen, als das mit der Elektroenzephalografie möglich wäre. Das System ist so empfindlich, dass sogar in weiter Entfernung vorbeirasende Züge in den Empfangsspulen registriert werden. (Ebenda: 47)

Die transkranielle Magnetstimulation (TMS) macht es möglich, dass ganze Hirnbereiche durch verschiedene stimulierende Magnetfelder mit hohen oder niedrigen Frequenzen erregt oder auch gehemmt werden. Statt eines Magnetfeldes können die Hirnbereiche auch durch Strom – der durch die Elektroden geleitet wird – stimuliert werden. Der Vorteil: Die Testperson spürt gar nichts.

Die Positronen-Emissions-Tomografie (PET) klingt sehr „gefährlich": Den Probanden werden (angeblich „schwach") radioaktive Substanzen (sogenannte „Tracer") direkt in die Venen verabreicht. Die markierten Substanzen reichern sich dann mit „Kollegen" im Gehirn an, können so wieder nachgewiesen werden und Vorgänge wie Glukoseverbrauch oder Aktivitäten des Blutes messen. Aber es geht auch weniger belastend:

Die funktionelle Magnetresonanztomografie (fMRT) ist mittlerweile auch in der Neuroökonomie eine gute alte Bekannte. Der Kopf liegt in einer Art Röhre. Zunächst wird die Struktur des Gehirns festgestellt (per Scanner), ohne dass der Proband eine spezifische Aufgabe lösen muss. Danach erfolgt die funktionelle Messung. Wie reagiert der Mensch in der Röhre auf visuelle, akustische oder fühlbare Reize, die er meist über eine spezielle Videobrille, ein Spiegelsystem oder einen Kopfhörer bekommt?

Alle zwei bis drei Sekunden werden nun komplette Aufnahmen des Gehirns angefertigt, die die Sauerstoffsättigung des Blutes angeben. Um Faktoren, die nichts mit dem Versuch zu tun haben, auszuschließen, werden zwischen 200 und 1500 Bilder gemacht.

Es muss jeweils nicht nur *eine* Aufgabe gelöst werden, sondern zusätzlich auch eine Kontrollaufgabe. Beide Male werden bestimmte Gehirnbereiche „fotografiert" und die Bilder verglichen. Aus dem Unterschied der beiden erzeugten Bilder lassen sich Rückschlüsse auf die Aktivierung verschiedener Hirnregionen ziehen.

Bei der funktionellen Magnetresonanztomografie werden die magnetischen Eigenschaften von sauerstoffreichem und sauerstoffarmem Blut verglichen. All das kann durch fRMT dargestellt werden und zwar in qualitativ hervorragenden Schnittbildern, egal ob vertikal, horizontal oder auch als Diagonale, sozusagen schräg durch den ganzen Körper. In unserem speziellen neuroökonomischen Fall durch den Kopf. Der Proband liegt allerdings bis zu eineinhalb Stunden in der „Röhre". (Elger, Schwarz 2009)

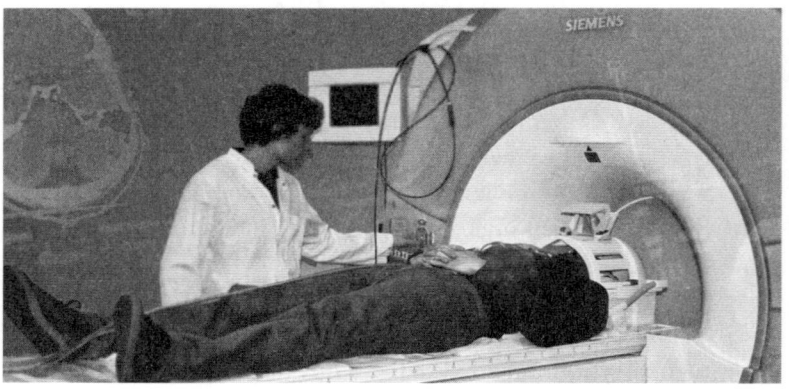

Abbildung 16: Die fMRT-Röhre

Bevor wir uns mit den Ergebnissen dieser Messungen befassen, noch zum „ökonomischen" Teil unseres Denkens und Fühlens.

In unserem Gehirn werden im limbischen System vier Systeme mit Geldfragen „bearbeitet":

- Belohnungssystem
- Emotionales System
- Gedächtnissystem
- Entscheidungssystem

Das limbische System beschreibt – in der Theorie – das Zusammenspiel verschiedener Hirnteile, das für die Bildung von Gefühlen und das Gedächtnis bedeutend ist. Der präfrontale Cortex verarbeitet die empfangenen Signale und kontrolliert Entscheidungen. Aber er plant und steuert auch emotionale Vorgänge. Ohne die anderen drei Systeme (s. o.) wäre er aber hilflos. Dem Mandelkern (Amygdala) gelingt eine Umfärbung von Informationen zu Emotionen. So können Sinnesimpulse verarbeitet, Stresshormone freigesetzt und das vegetative Nervensystem beeinflusst werden.

Die Emotionen haben ihren Sitz im Gehirn an verschiedenen Orten. Affektiv-emotionale Prozesse sind sehr eng mit dem limbischen System verbunden (dies umfasst Kerngebiete im Mittelgehirn, Zwischen- und Endhirn und besonders die Amygdala). Es bildet das zentrale Bewertungssystem unseres Gehirns, das sichergeht, dass Entscheidungen immer anhand von vergangenen Erfahrungen getroffen werden. Dabei werden Hormone wie *Cortisol*, kleine Eiweiße wie *Oxytocin* oder biochemische Botenstoffe (die Informationen von einer Nervenzelle zur anderen weitergeben) wie *Dopamin* freigesetzt. Sie alle verändern die Vorgänge der verschiedenen Hirnschaltkreise.

Die emotionelle Reaktion (in Millisekunden) auf einen Entscheidungsreiz ist, wie erwähnt, doppelt so schnell wie der rationale (nach jeweils 220–260 ms bzw. 480–640 ms), wie Wissenschaftler der Harvard University festgestellt haben. Für die Entscheidungen auch wichtig sind viszerale (= die Eingeweide betreffende) Emotionen wie Hunger, Angst, Schmerz, Wut etc.

„Ich habe Wut im Bauch!"-Emotionen haben sich mit der Evolution herausgebildet und sind Verhaltensmuster, um dem Einzelnen ein schnelles und der Situation angepasstes Verhalten zu ermöglichen. (Glimcher et al. 2009)

Abenteuer im Kopf und Ergebnisse, die unter die Haut gehen

100.000 wissenschaftliche Artikel erscheinen also jährlich zum Forschungszweig „Neuroökonomie" oder auch zur „Neurofinance". Wobei die Gleichsetzung eigentlich eine unzulässige Verkürzung darstellt. Neurofinance ist ein Spezialgebiet der Neuroökonomie, das vor allem das Handelsverhalten auf Finanzmärkten untersucht. Zur

Verdeutlichung des Umstandes, dass ein rationales Wesen zu vernünftigen Entscheidungen auf Risikomärkten gar nicht imstande ist, eine Textpassage aus dem Buch „The Mind of the Market" von Michael Shermer (2007):

„Unser Gehirn ist einfach nicht dazu gemacht, mit Wertpapieren zu spekulieren, in Risikofonds zu investieren und ein effizientes Marktsystem aufrechtzuerhalten. Dies deshalb, weil sich die neuronalen Netzwerke im Gehirn des *Homo sapiens* über Millionen von Jahren entwickelt und angepasst haben. Und zwar über den größten Teil dieses Zeitraumes nicht an die komplexen Finanzmärkte, sondern an die Lebensbedingungen der afrikanischen Savanne."

Automatisierte, schnelle und vor allem unbewusste Reaktionen im Angesicht des Löwen haben wir gelernt, ohne vorher Kosten und Nutzen zu berechnen – was angesichts des sich nähernden Löwen auch nicht vernünftig wäre. Einen Angriff der Finanzspekulanten abwehren – diese Reaktion haben wir nicht erlernt. Vielleicht sieht es ja in einigen Jahrtausenden anders aus. Relativ zur Entstehungsgeschichte des Lebens sind sie ein Klacks – die letzten Jahrzehnte nur noch eine historische „Sekunde". Zu kurz für unser Gehirn, um instinktiv reagieren zu können. George Loewenstein formuliert es 2005 so: „Im Pleistozän gab es keine Dinge wie Aktien. Wir sind einfach pathologisch risikoscheu. Das, was unsere Gefühle steuert, ist nicht wirklich gut an unser modernes Leben angepasst." (Möllering 2012)

Schon 1931 war es John Maynard Keynes, der in wohlgewählten Worten darauf hingewiesen hat, dass wir nicht erlernt haben, mit irrationalen Vorgängen an der Börse („Löwe") umzugehen. „Es gibt nichts Verheerenderes als ein rationales Anlegerverhalten in einer irrationalen Welt." (nach Schuberth 2012: 109)

Erlebnisse im Mandelkern

Nun – wie reagieren wir denn wirklich auf finanzielle Aufgaben und Entscheidungsvorschläge, wenn wir in der „Röhre" liegen?

Dazu schauen wir uns noch etwas detaillierter an, welche Hirnregionen bei bestimmten ökonomischen Entscheidungen sozusagen „aufleuchten" und welche „ruhen".

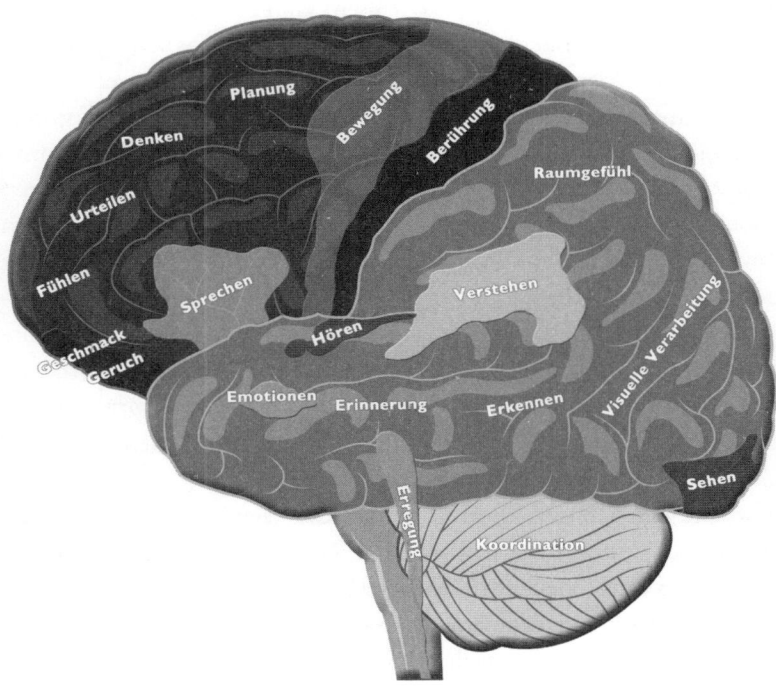

Abbildung 17: Ausgewählte Hirnregionen des Menschen

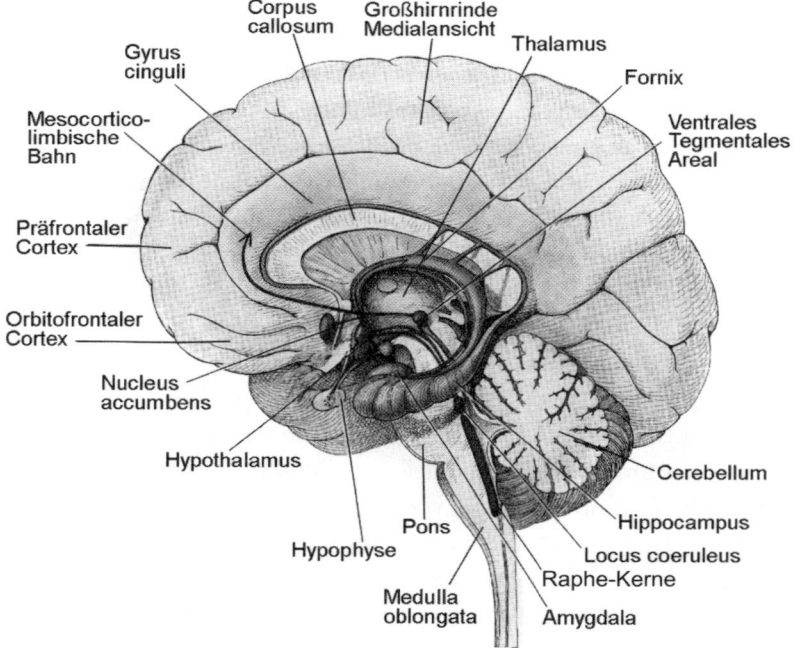

Gyrus
cinguli

Corpus
callosum

Großhirnrinde
Medialansicht

Thalamus

Mesocortico-
limbische
Bahn

Fornix

Präfrontaler
Cortex

Ventrales
Tegmentales
Areal

Orbitofrontaler
Cortex

Nucleus
accumbens

Hypothalamus

Cerebellum

Pons

Hippocampus

Hypophyse

Locus coeruleus
Raphe-Kerne

Medulla
oblongata

Amygdala

Abbildung 18: Medialansicht des menschlichen Gehirns mit den wichtigsten limbischen Zentren

Erwartet der Mensch einen (finanziellen) Gewinn, so reagiert im Gehirn der „Nucleus accumbens", ein Kern, dessen Bezeichnung wir in unserem Bild (oben) sozusagen im Südwesten sehen. Und zwar ist er dann positiv „erregt", was der Mensch selbstverständlich auch spürt. Je größer der zu erwartende Gewinn, desto mehr (und zwar im entsprechenden Ausmaß) ist der Kern aktiviert.

Geht die Erwartung in einen tatsächlich erzielten Gewinn über, tritt der mediale präfrontale Cortex in Aktion. Wird hingegen die Erwartung enttäuscht, muss ebenfalls der präfrontale Cortex herhalten. Er ist übrigens ein Teil des Frontallappens der Großhirnrinde. Wir sehen ihn im Bild auf der linken Seite genau im Westen, er befindet sich an der Stirnseite des Gehirns.

Das Gehirn kann laut Messungen genau unterscheiden zwischen einem erwarteten Gewinn und einer Überraschung. Auf der Hand liegt, dass die jeweiligen Regionen bei einer Überraschung mehr reagieren. Logisch, aber erstmals eben auch durch Messungen „bewiesen".

Insgesamt befinden wir uns im Belohnungssystem des Gehirns. Und wir können bereits feststellen: Die Bedingungen, unter denen wir gewinnen oder verlieren, sind für unsere Empfindungen mehr von Bedeutung als die absolute Höhe von Gewinn und Verlust.

Mit dem Mandelkern (Amygdala) kommen wir in den Bereich der Angst. In unserem Fall ist das jene Angst, die wir etwa davor haben, bei einem finanziellen Schwindel erwischt zu werden. Verhält sich der Mensch in der Röhre bei den gestellten Spielaufgaben fair, ist die Amygdala (Bezeichnungspfeil im Bild im Süden) inaktiv.

Spielt er unfair, ist der Mandelkern sehr aktiv. Laut Forschung ist aber nicht klar, ob die Angst vor dem „Erwischtwerden" größer ist oder die Angst, beim Spiel einen finanziellen Verlust zu erleiden.

Eines aber ist klar: Gewinne werden in unserem Gehirn an anderer Stelle vermerkt als Verluste oder die Angst vor Verlusten: „Deshalb können sie sich auch nicht ohne Weiteres gegenseitig ausschalten", resümieren Elger und Schwarz in „Neurofinance" (2009).

Angst und freudige Erwartung können im Gehirn auch gleichzeitig auftreten. Manche nennen das österreichisch „schiach-schön" (hässlich-schön). Man kann auch Angstlust sagen. Denken Sie an diverse Spielbetriebe in einem Vergnügungspark, an nächtliche Streifzüge durch den finsteren Wald – oder, richtig, an die Börse. Der Kick kommt von Stresshormonen, das Gefühl kann vielleicht auch als lustvoll-gruselig bezeichnet werden.

Die Neuroökonomie betreibt also immer wieder dieselben Spiele wie ihr Vorläufer, oder besser, wie ihr Fundament, die Verhaltensökonomie.

Es ist wie beim Laufen in Zeiten vor dem Herzfrequenz-Messer, an der Uhrzeit konnte man messen, wer vorne lag, nur das Warum blieb – bei oft gleichem Trainingsaufwand – ein Rätsel. Zumindest zum Teil gelöst war es, als man erkannt beziehungsweise gemessen hatte, dass Menschen, die im unteren Frequenzbereich liefen, viel mehr Reserven hatten als Menschen, die etwa auf der zweiten Hälfte der Laufstrecke nur noch hechelten – und immer langsamer wurden. Sie hatten einfach *falsch* (mit zu viel Puls) trainiert.

Was unter die Haut geht

Kehren wir nochmals zum Kartenspiel zurück, bei dem die Versuchspersonen zwischen den vier Kartenstapeln A, B, C und D wählen müssen, mit dem Ziel, ihren Gewinn zu maximieren. Auf der Rückseite jeder Karte sind Euro-Beträge angebracht. Zur Erinnerung: Die Stapel A und B hatten, je öfter Karten abgehoben worden waren, hohe Gewinne, aber noch höhere Verluste gebracht. Menschen mit intaktem Mandelkern, so die „Beweise" der Neuroökonomie, hatten das relativ rasch erkannt und nur noch von den Stapeln C und D abgehoben. Menschen mit Schäden im Mandelkern hatten im Lauf des Spiels nichts aus den Fehlern der bisherigen Kartenabhebungen gelernt.

Aber die Neuroökonomie liefert noch andere faszinierende Ergebnisse: Jene Testpersonen, die das Spiel durchschaut hatten, *artikulierten* dies erst vierzig gezogene Karten später, als sie es intuitiv schon *geahnt* hatten. Ihr bewusster Verstand irrte noch umher, aber das Unbewusste hatte die Gefahren in den Stapeln A und B schon registriert. Festgestellt haben die Forscher das an einer veränderten elektrischen Leitfähigkeit der Haut. (Bechara 2000)

Diese kann als Hautwiderstand zwischen zwei auf der Haut angehefteten Elektroden gemessen werden. Die Höhe dieses Widerstandes hängt von der Durchblutung und dem Feuchtigkeitsgrad der Haut ab. Deshalb auch das „Schwitzen" bei nervöser Anspannung.

Die Hautwiderstände messen die innere Anspannung des Menschen. Bei Menschen mit intaktem Mandelkern konnte eben schon vor dem Ziehen einer Karte die Veränderung des Hautwiderstandes gemessen werden. Und tatsächlich war die Anspannung vor dem Ziehen einer Karte von Stapel A oder B signifikant größer als bei C oder

D. Das bevorstehende Risiko in A und B hatte sich über den Hautwiderstand schon Gehör verschafft, als der Verstand selbst noch im
Dunkeln tappte.

Probanden mit Verletzungen in der Hirnrinde im Stirnbereich
(ventromedialer Cortex) waren laut Ergebnissen der Hautmessung
weniger angespannt als Menschen ohne Verletzungen in diesem
Bereich, der in Abbildung 19 schwarz eingezeichnet ist (links unten).

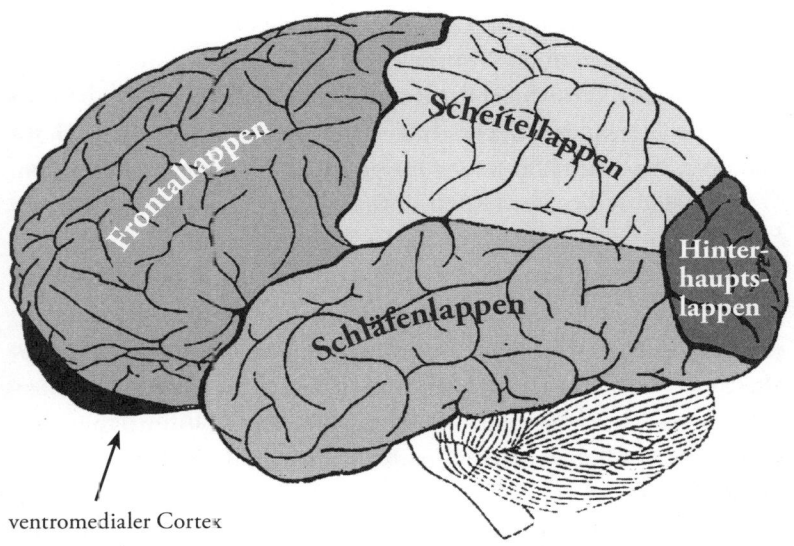

ventromedialer Cortex

*Abbildung 19: Die menschliche Großhirnrinde. Der ventromediale, präfrontale Cortex
ist schwarz eingefärbt.*

Probanden mit Verletzungen im Mandelkern waren überhaupt nicht
angespannt, also völlig unaufgeregt.

Was spielt sich nun im Körper ab? Angenommen, man zieht eine
Karte, die einen Verlust (in Euro) bedeutet, dann wird ein bestimmter im Körper auftretender Zustand im Mandelkern gespeichert.
Und schon vor dem Ziehen der nächsten Karte wird dieser Zustand
abgerufen und wirkt sich so auf die nächste Entscheidung aus.

Kaufen mit Schmerz und Freude

Einer Versuchsperson A wird das Bild eines Smartphones der allerneuesten Generation gezeigt. A will das Produkt unbedingt haben. Erst dann wird der Preis eingeblendet: 600 Euro. „Zu teuer", antwortet A. Auf die Frage, wie viel die Person bezahlt hätte, nennt sie – wohl im Gedanken an die Billigwelt bei Handys – die Summe 180 Euro.

Gemessen wird Folgendes: Zunächst signalisiert das Gehirn: „Das will ich!" Dann Schmerz: „Zu teuer", schließlich Ärger: „Vielleicht hätte ich es trotzdem nehmen sollen."

Der gleiche Versuch bei der Versuchsperson B: Hier wird der Preis 240 Euro eingeblendet. Die Testperson nimmt sofort an. Auf die Frage, wie viel sie bereit gewesen wäre zu zahlen, sagt sie: „540 Euro." Was verraten seine gemessenen Hirnaktivitäten? Kein Schmerz, nur Freude.

Was zeigt nun das Ergebnis, wenn man alle Testpersonen vergleicht?

Alle, die abgelehnt haben, gaben einen deutlich niedrigeren Preis an, den sie gezahlt hätten (180 Euro!), als die, die angenommen haben (540 Euro). „Ich hätte ohnehin nur 180 Euro bezahlt", heißt übersetzt: „Mir doch egal, dass ich es nicht bekommen habe" (Schmerzminderung).

„Ich hätte ja bis zu 540 Euro bezahlt", heißt übersetzt: „Herrlich, habe fast meinen Idealpreis bezahlt" (nahezu Schmerzaufhebung).

Die Produktentscheidungen und die Emotionen rund um die Preisunterschiede haben sich im Nucleus accumbens abgespielt.

Die Preisdifferenzen haben auch Bereiche im präfrontalen Cortex aktiviert. Am größten waren dessen Aktivitäten, wenn Testpersonen sogar mehr geboten hatten, als das Smartphone tatsächlich gekostet hätte.

Bei Teilnehmern, die das neue Smartphone von vornherein ablehnten, war die Insula, ein Teil der Großhirnrinde, aktiv. Diese „Insel" ist auch eine wichtige Schaltstelle für Nikotinsucht, wie neueste Forschungsergebnisse behaupten. Wenn diese tief in der

Hirnrinde verborgene Insula geschädigt ist, können angeblich viele das Rauchen über Nacht aufgeben. (Bechara 2007)

Wie viel Geld ist man bereit für dieses neue Smartphone auszugeben? Wirklich entscheidend sind die sogenannten „BOLD-Signale". Dabei geht es um „blutsauerstoffabhängige" (blood oxygenation level dependent – BOLD) Aktivitäten im Gehirn. Gemessen wird der Sauerstoffgehalt in den roten Blutkörperchen und wie sich dadurch bei der fMRT-Methode das Bild-Signal ändert. Werden die Impulse in bestimmten Gehirnarealen heftiger, steigt der Bedarf an Sauerstoff und an Glukose.

Die „ökonomischen" Hirnforscher entwickelten daraus eine These, die wir schon kennen: Kauf- und Finanzentscheidungen werden von emotional bedingten Fehlern begleitet. Das neuronale Netzwerk muss entstehungsgeschichtlich älter sein als alle ökonomischen Systeme. Nahrungssuche und auch Partnersuche (was schwer zu glauben ist) führen so gesehen zu besseren Ergebnissen als Kaufentscheidungen. Hintergrund sind die unterschiedlichen Aktivitäten im Gehirn bei der Verarbeitung von positiven und negativen Empfindungen. (Elger, Schwarz 2009: 116)

Dazu noch ein Beispiel zum Autokauf:

Ein Händler wird gut daran tun, Ihnen den Preis für Ihren zurückgebrachten Gebrauchtwagen sofort in bar auszuzahlen. Vielleicht hat er ja zuvor auch noch ausgeschildert: „Zahle auf jeden Gebrauchten bei Kauf eines Neuwagens 1500 Euro drauf." Vielleicht haben Sie ja auch nur deshalb diesen Händler aufgesucht. Plötzlich liegen, sagen wir, 11.500 Euro vor Ihnen. Große Freude! Im Kaufrausch (mit vielen aufgefrischten roten Blutkörperchen) schlagen Sie zu. Ein neuer Wagen wird gekauft. Und wichtig für den klugen Händler: Rechnung erst nach Lieferung!

Hätten Sie genauso gehandelt, wenn Ihnen der Händler kein Bargeld gegeben und Sie auf die Einrechnung des Geldes beim Kauf verwiesen hätte? Vielleicht. Wenn Sie rationaler Käufer sind. Und wenn Sie sich Emotionen beim Autokauf (zu Recht) schon lange abgewöhnt haben. Aber die Mehrheit hat im Versuch anders entschieden und beim Händler, der nicht sofort Geld auf den Tisch gelegt hat, nicht gekauft.

Bei einem anderen Experiment sollten die Testsubjekte im fMRT entscheiden, ob sie Produkte mit verschiedenen Preisen oder Rabattangeboten kaufen wollten. Die Rabattprodukte wurden zu einem überwiegenden Teil bevorzugt, auch wenn es sich um überteuerte Artikel handelte. Das Rabattschildchen war den Probanden während einer Kaufentscheidung in der Röhre als Bild eingeblendet worden.

Es hatte im Gehirn das Belohnungssystem aktiviert und die sogenannte Gürtelwindung (Gyrus cinguli), die einen Teil des Kontrollzentrums ausmacht, deaktiviert.

Was die Funktionsweise des Gehirns betrifft, gehört die Gürtelwindung zum limbischen System. Und damit zu jener Funktionseinheit, in der Emotionen ankommen und verarbeitet werden, in der triebverursachte Verhaltensweisen entstehen und wo unser Intellekt sitzen soll. Das limbische System beantwortet also in Sekundenbruchteilen Fragen wie „Kenne ich diesen Sinnesreiz?" Wenn ja: „Löst er in mir ein angenehmes Gefühl wie Freude oder eher Bedrohung, Angst oder Traurigkeit aus?" Dann wird bewertet, verarbeitet, reagiert. Und zwar mit Handlungen (Zuwendung, Abwehrhaltung, Davonlaufen usw.) und physiologischen Veränderungen. Bestimmte Hormone werden ausgeschüttet, der Blutdruck ändert sich und die Pupillen erweitern oder verkleinern sich. Daraus können Motivation oder Abneigung zu einer bestimmten Handlung entstehen.

Auch in der komplexen Welt des limbischen Systems begegnen wir wieder dem interessanten Wörtchen reziprok, am besten übersetzt mit „wechselseitig". Die funktionellen Beziehungen sind reziprok, wobei es mehr Fasern gibt, die vom limbischen System zur Hirnrinde ziehen als in umgekehrter Richtung. Emotionen haben damit eine stärkere Wirkung auf Gedanken als Gedanken auf Emotionen. (Ebenda)

Sie kennen das vielleicht. Sie sehen einen Film, der einige Ihrer Freunde sehr bewegt hat, Sie aber vollkommen kaltlässt. Warum löst nicht einmal die Schlüsselszene Emotionen bei Ihnen aus? Sie versuchen sich in das von Ihren Freunden beschriebene Gefühl hineinzudenken. Es misslingt.

Die umgekehrte Situation: Sie sitzen im Kino und der gezeigte Film berührt Sie sehr. Sie sind den Tränen nahe, sehen aber, dass alle anderen neben Ihnen keinerlei Regung zeigen, manche vielleicht sogar völlig Geschmackloses von sich geben, weil sie etwa mit einer Spitalsszene, in der jemand von seiner unheilbaren Krankheit erfährt, nicht umgehen können. Sie versuchen sich einzureden, dass es sich doch „nur um einen Film" handelt und wollen Ihre Emotionen stoppen. Aber Sie scheitern ebenso.

Ein etwas ökonomischeres Beispiel: Facebook kündigt im Februar 2012 seinen Börsengang an – die Welt der Anleger gerät in Euphorie. Auch Sie wollen die neue Aktie des sozialen Medienstars unbedingt Ihr Eigen nennen. Aber irgendetwas in Ihrem Hinterkopf sendet das Signal: „Vorsicht, Hype! Wer weiß, wie lange der unglaubliche Höhenflug des sozialen Netzwerkers Mark Zuckerberg im neunten Jahr des Bestehens von Facebook noch anhält?" Was machen Sie? Die Gedanken, die Sie rund um den Börsenstart am 18. Mai 2012 hegen, sind längst Schnee von gestern. Ihr emotional gesteuerter Gusto auf den Aktien-Bullen Facebook hat längst entschieden. Vermutlich schon im Februar 2012.

Sie kaufen.

Doch aus dem Bullen wird der (Börsen-)Bär. Statt auf dem Bullen nach oben zu reiten, stürzt die Aktie schon nach wenigen Wochen um ein Drittel des Wertes ab, drei Monate nach dem Börsengang überhaupt auf die Hälfte. Wären doch die Gedanken diese wenigen Millisekunden schneller gewesen als die Emotionen. Warum habe ich nur nicht mehr Fasern, die von der Hirnrinde zum limbischen System ziehen, als sie es umgekehrt schaffen?

Bei wirtschaftlichen Entscheidungen findet im Gehirn oft ein Wettbewerb zwischen verschiedenen Arealen statt (vereinfacht: Emotionen gegen Logik). Daraus ergibt sich eine „ökonomische Persönlichkeitsspaltung". Bei Entscheidungen mit kurzem Zeithorizont wird vor allem das limbische System aktiviert, bei langem Zeithorizont der präfrontale Cortex.

Die Neuroökonomie hat mittlerweile Tausende Beispiele und aus ihrer Sicht „Beweise" im wissenschaftlichen Schrank.

Wer hungrig ist, zahlt für einen Snack (vom Versuchsteam in der „Mess-Röhre" für die Zeit nach dem Experiment angeboten) *tatsächlich* einen höheren Preis als ein satter Mensch. Geahnt habe man das schon vor langer Zeit („Gehe nie hungrig einkaufen!"), aber das „Wissen" sei jetzt erst endlich da, freuen sich die neuen Ökonomen.

Schon aus der Verhaltensökonomie kennen wir den Zeitfaktor: „Lieber jetzt konsumieren als später." „Bewiesen" ist mittlerweile auch ein Beispiel aus der älteren Verhaltensökonomie (damals ohne Röhren, Kabel und Elektroden) über die Bereitschaft zur Altersvorsorge, wenn nur die Frage richtig gestellt wird. Man ist durchaus bereit, mehr einzuzahlen, wenn bestimmte Beträge automatisch von Lohnerhöhungen abgezogen werden, statt offensichtliche Abzüge in Kauf zu nehmen. Mehr darüber, wenn wir über „Nudge", den richtigen „Schubs", sprechen werden.

Und auch dass der Mensch lieber 100 Euro heute als 200 Euro in drei Jahren bekommt, ist nicht einfach nur irrational, sondern auch neuronal vermessen. Ebenso die Präferenz, lieber 200 Euro in sechs Jahren, als 100 Euro in drei Jahren zu bekommen. In der Gegenwart habe ich so oder so nichts davon, also kann ich gleich länger warten.

Bei der Entscheidung für die sofortige „Belohnung" haben wieder Aktivitäten im limbischen System des Gehirns den Ausschlag gegeben, also dort, wo die Emotionen sitzen; bei der rationalen Entscheidung („dann besser in sechs Jahren") war die Aktivität im limbischen System weitaus geringer.

Wir haben schon beim Rauchen gesehen, dass auch diese Sucht ihre Wurzeln in bestimmten Regionen des Gehirns hat.

Ähnlich scheint es bei der Gier zu sein.

Gier und die drei wilden Kerle

Die Hoffnung, mit einer extrem riskanten Geldanlage den schnellen Kick zu bekommen, wächst mit dem Ausmaß des Risikos zur erwähnten „schiach-schönen" Angstlust. Hier kämpfen das impulsive System (die drei wilden Kerle: Amygdala, Nucleus accumbens („eingebetteter Kern") sowie das sogenannte ventrale Pallidum (ein bleicher Gehirnkern)) und das reflektive System gegeneinander.

Wer unter Spielsucht leidet, und letztlich ist der Kasino-Kapitalismus kaum anders zu benennen, bringt Zeitpräferenzen völlig durcheinander, trifft keine guten Entscheidungen mehr und will zunächst alles zeitnah und irgendwann nur noch „sofort". Dann kommt es zu Risikobereitschaft in ihrer maximalen und gefährlichsten Ausprägung.

Hier sei aber auch daran erinnert, dass Gier keine „Krankheit" der Reichen ist. Die meisten Menschen leben, wie beschrieben, lieber in einer Welt, in der sie 50.000 Euro Jahresgehalt beziehen und alle anderen 25.000 Euro, als in einer Welt, in der sie zwar doppelt so viel, also 100.000, verdienen, die anderen jedoch 150.000 Euro. Das ist keine schlichte Behauptung, sondern in der Verhaltensökonomie „er-testet" und in der Neuroökonomie gemessen.

Oder, um es auf die Politik umzulegen, lieber Landeshauptmann oder Ministerpräsident und dafür beliebt, als Bundesminister und unbeliebt und auch noch einer unter vielen. Auch wenn, wie in Österreich, der Verdienst gleich hoch ist (derzeit übrigens 16.320 Euro brutto im Monat).

Emotionen sind also nicht immer vorteilhaft für unsere ökonomischen Entscheidungen. Ohne sie geht es aber auch nicht (siehe den Fall Phineas Gage), und *nur* mit ihnen ebenso wenig. Ist der Verstand völlig ausgeschaltet und regieren nur noch Neid und Gier, dann fallen objektiv falsche Entscheidungen.

Im folgenden Experiment werden Versuchspersonen, die unter Spielsucht leiden, untersucht. Zunächst bekommen alle 20 Euro. Wieder geht es darum – wie schon in der Verhaltensökonomie beschrieben – zu investieren oder das Geld einfach zu behalten. Konkret soll 1 Euro investiert werden, oder eben auch nicht. Dann wirft der Spielleiter eine Münze. Zahl bedeutet, der Euro ist weg, Kopf bedeutet einen Gewinn von 2,50 Euro. Dann geht's in die nächste Runde. Ergebnis: Der Spielsüchtige investiert immer wieder. Der „gesunde" Proband wird immer vorsichtiger, vor allem nach einem erlittenen Verlust.

Moral und „makabere" Entscheidungstests

Das Wesen der Moral zu erforschen, ist manchmal eine brutale Angelegenheit, wie folgendes Szenario zeigt: Als Soldaten ins Dorf kommen, verstecken sich einige Bewohner im Keller. Bald hören sie oben Uniformierte die Zimmer durchsuchen. Plötzlich fängt ein Baby im Arm seiner Mutter zu schreien an. Die Flüchtlinge wissen, dass sie getötet werden, wenn die Feinde sie entdecken. Ist es dann gerechtfertigt, das Kind zu ersticken, um den Rest der Gruppe zu retten?

Die zum Glück fiktive Situation ist Teil eines Experiments, das die Neurologen Michael Koenigs und Antonio Damasio von der University of Iowa und Liane Young von der Harvard University durchgeführt haben (2007). Sie wollten herausfinden, welche Rolle Emotionen spielen, wenn Menschen moralische Urteile fällen.

Hintergrund ist ein jahrhundertealter Streit, ob die Ratio oder Emotionen das moralische Empfinden lenken. Etwa, ob es, wie schon in der experimentellen Ökonomie gefragt wurde, gerechtfertigt sei, einen Mann von einer Brücke auf Gleise zu stoßen, um einen führerlosen Straßenbahnwagen zu stoppen, der ansonsten fünf Bauarbeiter töten würde. Oder einen Weichenhebel umzulegen, der einen Wagen umlenkt – und so auf dem Nebengleis eine Person tötet, auf der Hauptstrecke aber fünf verschont. Während ethischer Entscheidungen leuchten auf Hirn-Scan-Bildern sowohl kognitive Areale im präfrontalen Cortex als auch etliche Areale im limbischen System, dem Sitz der Emotionen, auf.

Wer solche Situationen strikt utilitaristisch, also nur auf den Eigennutzen bezogen, betrachtet, fragt nach den Konsequenzen – und muss folgern, dass eine Person zu opfern sei. Wer glaubt, dass es immer verkehrt ist, einen Menschen zu töten, wird für Zurückhaltung plädieren.

Studien des an diesem Forschungsprojekt ebenfalls beteiligten Kognitionspsychologen Marc Hauser von der Harvard University haben allerdings gezeigt, dass Menschen davor zurückschrecken, direkte Gewaltanwendung gutzuheißen, jedoch bereit sind, unbeabsichtigte Nebeneffekte in Kauf zu nehmen – unter Umständen sogar, dass ein Mensch stirbt.

Doch während Koenigs' und Youngs „normale" Vergleichsgruppe diese Erkenntnisse bestätigte, verhielten sich die Probanden mit einem geschädigten Gehirn deutlich anders. Ging es darum, direkte Gewalt anzuwenden, zögerten sie nicht und segneten diese Handlungen als rational gerechtfertigt ab. Der einzige Maßstab, der sie offenbar zu interessieren schien, waren die Folgen einer Aktion, nicht die Handlung selbst. (Koenigs et al. 2007)

Werbespots in der Röhre

Ein unerschöpfliches Feld für die Anwendung von Hirnforschung ist die Produktwerbung. Es liegt auf der Hand, dass sich die Marketingstrategen der Weltkonzerne schon längst nicht mehr nur mit Umfragen zufriedengeben. Sie wollen wissen, was wirklich wirkt – und die Neuroökonomie muss aufpassen, dass sie nicht zum alleinigen Instrument für Unternehmen reduziert wird. Letztlich sollte sie der Entdeckung des Menschen dienen, um klügere Entscheidungen der Politik auszulösen und um große ökonomische Krisen noch vor ihrer Entstehung zumindest teilweise prognostizieren zu können. Aber vielleicht läuft es ja wie beim Verhältnis von Formel I-Fahrzeugen zu Alltags-Autos. Erprobt wird das Neue, von der Servolenkung bis zum Airbag, angeblich immer in der Königsdisziplin von Fahrzeugen, um dann etwas verspätet einen breiten Einsatz zu er-„fahren". Auf die Ökonomie umgelegt: zuerst der Werbe-spot – dann die Volkswirtschaft.

Zurück zur Röhre. Nun geht es um die Verarbeitung von Bildbot-schaften und um folgende Fragen: Kann ein Werbespot das Beloh-nungssystem im Gehirn aktivieren oder nicht? Warum unbedingt in der fMRT-Röhre? Weil es um die „restlichen 95 Prozent" geht. Es scheint unglaublich, ist aber mittlerweile durch eine große Zahl von Studien belegt: Der Griff nach einem bestimmten Produkt im Super-markt ist nur zu fünf Prozent eine bewusste Entscheidung. Auch wenn wir selbst vom Gegenteil überzeugt sind. „Ich lasse mich doch nicht von Werbung, oder gar davon, in welchem Regal ein Produkt steht oder liegt, beeinflussen!" Tun wir aber doch. (Damasio 2004)

Die fünf Sinne (Schmecken, Hören, Sehen, Riechen und Fühlen) nehmen in einer Sekunde 11 Millionen Bits an Informationen auf („Bit" ist eine Wortkreuzung aus binary digit, englisch für Binär-ziffer, und steht für Informationseinheit). Es klingt unvorstellbar, aber 10 Millionen und 999.960 Informationen landen im Unter-bewusstsein. Rund 40 bis maximal 50 Informationseinheiten sind dem Menschen in dieser Lebens-Sekunde bewusst geworden. Es ist einleuchtend, dass sich der Kapitalismus immer mehr auf die Millio-nen stürzt.

Der Verstand bleibt trotz dieser Erkenntnisse stur, er ist noch im-mer davon überzeugt, alles mit eigenen Augen und Ohren erfasst zu haben. Oder glauben Sie im tiefsten Inneren wirklich daran, dass wir nur zu 0,0004 Prozent Herr/Frau unserer Sinne sind? Es ist tatsäch-lich so. Wenn wir meinen, eben hätten wir frei entschieden, sind wir aus dem Unbewussten heraus längst „entschieden worden".

Bei der Produktwahl sind wir nicht deshalb ein Gewohnheitstier, weil wir intellektuell nicht auf eine andere Marke umsteigen könn-ten. Das Problem ist unser Gehirn, das nach den vielen positiven Erfahrungen, die wir mit Produkt A schon hatten, signalisiert: Nimm es wieder, das passt schon!

Im Übrigen ist das Unbewusste auch stromsparender, es verbraucht bei Entscheidungen nur 5 Prozent der Energie, die der Körper zur Verfügung hat. (Nufer, Wallmeier 2010)

Bewusst getroffene Entscheidungen hingegen verbrauchen viermal so viel, rund 20 Prozent. „Nicht denken" strengt uns also viel weniger an – geahnt hatten wir das schon längst. Jetzt ist diese angenehme Erkenntnis auch vermessen.

Aber der Verstand gibt dennoch nicht auf. Werden Kunden nach einem Einkauf befragt, warum sie sich für dieses oder jenes Produkt entschieden haben, „erfinden" sie meist eine Begründung. Denn im allerersten Augenblick der Befragung wissen sie meist selbst nicht, was ihnen „passiert" ist. Um das aber nicht zugeben zu müssen, wird eine Begründung gebastelt. Der Haken dabei: Sie stimmt fast nie.

Neuromarketing-Experten warnen deshalb die Unternehmen, die sich nun schon viele Jahrzehnte an Fragebogen-Auswertungen klammern: Über die wahren Beweggründe bei Produktentscheidungen sagen diese Ergebnisse nur sehr wenig aus. Meist seien sie geschönte Kaufabsichts-Erklärungen, die mit der Wirklichkeit wenig zu tun haben.

Wie wichtig in diesem Zusammenhang Marken sind, zeigt sich beim „Halo-Effekt". Der Begriff kommt eigentlich aus der Sozialpsychologie und erklärt, warum wir so oft von uns scheinbar bekannten Eigenschaften einer Person („ist mir sympathisch") sofort auf weitere Charakterzüge dieser Person schließen („der / die liebt sicher auch Kinder"), obwohl uns diese Person und vor allem ihre „verborgenen" Eigenschaften völlig unbekannt sind. „Halo" kommt aus dem Englischen, heißt Heiligenschein und beschreibt eine verzerrte Wahrnehmung von Außeneindrücken. Bekannt ist das Beispiel der Blindverkostung von Coca-Cola und Pepsi. Ohne die Marke zu sehen, haben 51 Prozent der Versuchspersonen Pepsi gewählt, 44 Prozent Coca-Cola und 5 Prozent wussten nicht, was sie wählen sollten. Im zweiten Verkostungs-Durchgang hat man den Personen die Markennamen gezeigt. Das Ergebnis war verblüffend: Jetzt griffen 65 Prozent der Befragten zum Coca-Cola-Glas, 23 Prozent zu Pepsi und 12 Prozent war es einerlei. (Esch 2008)

Die Marke war stärker gewesen als der eigene Gaumen.

Eine völlig neue, hochinteressante US-Studie („Von neuronalen Antworten zum Bevölkerungsverhalten: Neuronale Fokus-Gruppen sagen bevölkerungsweite Medien-Effekte voraus") ist im April 2012 von Emily Falk und Matthew Lieberman an der University of California vorgelegt worden.

Die Ausgangslage: 31 starke Raucher wollen von ihrer Sucht loskommen. Jeder von ihnen muss sich drei verschiedene Werbekampagnen auf Video ansehen, die zum Aufhören animieren sollen. Dann wird eine Hotline-Nummer des National Cancer Instituts – mit den Worten: „Aufhören jetzt" – eingeblendet. Die Frage: Welcher Film gefällt Ihnen am besten?

Die Antworten: Am besten kommt die Kampagne B an, dann A – und C eher nicht. Sagen die Probanden.

Erst dann müssen alle 31 in die Gehirn-Scanner-Röhre. Wieder werden die drei Videos gezeigt. Jetzt wird aber nicht mehr gefragt, sondern nur noch geschaut und gemessen. Leuchtet der mediale frontale Cortex hell auf, dann hat das Video besonders gut gefallen. Die Überraschung ist perfekt: Die Anti-Raucher-Kampagne C bringt die Hirnregion, in der die Empfindungen auf das gezeigte Video eintreffen, auf dem Scanner mit Abstand am stärksten zum Leuchten. Ausgerechnet die zuvor so ungeliebte Kampagne C.

Das war aber noch nicht alles: Einige Monate nach diesem Versuch laufen alle drei Spots im amerikanischen Fernsehen und im Internet. Jetzt sind die Neurowissenschaftler daran interessiert, nach welchen der drei Kampagnen die Amerikaner am öftesten die Hotline-Nummer „Aufhören jetzt" (1-800-QUIT-NOW) anrufen. Nach Video A steigt die Zahl derer, die sich beraten lassen wollen, gegenüber der Zahl, die schon vor Beginn der US-Kampagnen-Serie die „Aufhören jetzt"-Nummer wählen, um das 2,8-Fache an. Nach Video B um das 10-Fache und nach Video C um das 32-Fache.

Die mittlere vordere Hirnrinde hatte also besser entschieden, und das gleich elfmal besser (2,8 zu 32) als der Mensch, der zu diesem Kopf gehörte. Oder anders formuliert: Hätte man die Werbevideos ausschließlich durch Befragungen eingestuft, wäre man ziemlich daneben gelegen. Obwohl: Natürlich ist auch eine Ver-2,8-fachung kein schlechtes Ergebnis, aber wenn's auch 32-mal mehr Hotline-Anrufe geben kann ...

Ist also doch das Es verlässlicher als das Ich?

Aber zurück zu den Produkten, die man auch anfassen kann.

Kommt ein neues Produkt auf den Markt und drei Weltkonzerne bieten es an, greift der Konsument zunächst zur bekanntesten Marke, auch wenn sie um zehn Prozent mehr kostet als die zweitbekannteste, dann zu dieser, auch wenn sie um acht Prozent teurer ist als die dritte, am wenigsten bekannte, günstigste Marke. Alle drei Produkte, es waren Kameras – der Test entstammt schon den 1990er-Jahren –, hatten die gleichen Funktionen und waren angeblich auch qualitativ gleich hoch einzuschätzen. Man spricht vom „Effekt der kortikalen Entlastung". Kein anstrengendes Nachdenken und langwieriges Abwägen, sondern vielmehr automatische Emotion. Das dafür zuständige Areal im Hirn leuchtet bei der fMR-Tomografie tatsächlich hell auf. Der Bereich im vorderen Teil der Hirnrinde (Sitz des Verstandes) bleibt dunkler – ein Zeichen, dass er weniger aktiv ist. Wieder hat die BOLD-Methode funktioniert.

Mehr Sauerstoffverbrauch im Blut deutet auf die aktiveren Bereiche im Gehirn hin, sie sind in den Abbildungen auf der nächsten Seite grau eingezeichnet. Bei der Person links in der Röhre, die sehr stark auf Marken anspricht, bleibt der vordere Teil der Hirnrinde (präfrontaler Cortex) eher passiv (keine grauen Flecken), beim Menschen rechts mit geringer Markenaffinität sehen wir vorne im Vernunft-/Verstand-Bereich deutlich mehr graue (aktivierte) Flecken. Diese Person denkt sehr viel nach, um zur Produktentscheidung zu gelangen.

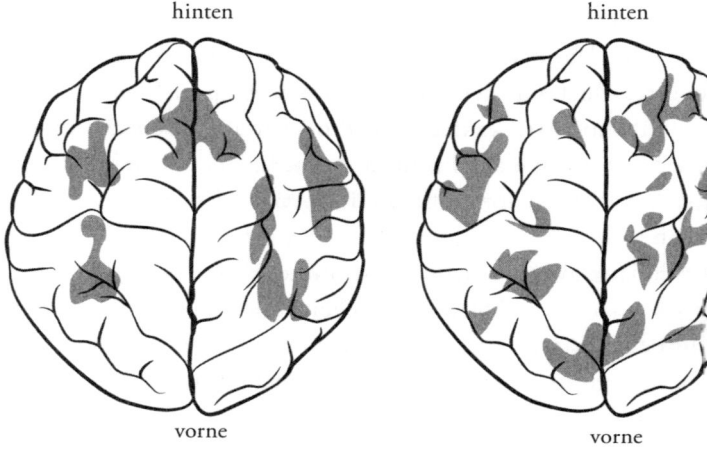

hinten   hinten

vorne   vorne

Person mit geringer Markenaffinität   Person mit hoher Markenaffinität

Abbildung 20: Sauerstoffgehalt des Blutes im Gehirn beim Erkennen von Marken

Inzwischen ist es „vermessen", dass bei sechs von zehn eingekauften Produkten eine verankerte Präferenz für bestimmte Marken vorliegt. (Nufer, Wallmeier 2010)

Grundsätzlich will der Konsument mit einer Marke „belohnt" werden. Also einen Mehrwert gegenüber anderen Produkten erzielen (ein frei erfundenes Beispiel wäre: VW statt Skoda, Audi statt VW, Porsche statt Audi etc.). Mittlerweile haben es Neurowissenschaftler sogar geschafft, das Belohnungssystem im Gehirn aufzuspüren und zu „beleuchten". Es sitzt im orbitofrontalen Cortex – im vorderen Bereich des Gehirns.

Aber Achtung! Nicht immer zählt nur das gute alte Bekannte!

Der deutsche Psychologe Norbert Bischof nennt in seinem „Zürcher Modell der sozialen Motivation" drei Gründe, weshalb Menschen kaufen: Sicherheit – Erregung – Autonomie.

Der Psychologe Hans-Georg Häusel spricht von den „Big 3": Balance – Dominanz – Stimulanz. (Häusel 2008)

Wir sehen also: Sicherheit und Balance sind wichtig und machen das Gewohnheitstier in uns aus, aber wir können auch ganz anders.

Wir sind neugierig und wollen erregt werden. Dazu kommen noch die Facetten der Autonomie: Macht, Geltung und Leistung.

Im Balance-Zustand, der uns Harmonie, Ausgeglichenheit und Sicherheit fühlen lässt, kaufen wir Produkte wie Versicherungsleistungen, Sicherheitspakete für unser Auto, Medikamente, traditionelle Produkte aller Art von Fußabstreifern bis zu Fahrradschlössern, vor allem aber auch Arzt-Leistungen und Ratgeber-Bücher.

Im Stimulanz-System suchen bestimmte Hirnareale das Neue: die exotische Küche, Weltreisen, vielleicht auch Besuche teurer Nachtklubs. Wichtig ist Erregung – ja, es kann auch diese sein. Es werden Endorphine ausgeschüttet, die für die Entstehung von Euphorie zuständig sind. Das Belohnungszentrum im Kopf ist aktiviert.

Und schließlich das Dominanz-System: Hier ist uns wieder der Wettbewerb, das Abheben von der Masse wichtig. Macht, Status – alle Ingredienzen der uns evolutionär innewohnenden Sehnsucht nach Dominanz. „Schnelle Autos, Luxusgüter, Immobilien, Tickets zu elitären Events, sämtliche Produkte zur Steigerung körperlicher Leistungsfähigkeit wie Fitnessgeräte oder Nahrungsergänzungsmittel sowie Dienstleistungen zur Steigerung von Effizienz und Schnelligkeit", zählt hier der Psychologe Häusel auf.

Wenn es nur so einfach wäre. Leider konkurrieren die Systeme miteinander. Wir erinnern uns an die Schokolade. Erregung für die Geschmacksnerven oder „Balance" halten und vielleicht ein gleichnamiges Mineralwasser trinken? „Brave" Produkte kaufen (wie ein Familienauto) – oder doch lieber einen schnellen Sportwagen?

Im Folgenden eine kleine Übersicht über die Kämpfe in unserem Kopf.

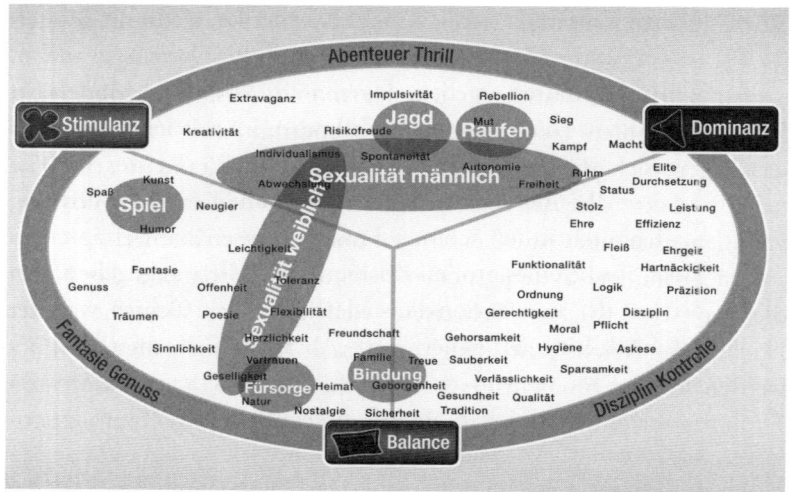

Abbildung 21: Die Emotionssysteme

Im dunkelgrauen Ring sieht man das Ergebnis der Mischung zweier Emotionssysteme. Im Stimulanz-System suchen wir das Neue, während uns das Balance-System eher bremst. In diesem Zusammenspiel entstehen Genüsse und Fantasie (siehe links unten im Bild). Genauso können auch die beiden anderen Mischformen erklärt werden. (Häusel 2008: 43ff)

All das bewirkt, dass die Werbegurus immer einfallsreicher werden. Noch einige „vermessene Erkenntnisse" des Neuromarketings:

- Männer, die erotische Bilder vor Augen haben, neigen deutlich mehr zu risikofreudigen Investitionen.
- Sportwagen bringen wirklich den Nucleus accumbens in Aufruhr. DaimlerChrysler hat die fMRT-Methode mittels versuchter Manipulation des Belohnungssystems im Gehirn sogar als „Verfahren zur Optimierung und Erfassung von Produktattraktivität oder Produktakzeptanz" zum Patent angemeldet!
- Wer mit der Kreditkarte zahlen darf, ist glücklicher, weil er den Geldverlust in die Zukunft verlegt.

- Frauen kaufen tatsächlich mehr Kosmetika, wenn die Models schön sind. Das hat die Hirnforschung herausgefunden. Umfragen hatten ergeben, dass man die Rolle von Models für Hautcremes durchaus auch mit Frauen im mittleren Alter mit Figuren jenseits der Traummaße und in Reizlos-Wäsche besetzen könne: „Endlich mal Normalität in der Werbung statt übernatürlich schöner Frauen", hatten die Befragten in einer Studie eines großen Kosmetikherstellers angegeben. Ein Irrtum der konventionellen Methode. Das Gehirn war der Wirklichkeit viel näher: Der Absatz bei Kosmetika ging zurück, als sie von normalgewichtigen Frauen präsentiert wurden. Und wieder hinauf, als Models mit Traumfiguren auftraten. (P.M. Magazin 2012) Und wie gesagt: Diese unbewussten Entscheidungen hatten Frauen getroffen.
- Auch die „Vorher-Nachher-These" ist bereits durch die Hirnforschung bewiesen. Leider handeln wir da aber nicht sehr vorteilhaft. Steht etwa „Diese Jeans kostet 43 Euro, vorher: 50!", freut uns das und wir kaufen (der Test wurde tatsächlich mit diesen Beträgen, die sich nicht gravierend voneinander unterschieden hatten, durchgeführt). Auch wenn wir den Werbetrick durchschauen und rational nie auf die Idee kommen würden, dem „Vorher"-Preis zu trauen. Unser Belohnungssystem ist aktiviert – und das ist stärker als alles andere.

Es empfiehlt sich aber für Neuromarketing-Experten, auch unsere Mischsysteme im Gehirn ernst zu nehmen. Es bringt beispielsweise wenig, nach einer starken Szene in einem TV- oder Kino-Werbespot gleich einen Text anzuhängen. Ein Auto rast über ein Schneefeld, überschlägt sich und bleibt unbeschädigt stehen. Die darauf folgende Aussage „Es hält alles aus, so wie richtig harte Männer" hätte man sich sparen können. Das Gehirn braucht nach einem Emotionshoch 1,5 Sekunden, um neue Botschaften aufzunehmen. Besser wäre es gewesen: zuerst den Text einzublenden (falls überhaupt notwendig) und dann die spektakuläre Szene folgen zu lassen.

Jedenfalls treibt Neuromarketing seine Blüten und erfasst von Jahr zu Jahr mehr Branchen, zumindest jene, die sich die Tests in der Röhre oder unter der Datenhaube leisten können. (Held, Scheier 2006)

Codes

Neurowissenschaftler haben im Gehirn vier Aufnahmemöglichkeiten für Produktbotschaften von außen identifiziert:
- Storys und Episoden
- Symbole (Personen, Schauplätze)
- Sinne (Farben, Melodien, Geräusche)
- Sprache (wohltuende Stimme – weshalb verwenden wohl Dutzende Produzenten dieselbe Werbestimme aus Radio, TV oder vom Theater?)

Es ist aber nicht so wichtig, ob alle vier Codes bedient werden oder ob vielleicht einer fehlt. Machen Sie den Test. Sie hören die Milka-Werbung im Radio und schon fällt ihnen dazu die lila Kuh ein. Oder umgekehrt, Sie sehen die Kuh auf einem Plakat und summen die Werbe-Melodie mit.

Weil wir schon beim Selbsttest sind – versuchen Sie einmal unten stehenden Text zu lesen:

Ehct ksras! Gmäeß eneir Sutide eneir Uvinisterät ist es nchit witihcg, in wlecehr Rneflogheie die Bstachuebn in eneim Wort snid, das Ezniige, was wcthiig ist, dass der estre und der leztte Bstabchue an der ritihcegn Psotoiin snid. Der Rset knan ein ttoaelr Bsinöldn sein, tedztorm knan man ihn onhe Pemoblre lseen. Das ist so, weil wir nicht jeedn Bstachuebn enzelin leesn, snderon das Wrot als Gzeans enkreenn. Ehct ksras! Das ghet wicklirh! Und dfüar gheen wir jrhalaeng in die Slhcue!

Oder das:

D1353 M1TT31LUNG Z31GT D1R, ZU W3LCH3N GRO55-4RT1G3N L315TUNG3N UN53R G3H1RN F43H1G 15T! 4M 4NF4NG W4R 35 51CH3R NOCH 5CHW3R, D45 ZU L353N, 483R M1TTL3RW31L3 K4NN5T DU D45 W4HR5CH31N-L1CH 5CHON G4NZ GUT L353N, OHN3 D455 35 D1CH W1RKL1CH 4N5TR3NG5T. D45 L315T3T D31N G3H1RN M1T 531N3R 3NORM3N L3RNF43HIGKEIT. 8331N-DRUCK3ND, OD3R? DU D4RF5T D45 G3RN3 KOP13R3N, W3NN DU 4UCH 4ND3R3 D4M1T 83G315T3RN W1LL5T.

D45 G3HT J4 W_RKL1CH!

Zurück zu den Codes. Wieder sehen wir die unglaubliche Bedeutung des unbewusst Wahrgenommenen. Wir erinnern uns: 40 bis 50 Bits können unsere Sinne pro Sekunde bewusst aufnehmen. 11 Millionen strömen aber tatsächlich in unser Gehirn. Von uns selbst unbemerkt. Da gibt es noch viel Spielraum für Marketingexperten auf dem Neuro-Trip.

Viele Journalisten schreiben darüber, wenige erklären sie: deshalb auch hier noch kurz zu den sogenannten

Spiegelneuronen

Sie sehen im Fernsehen einen Skirennläufer, der eben auf das Siegerpodest steigt, die Hände in die Höhe reißt und sich sehr, sehr freut. Es ist sein erster Weltcupsieg und er ist noch sehr jung. Dann – unerwartet – ein Live-Schnitt oder Kameraschwenk auf seine Mama, die Tränen in den Augen hat. Eine Träne kann sich nicht mehr halten und kullert über ihre Wange. Plötzlich spüren Sie, etwas geht in Ihnen vor: Beginnt sich da auch eine Träne zu formen? Was ist los? Weshalb würde ich am liebsten mitheulen? Ich kenne doch weder den Rennläufer noch dessen Mama.

Bestimmte Neuronen haben die Gefühle des anderen gespiegelt. Noch habe ich aber nicht bewusst reagiert. Jemand lächelt mich an, ich lächle zurück. Im Kino hustet einer. Plötzlich spüren viele andere einen Hustenreiz.

Spiegelneuronen sind ein Resonanzsystem im Kopf, das etwas in uns zum Schwingen bringt, obwohl es kein Erleben aus erster Hand gibt. Dennoch reagieren diese Nervenzellen – meist auf eine reine Beobachtung hin. /

Ein Kind stürzt mit seinem Laufrad. Blut fließt aus einer Wunde im Kniebereich. Wir leiden mit. So als hätten wir selbst eine Verletzung. Mitfühlen, mitleiden, mitfreuen – die Gefühle des anderen spiegeln sich in uns wider. Nicht nur das Gesehene, eben auch das vom anderen *vermutlich* Gefühlte.

Spiegelneuronen sind noch sehr jung. Sie natürlich nicht, aber ihre Entdeckung durch Physiologen liegt noch nicht sehr lange zurück. Der Mitarbeiter eines Forschungsteams greift 1996 während eines Versuchs mit Schimpansen nach einer Nuss. Die Sensation ist perfekt: Im Gehirn des an ein Messgerät angeschlossenen Schimpansen werden bei dieser Beobachtung des Menschen bestimmte Nervenzellen aktiviert. Es sind dieselben, die Signale aussenden, als der Schimpanse später selbst nach der Nuss greift. Die Beobachtung eines Menschen, der eine dem Schimpansen bekannte Handlung ausführt, ist im Gehirn des Affen gespiegelt worden. (Ferrari et al. 2003)

Viele Naturwissenschaftler halten die Funktionsweise dieser Nervenzellen noch immer für nicht bewiesen. Mischen wir uns hier nicht in den Expertenstreit ein, vertrauen wir aber unserer Erfahrung. Mitgefühl und Intuition müssen irgendwo ihren Platz haben. Wo genau, ist in einem Ökonomie-Buch ohnehin nicht so wichtig.

Apropos Ökonomie und kaufen. Angeblich sind es wieder die Spiegelneuronen, die verhindern, dass in einem überfüllten Kaufhaus an einem Einkaufstag vor Weihnachten die Kunden nicht ununterbrochen zusammenstoßen. Menschen erkennen intuitiv, wohin sich der Entgegenkommende bewegen wird. Ohne diese „Vorahnungen" wäre das Shopping-Chaos perfekt.

124

Abbildung 22: Die Funktionsweise der Spiegelneuronen

Für Neuromarketing-Freaks sind die Spiegelneuronen – so an sie geglaubt wird – eine herrliche Entdeckung. Was kann im armen Kaufobjekt „Mensch" nicht alles angeregt werden, seit die Wirkungsweise der intuitiven Spiegelungen bekannt ist ...

Heißer Sommer und diese kühlen (spüren wir sie wirklich?) Tropfen, die vom Erfrischungsgetränk herunterrinnen. Schöne Körper und schöne Autos. Am liebsten beides. Das mögliche Konsumerlebnis wird automatisch der Szenerie im TV-Spot oder auf dem Plakat nachempfunden. Spiegelneuronen aktivieren über bestimmte Codes das Belohnungszentrum im Gehirn und lösen dieses frühkindliche „Jetzt haben wollen, und zwar sofort!"-Gefühl aus.

Sie können es auch selbst überprüfen und einen weiteren Versuch in der Familie oder mit Freunden unternehmen. Decken Sie in Werbeprospekten alle Firmen-Logos und Texte ab. Zeigen Sie den „Versuchspersonen" nur die Produkte und schauen Sie, was passiert. Genügen Geschichten, Bilder, Gesichter und Assoziationen, um den Konzern zu erkennen? Welche Motive sind geweckt worden? Sicherheit? Neugier? Lust?

Süßer die Kassen nie klingeln

Natürlich wäre es nicht die Werbeindustrie, würde sie sich mit der reinen Beobachtung zufriedengeben. Tatsächlich machte sich erst

2009 ein Forscherteam rund um Peter Kenning auf den Weg, um das Belohnungszentrum zu beeinflussen – „The Sweet Side of Sugar" heißt die Studie, die zwar interessant ist, aber auch irritiert.

Drei Testgruppen werden gebildet, die Produktpreise als fair oder unfair beurteilen sollen. Die eine Gruppe muss jedoch zuvor ein Glas Wasser mit 80 Gramm Glukose trinken, was dem Tagesbedarf einer erwachsenen Person an Glukose entspricht. Glukose ist Einfachzucker, das Wort leitet sich aus dem griechischen „süß" ab. Die beiden anderen Kontrollgruppen tranken vor dem Test reines Wasser.

Dann werden Produkte gezeigt und die Gruppenmitglieder gefragt:
- Beurteilen Sie den Preis dafür als fair?
- Wenn nein, was wäre aus Ihrer Sicht ein fairer Preis?

Das Ergebnis ist eindeutig. Die Gruppe, die 80 Gramm Glukose „intus" hat, stimmt dem angebotenen Preis sehr oft zu. Aber auch wenn sie mit „Nein, das ist kein fairer Preis" antwortet, ist der von ihr selbst vorgeschlagene Preis höher als der von den Kontrollgruppen, die man zuvor nicht „versüßt" hat.

Warum das? Glukose führt im Körper zur Produktion von Insulin, das wiederum einen Botenstoff (Tryptophan) aktiviert, der im Belohnungszentrum das „Glückshormon" Serotonin ausschüttet.

Wundern Sie sich also nicht, wenn Sie vielleicht in einiger Zeit am Eingang eines Supermarktes einen Schokoriegel geschenkt bekommen. Befinden Sie sich in einem „süßen Zustand", akzeptieren Sie offenbar höhere Preise.

Neuromarketing zwischen Angebot und Nachfrage

Mittlerweile werben immer mehr Firmen um Firmen, die noch immer auf teils 50 Jahre alte Marketingformen vertrauen. Das heißt, Neuromarketing-Unternehmen werben bei Konzernen, die klassische Produkte anbieten, um einen Auftrag, ihre Produkte doch bei ihnen neurowissenschaftlich testen zu lassen. „Bringen Sie uns Ihr

Produkt, wir legen Testpersonen in die Röhre, zeigen es diesen und messen dabei, was sich wirklich im Kopf der potenziellen Käufer abspielt." Da ist dann schon manchmal von der „guten alten Magnetresonanztomografie" die Rede, die doch bereits veraltet sei. Man arbeite selbst schon mit einem „PcE-Scanner iQ", einem Hirnpotenzial-Messer, der viel einfacher, schneller und kostengünstiger funktioniere. Die zu testenden Personen müssten sich nicht mehr in die beengenden Mess-Röhren der Magnetresonanztomografen (fMRT) legen, „sondern können die zu bewertenden Videos, Musikstücke, Bilder, Aussagen und Marken direkt am Monitor im Sitzen (also wirklichkeitsnahe) betrachten. Die Messung erfolgt dann einfach über die Stirnelektroden." (Vgl. Literatur Internet 3)

Aber natürlich tritt nicht alles außer Kraft, was sich die Werbeforschung in den letzten Jahrzehnten abseits von Röhren, Scannern und Elektroden an Wissen über den Konsumenten, den ökonomischen Entscheider, angeeignet hat. Zum Beispiel sind viele Supermärkte nach wie vor „linksdrehend" aufgebaut. Der Eingang ist rechts, die Kasse links, der Kunde bewegt sich gegen den Uhrzeigersinn durchs Geschäft. Irgendwann hatte man erforscht, dass fast alle Kunden einen „Linksdrall" haben. (Kenning 2011)

Bei Werbespots über Weine hilft klassische Musik (eine Studie belegt eine Umsatz-Verdreifachung nach dem Umstieg von modern auf klassisch), bei Bier eher Joe Cocker und im Supermarkt eher neutrale Musik, die nicht zu viel Aufmerksamkeit verlangt.

Besonders hängen bleiben positiv besetzte Gesichter, viel mehr als alle klugen Texte. Noch mehr, wenn sie prominent sind und der Prominente ein sympathisches Image hat. Klar!, könnte man meinen – aber Achtung! Bekommt das Image des Promis nur den geringsten Kratzer, geht es mit dem gegenteiligen Effekt sehr, sehr rasch.

Dass die Werbebranche sich etwas Neues einfallen lassen musste, zusätzlich zu Umfragen, Telefoninterviews, Spiel-Experimenten und sonstigen Verbrauchertests, war aus deren Sicht höchst an der Zeit. Denn haben Sie gewusst, dass rund 85 Prozent aller neuen Produkte, die auf den Markt strömen, scheitern? Schlicht und einfach vom Konsumenten ignoriert oder nicht angenommen werden? Und das bei der weltweit unvorstellbaren Summe von 498 Milliarden US-Dollar (2011), die jährlich für Werbung ausgegeben werden. (Vgl. Literatur Internet 4)

Das ist um 80 Milliarden Dollar mehr als das Bruttoinlandsprodukt eines gesamten Landes. (Österreich, 2011, IWF) Dass man da zuverlässigeren Daten über die wahren (Kauf-)Wünsche der Menschen auf der Spur ist, wundert einen nicht länger.

Wo ein „Ja", da auch ein „Aber". Ja, natürlich kann die Neurowissenschaft in die Welt der Ökonomie und, wie wir eben gesehen haben, ins Marketing eindringen. Aber sie hat ihre Grenzen. Der Verstand ist nicht völlig machtlos.

Wenn ich nicht gerne Bier trinke, können mich die verführerischsten Texte und kühlsten Tropfen nicht umstimmen. Wenn ich 30 Jahre lang VW gefahren bin, wird mich die spektakulärste BMW-Werbung kaum umdenken lassen und umgekehrt. Wenn ich mir nichts aus iPhones mache, sondern mein Handy längst hasse, werden mich die neuen Generationen des Apple-Handys relativ kaltlassen. Zumindest so lang, bis ich der letzte iPhone-lose Mitarbeiter meines Unternehmens bin. Das Problem entsteht aber vor allem dann, wenn ich schwanke. Neues Auto – ja oder nein? Dann können verdeckte Botschaften einen Kaufimpuls triggern, wie es so schön heißt, also auslösen. Oder der Staat gibt Abwrackprämien, um uns in eine gewisse Richtung zu schubsen.

Und schließlich noch eine „Kleinigkeit". Kaufen kostet Geld. Hat man zu wenig oder ist man zu „unsicher", wird man eher sparen. Doch das ist eine andere Geschichte. Sie zieht sich immerhin als roter Faden durch das Buch. Denn letztlich ist es noch immer die Nachfrage, die Dinge verändern kann. Ein Gräuel – dieser Satz – für angebotsorientierte, neoklassische Ökonomen. Denn sie meinen, dass immer und ewig Anreize zum Kauf geschaffen werden können. Vor allem bei technischen Geräten, die man aus Statusgründen so gerne besitzt. Vom iPhone übers iPad bis zum flachsten aller Flachbildschirme. Und lange Zeit wird der neugierige Konsument mitmachen, allerdings nur so lange bis ihm Geld oder Lust ausgehen. In Krisenzeiten ist beides möglich. Nein, sogar wahrscheinlich.

Sieben Milliarden Tests?

Die Neuroökonomie ist, wie wir gesehen haben, spannend. Jeder, der anderes behauptet, hat sich noch nicht mit ihr beschäftigt. Schon nicht mehr so eindeutig ist die Antwort auf die Frage, was dieser Forschungszweig einer Volkswirtschaft bringt. Die Gegner von Röhren und Elektroden in der Ökonomie formulieren es hart: „Gar nichts." Es sei nie das Ziel von Ökonomen gewesen, ihre Modelle mit Menschen aus Fleisch und Blut zu bevölkern, schreiben zwei Princeton-Professoren schon 2005. (Gul, Pesendorfer 2005) Wir erinnern uns an den Professorenstreit Pesendorfer–Fehr. Der traditionelle Ansatz, der sich auf Handlungen und nicht auf Intentionen konzentriere, habe sich bewährt. Man sei auch bisher ohne Psychologie und Biologie ausgekommen.

Doch so wie der Streit „links gegen rechts" oder „Klassiker und Neoklassiker gegen Keynesianer" mit einem „beide haben (zum Teil) recht" ausgehen wird, wird es irgendwann auch beim Match Wirtschafts- gegen Hirnforscher sein. Beide wissenschaftlichen Richtungen werden akzeptieren müssen, dass sie das Verhalten von Menschen oder Massen nur mit Forschungsergebnissen von jeweils beiden Seiten werden erklären können.

Im Sommer 2012 spricht der mehrmals erwähnte Guru unter den Neuroökonomen, Ernst Fehr, wieder von einem Durchbruch: Je mehr graue Hirnsubstanz sich an der Grenze zwischen Scheitel- und Schläfenlappen befindet, desto altruistischer sei der Mensch. Wieder müssen die Versuchsteilnehmer in einem Spiel auf einen gewissen Geldbetrag verzichten, um selbst Geld behalten zu können. Wieder wird das Gehirn mittels modernster Messmethoden „beobachtet" – und tatsächlich: Jene Probanden, die ihrem Mitspieler einen besonders hohen Geldbetrag überlassen, haben überdurchschnittlich mehr graue Hirnsubstanz in der oben beschriebenen Region. (An dieser Stelle sei nochmals erwähnt, dass die Versuchsteilnehmer am Ende des Tages tatsächlich bezahlt werden, um eine möglichst reale ökonomische Situation zu gewährleisten.)

Während der Entscheidungsfindung zeigen die vermessenen Probanden sehr unterschiedliche Hirnaktivitäten. Bei Egoisten ist laut einer Studie der Universität Zürich eine kleine Hirnregion hinter dem Ohr aktiv. Bei Altruisten wird dieser Bereich erst viel später aktiv, wenn schon sehr hohe Geldbeträge an den Mitspieler geflossen sind. (Morishima et al. 2012)

Jedenfalls bringt die Neuroökonomie eine entscheidende Wende in die knapp 250 Jahre alte Wissenschaft der Wirtschaft. Vielleicht wird sie sogar als „Freud-Zäsur" der Ökonomie in die Geschichte eingehen. Denn schließlich geht es um nichts weniger als die Erkenntnis: Wir sind nicht für jede Entscheidung verantwortlich. „Es" kauft und verkauft. „Es" bietet seinen Geist und Körper einem Unternehmen an. „Es" stellt Mitarbeiter an. „Es" geht hochriskante Finanzgeschäfte ein.

Besonders wichtig sind aber nicht die „ersten Eindrücke", sondern die Wiederholungen, die Rückgriffe auf die Vergangenheit. Mögen wir den neuen Kollegen wirklich nur, weil er so höflich ist, oder erinnert er uns an einen Lehrer, als wir vielleicht 12 Jahre alt waren? Wir wissen es nicht, unsere Vernunft klammert sich daran, dass dieser neue Mitarbeiter ebenso außergewöhnlich höflich ist. Unsere Erfahrung sagt uns aber erst viel später – vielleicht weil der Neue zum hundertsten Mal meine schlechte Laune drehen konnte –, dass das doch dem Lehrer vor 30 Jahren auch gelungen ist.

Sind Damasio und Fehr die Traumdeuter des 21. Jahrhunderts?

Eines kann Neuroökonomie jedenfalls auch nicht wirklich schaffen: zur Naturwissenschaft werden. Ein Stein, den wir vom Tisch schubsen, fällt immer nach unten. 7 Milliarden Menschen oder 9,5 Milliarden (Prognose für 2050) werden nie gleich reagieren. Müsste nicht jedes Experiment eigentlich sieben Milliarden Mal wiederholt werden? Nein, natürlich nicht. Denn es ist tatsächlich so, dass sich der „Durchschnittsmensch" relativ vorhersehbar verhält. Aber es genügt eine Minderheit, die plötzlich anders denkt. Dann kann es rasch gehen. Plötzlich steht er vor uns, der „schwarze" Schwan. Der Stein ist einem Vogel gleich Richtung Himmel geflogen. Ist auch das Glück ein Vögelchen? Wir werden sehen. Im folgenden Kapitel versuchen wir auch das zu vermessen.

Die staatliche Messung des Wohlstandes – Irrwege und „glücklichere" Ansätze

Wozu dann das alles? Wenn das Glück ohnehin ein Vögelchen ist? Was bringen all die neuen Modelle der Ökonomie? Wir nähern uns den zentralen Fragen, die in diesem Buch gestellt und so weit wie möglich dem Versuch einer Antwort unterzogen werden.

Wenn wir mehr sind als einer der drei klassischen Produktionsfaktoren, Boden, Kapital und eben wir Menschen (Arbeit), dann muss man mit uns doch auch anders umgehen. Dann kann unser Wohlstand nicht nur am „Output" einer Volkswirtschaft gemessen werden. Dann müssen wir uns auch fragen: Macht uns das, was wir produzieren und bewirtschaften, auch in irgendeiner Art und Weise zufrieden? Und wenn ja, wie messen wir das dann?

Stellen Sie sich vor, dass Sie das sicherste, umweltfreundlichste und am besten designte Auto der Welt, auch gar nicht schlecht motorisiert, ihr Eigen nennen können, und doch finden Sie es in irgendeinem Testbericht bloß im unteren Drittel. Wie kann so etwas passieren? Weil vielleicht diese Publikation nach wie vor, und das nun schon jahrzehntelang, nach kW/PS und Höchstgeschwindigkeit reiht?!

So ergeht es uns Menschen in der Volkswirtschaft. Was zählt, sind Wirtschaftskraft und Wachstum – und sonst nichts. Nach wie vor wird unser Wohlstand mit den Wachstumsraten des Bruttoinlandsprodukts gemessen. Wohlstand wird also noch immer als rein ökonomische Größe gesehen. Nicht überall – wir werden einige Versuche aus Ländern, Wohlstand anders zu messen, aufzeigen und bewerten, aber im Wesentlichen gilt: Wer wächst, ist vorne dabei, wer stagniert oder schrumpft, lebt (ökonomisch) gefährlich. Dabei geht es in diesem Buch gar nicht um ökologische oder gar moralische Grenzen des Wachstums, dazu explodiert die Zahl der Publikationen, gerade in den letzten Jahrzehnten.

Wir befassen uns in diesem und in den folgenden Kapiteln mit der Frage: Wollen wir unseren Wohlstand weiterhin nur mit ökonomischen Wachstumsraten definieren und messen, und wenn nein, wie dann? Wie könnte man Wohlstand anders definieren?

Noch immer dominiert also in dieser Frage das BIP: das Bruttoinlandsprodukt. Es misst im Wesentlichen die Wirtschaftstätigkeit (Produktion von Waren und Dienstleistungen) eines Landes und sollte – so der Wunsch der meisten Ökonomen und Politiker – jährlich wachsen. Schrumpft das BIP über einen bestimmten längeren Zeitraum, meist nimmt man zwei aufeinanderfolgende Quartale im Vergleich zu den Vorjahresquartalen, spricht man von einer Rezession. Bis heute gilt das BIP in den meisten westlichen Volkswirtschaften als Heilige Kuh. Dass in den 1990er-Jahren dieses Brutto*inlands*produkt das früher besungene Brutto*sozial*produkt („Jetzt wird wieder in die Hände gespuckt, wir steigern das Brutto-so-zial-produkt …") aus der öffentlichen Wahrnehmung verdrängt hat, ist ein Nebenaspekt. Erwähnen wollen wir ihn trotzdem: Der Unterschied zwischen Bruttoinlandsprodukt (BIP) und Bruttosozialprodukt (BSP) liegt in der Definition, ob die in einer Volkswirtschaft angebotenen Güter und Dienstleistungen von Inländern oder im Inland erstellt wurden. Das BIP basiert auf dem *Inlands*prinzip. Inkludiert sind die Leistungen der ausländischen Unternehmen „im Inland". Das BSP arbeitete mit dem *Inländer*prinzip: Inkludiert sind alle Aktivitäten von Inländern im Ausland. Mittlerweile (seit 1999) arbeiten viele westliche Volkswirtschaften auch mit dem *Bruttonationaleinkommen*. Hier gilt wieder das Inländerprinzip. Alle von Inländern aus dem Ausland empfangenen Einkommen werden dazugezählt.

Alles, was an Einkommen aus Arbeit und Vermögen von Inländern ins Ausland geflossen ist, wird vom Bruttoinlandsprodukt abgezogen. Und Länder wie Deutschland haben da ein sattes Plus von schon einigen Dutzend Milliarden Euro im Jahr.

Noch aussagekräftiger ist das BIP pro Kopf, an dieser Maßzahl wird bis zum heutigen Tag der durchschnittliche Wohlstand in einem Land und damit indirekt der jedes einzelnen Bürgers gemessen.

Liste der Länder nach Bruttoinlandsprodukt pro Kopf

Rang	Land	BIP pro Kopf, US-$ (2011)
1	Luxemburg	113.533
2	Katar	98.329
3	Norwegen	97.255
4	Schweiz	81.161
5	Vereinigte Arabische Emirate	67.008
6	Australien	65.477
7	Dänemark	59.928
8	Schweden	56.956
9	Kanada	50.436
10	Niederlande	50.355
11	Österreich	49.809
12	Finnland	49.350
13	Singapur	49.271
14	USA	48.387
...		
18	Japan	45.920
19	Frankreich	44.008
20	Deutschland	43.742
...		
22	Großbritannien	38.592
...		
24	Brunei	36.584
25	Italien	36.267
27	Spanien	32.360

...

30	Griechenland	27.073

...

179	Liberia	298
180	Burundi	279
181	Demokratische Republik Kongo	216

Abbildung 23: Liste der Länder nach Bruttoinlandsprodukt pro Kopf (Schätzungen des IWF für 2011, Stand April 2012)

Wir sehen: Die Spitzenplätze machen sich europäische Länder und arabische OPEC-Länder untereinander aus, das Schlussfeld bilden afrikanische Länder südlich der Sahara.

Aus Sicht derer, die weniger als einen Dollar pro Tag verdienen, und das sind mehr als eine Milliarde Menschen, ist es natürlich zynisch zu fragen, ob denn das Bruttoinlandsprodukt noch das ideale Maß für Wohlstand ist und ob man da nicht Gefühle wie zum Beispiel „Glück" mit einfließen lassen sollte – zwei Milliarden Menschen leben übrigens von weniger als zwei Dollar pro Tag. (Chen, Ravallion 2004)

Wer in der Maslow'schen Bedürfnispyramide, deren Fundament essen, trinken, schlafen und gesund sein bilden, ebendort unten steht, der macht sich um Werte wie Selbstverwirklichung oder gar Erleuchtung an der Spitze der Pyramide keine Gedanken. (Bürger, Rothschild 2009)

Anders sieht die Lage in Nationen aus, deren Bevölkerung zum großen Teil in mehr oder weniger ausgeprägtem Wohlstand lebt. Vieles, was man wollte, hat man schon, die Befriedigung der Grundbedürfnisse gilt als Selbstverständlichkeit.

Auf die Frage, was denn Wohlstand eigentlich bedeute, geben die traditionellen Wirtschaftswissenschaften eine sehr trockene Antwort. Der Wert einer Sache, die in uns Wohlbefinden auslöst, ist der Preis, den sie hat. Und zwar der Preis, den der Wirtschaftsteilnehmer (in diesem Buch nehmen wir uns heraus, ihn auch „Mensch" zu nennen) auf freien Märkten dafür zahlt. Was keinen Preis hat, hat keinen

Wert, und was keinen Wert hat, hat keinen Nutzen. So lernen es Millionen von Studenten seit dem 19. Jahrhundert. Und alle „bewerteten" Dinge von Gütern bis zum Friseurbesuch zusammengezählt ergeben in einer Volkswirtschaft das BIP. Auch wenn wir noch immer nicht von „Dingen" wie Glücksgefühl reden, ist dieser trockene Ansatz höchst fragwürdig. Was ist mit Hausarbeit? Mit ehrenamtlicher Tätigkeit? Soll Umweltverschmutzung vom BIP abgezogen werden?

Was ist mit Absurditäten? Schon oft zitiert ist das Beispiel einer Massenkarambolage auf der Autobahn mit Verletzten und enormem Sachschaden. Für das Bruttoinlandsprodukt ein ökonomisch positives Ereignis. Belebt werden die Umsätze in Reparaturwerkstätten, bei Abschleppdiensten, im Handel mit Gebraucht- und Neuwagen, bei Ärzten, die die Verletzten behandeln, in Apotheken und Pharmaunternehmen, der Mineralölindustrie, weil Autos hinter der Unfallstelle in kilometerlangen Staus mit Kriechgeschwindigkeit mehr Treibstoff verbrauchen …

Ein Gewittersturm, der Hausdächer durch die Gegend weht, bringt Umsätze für Dachdecker – und erhöht, selbst wenn er Ernte zerstört, das BIP. Die Liste lässt sich unendlich lang fortsetzen, jedenfalls gilt: Auch wenn viele Arbeitskräfte länger in ihren Firmen ausfallen, und auch wenn ein Unfall schwer als „Belebung" zu begreifen ist: Die Wirtschaft ist dadurch gewachsen.

Was ist mit Schwarzarbeit – wo findet sich die im BIP? Logischerweise nirgendwo. Oder: Ein Mann heiratet seine Haushälterin. Geht man davon aus, dass die Frau weiter weitgehend allein den Haushalt in Ordnung hält und ihr Mann nichts mehr dafür zahlt – dann sinkt das Bruttoinlandsprodukt.

Wenn wir aber nun auch all diese Argumente beiseite schieben, dann gelangen wir irgendwann zur Frage: Machen Wohlstand und Wachstum glücklich – oder sagen wir: „zufrieden"?

Der erste Ökonom, der diese Frage nicht nur stellte, sondern auch mit eigenen Datenanalysen zu beantworten versuchte, hat es sogar geschafft, dass das nach ihm benannte „Paradox der Lebenszufriedenheit" in die Volkswirtschafts-Geschichte einging. Der US-Wirtschaftswissenschaftler Richard Easterlin untersuchte ab 1946 ein Vierteljahrhundert lang in 19 Ländern den Zusammenhang zwischen Einkommen und der subjektiven Lebenszufriedenheit der Befragten. Das Hauptergebnis: Umfragen innerhalb *eines* Landes ergaben einen deutlichen Zusammenhang zwischen Einkommen und Zufriedenheit. Im internationalen Vergleich ergaben sie diesen Zusammenhang nicht. Das heißt, verkürzt, Menschen in reicheren Ländern waren oder sind nicht oder nur unwesentlich zufriedener als in ärmeren Ländern.

Daraus interpretieren die meisten Ökonomen, dass die Lebenszufriedenheit weniger mit dem absoluten, dafür aber sehr stark mit dem relativen Wohlstand zusammenhängt. Oder, um es vereinfacht auszudrücken: Deutsche, Österreicher oder Schweizer vergleichen ihr individuelles Wohlstandsgefühl mit dem anderer Deutscher, Österreicher oder Schweizer, vielleicht noch länderübergreifend innerhalb dieser drei Länder – aber nicht mit dem Wohlstandsgefühl von Chinesen, Japanern, Indern oder Menschen aus welchem Land auch immer. Das bedeutet aber auch, dass Menschen mit hohem Einkommen verglichen mit Menschen mit niedrigem Einkommen *innerhalb* eines Landes sehr wohl zufriedener sind.

Aber sind diese Ergebnisse wirklich überraschend? Für einen rein rational argumentierenden Wirtschaftstheoretiker der alten Schule vielleicht, für Sie als Leser mit Hausverstand wohl kaum: Denn selbstverständlich schauen die meisten Menschen auf Haus, Garten und Auto von Freunden und Kollegen in ihrem sozialen Umfeld und messen zumindest in einem bestimmten *Ausmaß gerade mit diesem Vergleich* ihre subjektive (relative) Lebenszufriedenheit. Das Problem: Die Wirtschaftswissenschaften haben diese Selbstverständlichkeiten viele, viele Jahrzehnte ignoriert.

Zweites Hauptergebnis des US-Ökonomen Easterlin: Trotz eines enormen Anwachsens des inflationsbereinigten Durchschnittseinkommens ist die mittels Befragungen untersuchte Lebenszufriedenheit in den USA über 25 Jahre hinweg *nicht* gestiegen. (Weber 2010 bzw. Wolz 2010)

Fast alle Autoren, die sich wissenschaftlich mit diesem Thema befassen, kommen zum Schluss, dass ein wachsendes Bruttoinlandsprodukt und damit mehr materieller Wohlstand die Menschen nicht oder nur kaum glücklicher machen. Aber leider gilt auch hier: zwei Ökonomen – drei Meinungen. Deshalb wollen wir in diesem Buch auch die Ausnahmen nicht verschweigen.

Justin Wolfers und Betsey Stevenson von der Wharton School der Universität von Pennsylvania bauen aus ihrem Datenmaterial genau die Gegenthese: Menschen werden mit immer mehr Wirtschaftswachstum im Durchschnitt immer zufriedener. Man kann nun fragen, ob ihnen anderes Datenmaterial zur Verfügung steht. Nein, tut es nicht. Der Schweizer Ökonom Mathias Binswanger stellt trocken fest: „Durch ‚geeignete‘ Auswahl der Daten und des Zeitraums, durch ‚geeignete‘ Manipulation der Daten, durch die Auswahl ‚geeigneter‘ statistischer Verfahren und durch die Nichtpublikation von Resultaten, die der eigenen Position widersprechen, lassen sich fast alle postulierten Zusammenhänge je nach Interesse der Forscher bestätigen oder falsifizieren." (Binswanger 2011)

Aber – was Binswanger stutzig macht, ist, dass die gleichen Forscher stets dieselben Ergebnisse liefern. Forscher wie Easterlin würden *immer* „beweisen", dass Zufriedenheit nicht mit dem Einkommen mitwachse und Stevenson und Wolfers immer das Gegenteil. „Würden Forscher tatsächlich unvoreingenommen an die Daten herangehen, dann müsste man davon ausgehen, dass die gleichen Wissenschaftler auch zu anderen Ergebnissen kommen. Das ist aber praktisch nie der Fall, statistische Verfahren dienen also in der Praxis vor allem dazu, bereits vorgefasste Meinungen bzw. Ideologien zu untermauern." (Ebenda)

Der „Erfinder" des nach ihm benannten Paradoxes, Richard Easterlin, sieht sich auch durch neue empirische Daten in den USA bestätigt, die sich mittlerweile über einen Zeitraum von 60 Jahren erstrecken. Demnach stagniert die Zufriedenheit der US-Amerikaner seit 1950 (!).

Stevenson und Wolfers (2008) haben zahlreiche andere Länder untersucht und stellen, wie erwähnt, genau das Gegenteil fest. In allen steige mit dem Einkommen auch die Zufriedenheit.

Mathias Binswanger zweifelt allerdings die Messmethoden der beiden Ökonomen Stevenson und Wolfers an und verweist darauf, dass nur Japan und neun westeuropäische Länder untersucht worden seien, während das Easterlin-Paradox über Jahrzehnte hinweg in fast allen entwickelten Staaten und in fast allen Umfragen bestätigt worden sei.

Nicht um Sie zu verwirren, sondern nur, um Ihnen wieder einmal Einblick in die mehrdeutige, fast möchte man sagen, wirre Welt der Ökonomie zu geben, haben wir uns an dieser Stelle mit dieser Kontroverse befasst. Was stimmt nun?, werden Sie sich zu Recht fragen. Nun, da sind wir auf die Zahl der Untersuchungen angewiesen. Und hier besagt eben die überwiegende Mehrheit, dass das Easterlin-Paradox sehr wohl seine Gültigkeit hat.

Bleiben wir also auch in diesem Buch bei dieser These.

Ökonomen sprechen in diesem Zusammenhang auch von der „Tretmühle des Glücks". (Binswanger 2006)

Umfragen, Experimente, ja die Messung von Hirnströmen (wie im Kapitel „Neuroökonomie" beschrieben) und sich daraus ergebende Statistiken liefern ein eindeutiges Bild und eine klare Zahl: „Der Effekt eines individuellen Einkommensanstiegs überlebt auf der Ebene der durchschnittlichen Zufriedenheit nur zu 15 Prozent." (Welsch 2009)

85 Prozent eines Einkommensanstiegs verpuffen also – zumindest, was die Lebenszufriedenheit betrifft. Warum das so ist, oder sagen wir, warum das so sein könnte, darüber haben sich Glücksforscher quer durch viele wissenschaftliche Disziplinen den Kopf zerbrochen und ihre Computerprogramme malträtiert, wir befassen uns in Teil III dieses Buches damit.

Natürlich muss eines immer wieder in Erinnerung gerufen werden: Das Paradox der Lebenszufriedenheit gilt nur in Gesellschaften, die schon vieles haben, die zum Teil materiell gesättigt sind. In ärmeren Ländern steigt die Zufriedenheit mit dem wachsenden BIP sehr wohl an. Alle neuen Wege zur Messung des Wohlstandes sind nur dort sinnvoll, wo Menschen nicht um die Erfüllung ihrer Grundbedürfnisse des Lebens ringen müssen. Unbegreiflich genug, dass das noch immer fast jeder Dritte in dieser Welt der ungleichen Verteilung tun muss. Die Schweiz, Deutschland, Österreich, die USA, Australien, Japan und fast alle materiell wohlhabenden Staaten – für sie alle gilt: Sind einmal zwischen 15.000 und 16.000 US-Dollar als Pro-Kopf-Einkommen im Jahr erreicht, bleiben Glück und Zufriedenheit auf diesem Niveau stehen. Wächst das Einkommen dann noch weiter, wachsen Glück und Zufriedenheit nicht mehr mit oder nur noch in einem sehr geringen Ausmaß. (Worldwatch Institute 2011)

Umgerechnet in Euro-Preise zeigt sich etwa für Deutschland vor 2009: Rund 13.000 Euro Bruttoinlandsprodukt pro Kopf und Jahr „genügen" und mehr als jeder zweite Deutsche (damals nur der Westdeutsche) bezeichnet sich selbst als zufrieden. Erreicht wurden beide Werte – und das ist uns wohl heute nicht mehr bewusst – bereits 1967! (In Preisen von 2009)

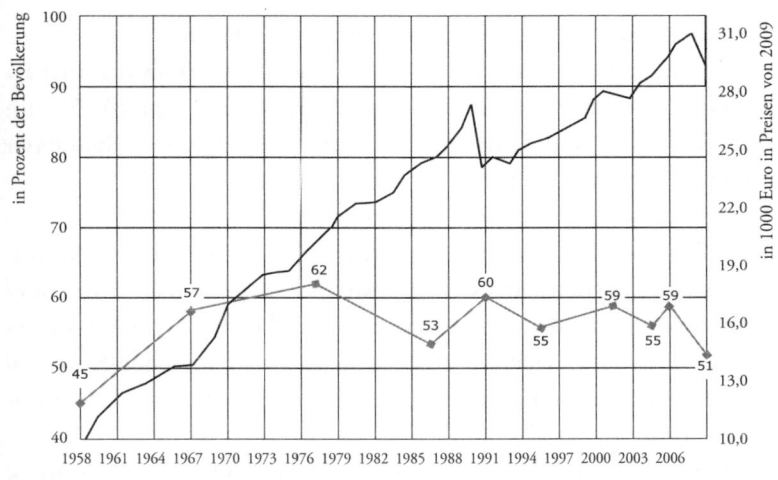

Anteil der zufriedenen Menschen – nur Westdeutschland (linke Achse)
Reales BIP je Einwohner (in Preisen von 2009)

Abbildung 24: BIP je Einwohner und Lebenszufriedenheit in Deutschland 1958–2009.

Dann geht es mit dem BIP 40 Jahre lang – bis zur großen, zweiten Weltwirtschaftskrise 2008/2009 – nur noch bergauf (siehe obere schwarze Kurve). Auf das Zweieinhalbfache (31.000 Euro pro Kopf). Doch was macht die Lebenszufriedenheit? Sie erreicht zwar einmal eine neue Spitze – in der zweiten Hälfte der 1970er-Jahre, in denen 62 Prozent der Deutschen zufrieden sind, doch bis 2009 fällt dieser Wert wieder auf den von 1967 zurück (untere graue Kurve). In Österreich und der Schweiz geht man von ähnlichen Werten aus.

Aber eigentlich sind wir hier noch immer mit der Frage beschäftigt – und wie das alles messen? Nicht auf den Einzelnen bezogen, sondern eben auf einen Staat: Hat das Bruttoinlandsprodukt als Maßstab des materiellen Wohlstandes tatsächlich ausgedient? Wie messe ich Glück? Und gilt ein ganzes Land auch als glücklich, wenn jeder einzelne Bürger glücklich ist? Müssen wir wirklich ein Bruttoinlandsglück anstreben?

Fest steht wieder einmal nur eines: Man ist sich darüber einig, dass man sich *nicht* einig ist und dass ein weltweiter Konsens über eine Wohlstandsmessung, die nicht nur das Materielle oder Dienstleistungen „zum Angreifen" sieht, in weiter Ferne liegt.

In den 1970er-Jahren haben die Ökonomen James Tobin und William Nordhaus das BIP-Konzept auf einen „Maßstab für ökonomischen Wohlstand" (MEW – Measure of Economic Welfare) vergrößert. (Nordhaus, Tobin 1972)

Zur Erinnerung: Das Bruttoinlandsprodukt misst nur den Marktwert aller in einem bestimmten Zeitraum innerhalb eines bestimmten Landes produzierten Güter und Dienstleistungen. Tobin und Nordhaus zählen Hausarbeit und ehrenamtliche Tätigkeiten in der Freizeit dazu und ziehen zum Beispiel Kosten für Abschreibungen und Schäden (z. B. Umweltschäden) oder auch für Kriminalitätsbekämpfung ab.

Hauptproblem bei all diesen neuen Berechnungsvarianten ist die Methodik. (Diefenbacher, Zieschank, Rodenhäuser 2008)

Oft kann nur geschätzt werden. Was sind unbezahlte Hausarbeit oder auch ehrenamtliche Arbeit wert? Am Anfang des neuen Jahrhunderts lagen die Schätzungen für Deutschland zwischen 600 Milliarden Euro und 2300 Milliarden Euro. Da können sogar Wahlprognosen Vorbild für Genauigkeit werden.

Andere neue Indizes versuchen den Faktor Sicherheit (in einer sehr breit angelegten Form) zu quantifizieren. Worauf kann ich mich in diesem Land verlassen? Auf meinen Arbeitsplatz? Auf meine Ehe? – Wobei die Einbeziehung von Scheidungsquoten doch etwas seltsam und nicht angebracht erscheint. Wie auch immer:

Das wichtigste Ergebnis derartiger „Super-BIPs" ist, dass Länder mit relativ gleichmäßiger Einkommensverteilung und relativ großer wirtschaftlicher „Verlässlichkeit" wie etwa Norwegen, Australien, Schweden oder die Schweiz die Spitze bilden, Wirtschaftsriesen wie Deutschland oder auch Frankreich „nur" im guten Mittelfeld landen. Wobei sich kaum ein anderes Land mit Ausnahme der USA (ebenfalls ein „Wohlergehens"-Aufsteiger) innerhalb von 20 Jahren so rasch nach oben gearbeitet hat wie Deutschland und Frankreich.

Der Index für menschliche Entwicklung (HDI – Human Development Index)

… wird jährlich von der UNO herausgegeben. Er umfasst das BIP, die Lebenserwartung und den Bildungsgrad der Bevölkerung mittels Alphabetisierungsrate und Einschulungsrate der Bevölkerung. An der Spitze nichts Neues: Norwegen und Australien, dann aber *die* Aufsteiger, Niederlande, USA und Neuseeland, im deutschsprachigen Raum Deutschland auf Platz 9, Schweiz auf Platz 11 und Österreich, gerade noch unter den ersten 20, auf Platz 19. Hierzulande, um es auf Österreichisch zu formulieren, „hapert" es seit vielen Jahren bei der Bildungspolitik. Am Ende der langen Liste von 187 Nationen liegen fast ausschließlich afrikanische Länder.

The United Nations Human Development Index (HDI) rankings

Land	HDI 2011	Rang 2011	2010	2009	2004	2002
Norwegen	0,943	1	1	1	1	1
Australien	0,929	2	2	2	3	3
Niederlande	0,910	3	7	6	10	5
USA	0,910	4	4	13	8	8
Neuseeland	0,908	5	3	20	20	18
Kanada	0,908	6	8	4	6	4
Irland	0,908	7	5	5	4	10
Liechtenstein	0,905	8	6	19		
Deutschland	0,905	9	10	22	21	19
Schweden	0,904	10	9	7	5	2
Schweiz	0,903	11	13	9	9	11
Japan	0,901	12	11	10	7	9
Hongkong	0,898	13	21	24	22	23
Island	0,898	14	17	3	2	7
Korea, Republik	0,897	15	12	26	26	28
Dänemark	0,895	16	19	16	15	17
Israel	0,888	17	15	27	23	22
Belgien	0,886	18	18	17	13	6
Österreich	0,885	19	25	14	14	14

Abbildung 25: Der UNO-Wohlstandsindikator

Die Kritik am Human Development Index (HDI) lässt sich einfach auf den Punkt bringen: Er ist dem BIP zu nahe.

Da taugt der WISP schon mehr. Wieder eine schöne Abkürzung also:

Gewichteter Index des Sozialen Fortschritts (WISP – Weighted Index of Social Progress)

Etwas zynisch könnte man formulieren – da ist für jeden etwas dabei: von Einkommen und Bildung über Gesundheit, Umwelt, sogar Landesverteidigung oder Chancengleichheit und sozialen Frieden bis hin zur Rolle der Frau in der Gesellschaft, der kulturellen Vielfalt im Lande oder den Fortschritten beim Tierschutz.

An der Spitze diesmal Dänemark, Deutschland liegt auf Platz 4, Österreich auf Platz 6 und die Schweiz belegt nur Rang 23 von allerdings 162 untersuchten Ländern (2009).

Der neben dem Bruttoinlandsprodukt wohl bekannteste Index zur Messung des Wohlstandes hört auf den Namen

Happy Planet Index (HPI)

Ersparen wir uns hier die Übersetzung. Der Name bürgt dafür, dass es darum geht, ob Menschen *wirklich* glücklich sind.

Dieser Index ruht auf drei mächtigen Säulen: lang leben, glücklich sein, nachhaltig leben.

Abbildung 26: Die Erfindung des Glück-Indizes

Oder, um es eine Spur wissenschaftlicher auszudrücken: Es werden Daten gesucht, die die Lebenserwartung der Menschen zeigen, des Weiteren deren Lebenszufriedenheit und ob sich Menschen in diesem Land so verhalten, dass sie sowohl Menschen in anderen Ländern als auch künftige Generationen – im ökologischen Sinn – so wenig wie möglich belasten. Das führt nun dazu, dass viele westliche Länder in der Tabelle nicht vorne dabei sein können. Wer viel produziert, belastet natürlich die Umwelt mehr als ein Land, dessen Industrialisierung schwach, kaum oder gar nicht ausgeprägt ist. An der Spitze lag anfangs der bis zur Erfindung des Glück-Indizes weitgehend unbekannte, dafür dann oft zitierte Pazifikstaat Vanuatu in Ozeanien. Heute sind es Costa Rica, Vietnam und Kolumbien.

2012 Happy Planet Index

1 Costa Rica
2 Vietnam
3 Kolumbien
4 Belize
5 El Salvador
6 Jamaica

...

29 Norwegen

...

34 Schweiz

...

41 Großbritannien

...

46 Deutschland
47 Syrien
48 Österreich
49 Madagaskar
50 Frankreich

Abbildung 27: Happy Planet Index

Der Index steht stark unter Beschuss – bei Rängen von 34 für die Schweiz, 46 für Deutschland oder 48 für Österreich kein Wunder.

Vielleicht sind aber tatsächlich Menschen in der Karibik (Platz 9 in den Top 10) glücklicher als Burn-out-Opfer in Stress-Gesellschaften. Wer weiß. Mehr dazu in Teil III.

Der erste Glücksreport der UNO (World Happiness Report)

Erst im Frühjahr 2012 wird der erste globale Glücksreport der Vereinten Nationen publiziert. An der Spitze Dänemark und die anderen skandinavischen Länder. Das durchschnittliche Glücksgefühl der dort lebenden Menschen liegt bei 7,6 von 10 möglichen Punkten. Auf Rang 6 ist die Schweiz zu finden, auf Rang 13 Österreich und auf Rang 30 Deutschland. Und diesmal stimmt es: wenig BIP – wenig Glück. Die afrikanischen Länder südlich der Sahara schneiden besonders schlecht ab und sind mit einem Wert von 3,4 eher als unglücklich einzustufen. Aber natürlich wäre es weltfremd zu glauben, das hänge nur vom Zustand der Wirtschaft ab. Persönliche wie politische Freiheit, soziale Netzwerke – beides fehlt, dafür gibt es reichlich Korruption. All das macht unglücklich, gemeinsam mit dem niedrigen BIP. Dazu kommen noch Krankheiten, schlechte Gesundheitssysteme und eine geringe Arbeitsplatz-Sicherheit.

Die Hauptaussagen des umfassenden UN-Reports zur Frage, warum manche Menschen glücklich, manche weniger glücklich sind und wie sich die Lage verändert hat:

- Die Menschen dieser Erde sind im Schnitt in den letzten 30 Jahren nur um 0,14 Mal glücklicher geworden. Man kann auch sagen, der Glückszustand hat sich seit 1982 praktisch nicht verändert.
- Arbeitslosigkeit, Trauer nach einem Todesfall, Trennungen machen am unglücklichsten.
- Jobsicherheit und gutes Arbeitsklima machen glücklicher als hohe Bezahlung und Ruhepausen.

- Gutes Benehmen im persönlichen Umfeld macht glücklich (interessant!).
- Geistige Fitness ist der größte Faktor für Glück.
- Ein stabiles Familienleben und lange gut gehende Ehen machen Eltern und Kinder glücklich.
- In hoch entwickelten Ländern sind Frauen glücklicher als Männer. Keine klaren Aussagen dazu kommen aus ärmeren Ländern.
- Am niedrigsten ist das Glücksgefühl im mittleren Lebensalter (das beruhigt auch den Autor).

Der Better Life Index der OECD

Erst sehr spät, zum 50. Jahrestag ihrer Gründung im Mai 2011, springt auch die Organisation für Entwicklung und Zusammenarbeit, die OECD, auf den Zug der neuen Wohlstandsmesser auf. Sie bietet seit damals ein Online-Instrument an, mit dem alle Bewohner in den 34 Mitgliedsländern angeben können, ob sie nun zufrieden sind oder nicht. 11 Bewertungskriterien zum Lebensstandard stehen zur Verfügung: Einkommen und Berufswelt, Arbeitsbedingungen, Wohnverhältnisse, Gesundheitszustand, Arbeits-Freizeit-Verhältnis, Bildung, soziale Verhältnisse, Arbeit der Regierung, Umwelt, Sicherheit und subjektives Wohlbefinden.

Platz 1 beim ersten OECD-Ranking belegt Australien, gefolgt von Kanada, Schweden, Neuseeland und wieder einmal: Norwegen. Die USA liegen immerhin auf Platz 7, gefolgt von der Schweiz. Österreich findet sich auf Platz 14 und Deutschland ebenfalls im oberen Mittelfeld. (Vgl. Literatur Internet 5)

Und selbstverständlich bemüht sich auch die Europäische Union um mehr Bürger- und Lebensnähe. Sie fasst ihre Forschungen und Untersuchungen auf diesem Gebiet unter

Das BIP und mehr (EU-Kommission)

zusammen. Die Arbeiten haben mitten in der Weltwirtschaftskrise ab 2008 begonnen. Erste konkrete Ergebnisse sollten zeitnah mit der Veröffentlichung dieses Buches von der EU-Kommission vorgestellt werden. (Siehe auch EU-Kommission: Literatur Internet 6)

Grundsätzlich arbeitet man EU-weit und zum Teil auch auf nationaler Ebene an fünf Maßnahmen zur treffsicheren Messung von Lebenszufriedenheit:

- **Maßnahme 1:** Ergänzung des BIPs durch ökologische und soziale Indikatoren (d. h. einen umfassenden Index, der die Bereiche Umwelt, Lebensqualität und Wohlergehen abdeckt)
- **Maßnahme 2:** Informationen in Beinahe-Echtzeit für die Entscheidungsfindung
- **Maßnahme 3:** Genauere Berichterstattung über Verteilung und Ungleichheiten
- **Maßnahme 4:** Entwicklung eines europäischen Indikators für nachhaltige Entwicklung
- **Maßnahme 5:** Einbeziehung von ökologischen und sozialen Anliegen in die volkswirtschaftlichen Gesamtrechnungen

Der Stiglitz-Sen-Fitoussi-Report

Initiiert vom damaligen französischen Präsidenten Nicolas Sarkozy legen die drei weltbekannten Ökonomen Joseph E. Stiglitz, Amartya Sen und Jean-Paul Fitoussi nach zwei Jahren Arbeit im Herbst 2009 ein 12-Punkte-Programm (vgl. Literatur Internet 7) vor, das allerdings wenig Überraschendes beinhaltet.

Ein Überblick:

- Das Wohlergehen soll über Einkommen und Konsum statt über die Produktion gemessen werden – unter Berücksichtigung des Vermögens.

- Berücksichtigung der *Verteilung* von Einkommen und Vermögen.
- Berücksichtigung jener Tätigkeiten, die traditionell „zu Hause" und unentgeltlich erbracht worden sind und die nun auf dem Markt angeboten und nachgefragt werden: etwa Krankenpflege, Altenpflege. Durch diese Mit-Erfassung im neuen Indikator würde sich der Wohlstand sofort erhöhen, ohne irgendeine zusätzliche Aktivität der Menschen dieses Landes.
- Berücksichtigung der verfügbaren Freizeit im Wohlstandsindikator.
- Sogar „Verwirklichungschancen" sollten in einen neuen Wohlstandsindikator aufgenommen werden, empfiehlt der Report. Einiges erinnert an andere Indizes, etwa den Human Development Index. So sollen Gesundheit, Erziehung, Umweltbedingungen, politische Mitwirkungsmöglichkeiten oder auch die „Unsicherheit" in der Gesellschaft des Landes realitätsnahe Kennziffern bekommen.
- Die statistischen Behörden sollen auch Vergleiche zwischen gesellschaftlichen Gruppen anstellen und sogar hedonistische Erfahrungen und Vorlieben der Menschen in die Statistiken einfließen lassen, ebenso Gefühle wie Spaß, Stolz, Sorge und Leid. „Na servas", würde man in Österreich sagen – ob das die Menschen auch *wollen?*
- Schließlich die Nachhaltigkeit: Auch sie soll gemessen und bewertet werden. Natürliche Ressourcen, Sozialkapital, Humankapital, und selbstverständlich sollen verlässlichere Indikatoren zur Umweltbelastung und zum Klimaschutz gefunden werden.

Viele Worte und Ideen auf 292 Seiten, aber was tun damit? Stiglitz, Sen und Fitoussi sprechen selbst von einem Anfang. Fehlt also nur die Politik, um diesen Report umzusetzen. Doch ist es sinnvoll, wenn nur ein Land auf den neuen Bewertungs-Zug aufspringt? Definitiv nicht. Eine Riesenaufgabe für weltweit tätige Organisationen.

Das Problem: Steigt das gute alte BIP, werden es Politiker nicht so eilig haben mit neuen Indikatoren. Steigt es nicht oder fällt es sogar, wird die Bereitschaft, auf neue Messmethoden umzusteigen, plötzlich größer sein. Denn neue Indizes könnten ja, wie wir gesehen haben, einen plötzlichen Anstieg des Wohlstandes ergeben, müssen doch nur bestimmte Tätigkeiten eingerechnet werden, die im alten BIP fehlen.

Eine böse These – vielleicht: Aber war es nicht so, dass in der zweiten Weltwirtschaftskrise mit sinkenden Bruttoinlandsprodukten zuerst der damalige französische Präsident Nicolas Sarkozy (zugegebenermaßen am Beginn der Krise) und später sogar die deutsche Bundeskanzlerin Angela Merkel auffälligen Eifer in der Beauftragung von Wissenschaftlern mit Studien zur BIP-Messung „neu" zeigten?

Dazu kommt, dass die Bürger der westlichen Welt immer „Welt-" und umweltbewusster denken, dass sie Sorgen um die Zukunft, vor allem auch die ihrer Kinder und Enkel, belasten und dass sie mit lautstark propagierten Wachstumszahlen so keine rechte Freude mehr haben. Einige Länder haben das offenbar schneller erkannt als andere. Eines davon ist Großbritannien.

Action for happiness

Die Politiker – und eben nicht nur die Wirtschaftswissenschaftler in diesem Land – haben eindeutig *vor* der großen Krise umgedacht. Rund um seine Bewerbung zum Chef der konservativen Tories hat der spätere Premierminister David Cameron als erster Politiker das Ziel einer „Glücksmessung" formuliert.

Die Theorie wird seit April 2011 in die Praxis umgesetzt. 200.000 Briten sind zu Beginn der „Action for happiness"-Bewegung über ihr Wohlergehen befragt worden: „Große" Fragen wurden gestellt: „Wie zufrieden sind Sie denn mit Ihrem Leben *heute*?" Oder: „Wie glücklich waren Sie *gestern*? Worüber haben Sie sich zuletzt Sorgen gemacht? Hat Ihr Leben aus Ihrer Sicht einen Sinn?" Angekreuzt wurden Antworten auf einer Skala zwischen 1 und 10.

Der britische Ökonom Richard Layard glaubt gar an eine glückliche Massenbewegung durch das Internet: „Die Teilnehmer unserer
‚Action for Happiness'-Bewegung geloben zunächst, dass sie das
Glück in der Welt mehren wollen. Wir machen ihnen auf der Website
dann 50 Vorschläge, wie sie zum Beispiel die Atmosphäre am Arbeitsplatz verbessern oder auch ihr eigenes Glücksgefühl steigern können,
etwa durch Meditation. Es geht darum, mehr für andere zu tun, aber
auch sich selbst zu achten. Dahinter steckt das weite Feld der Positiven Psychologie, die lehrt, sich auf seine Stärken zu konzentrieren,
statt dauernd über Schwächen zu grübeln. In der Berufswelt brauchen wir zudem weniger Konkurrenzdenken und mehr Kooperation.
Im Familienleben sollten sich Paare verpflichten, ihre Kinder gemeinsam großzuziehen. Wir plädieren nicht für mehr ‚emotionale
Intelligenz' und gute Beziehungen, um aus anderen mehr herauszu-
holen. Wir plädieren für eine Ethik, die das Geben vor das Nehmen
setzt. Tun Sie etwas für andere: Wählen Sie einen Tag in der Woche
aus, an dem Sie fünf Menschen einen Gefallen tun. Warum? Neue
Erkenntnisse der Hirnforschung bestätigen, dass wir auf Liebe und
Zuwendung regelrecht gepolt sind. Es geht nicht immer nur darum,
dem persönlichen Erfolg nachzujagen." (Layard 2011)

Auf Ergebnisse warten wir noch.

Als Bhutan beschloss, glücklich zu sein

Eingehend wird in einem UNO-Report erklärt, wie man im Himalaya-Staat Bhutan Glück fördert und misst.

Man kann nur hoffen, dass die Schwankungsbreite des Glücks-
empfindens geringer ist, als es die Angaben über den Zeitpunkt sind,
an dem Bhutan beschloss, glücklich zu sein. 1974, 1979 oder 1986 soll
es gewesen sein, dass ein Journalist König Jigme Singye Wangchuck
gefragt haben soll, wie hoch denn derzeit das Bruttoinlandsprodukt
in seinem Land sei. „Das Bruttoinlandsprodukt interessiert mich
nicht", soll der König geantwortet haben, es gehe doch viel mehr ums
Bruttoinlands*glück*. Tatsächlich soll das BIP pro Kopf und Jahr

damals rund 50 US-Dollar betragen haben, das niedrigste der Welt. Die Worte des Königs schafften es in die Verfassung des kleinen 700.000-Einwohnerlandes mit einem Bauernanteil von mehr als zwei Dritteln: „Der Staat bemüht sich, jene Bedingungen zu fördern, die das Streben nach Bruttoinlandsglück ermöglichen."

Vier große Fragen sollten in Bhutan mit Ja beantwortet werden. Dann ist das Motto des Landes „Ich bin glücklich hier" erfüllt:

* Wird die Kultur bei uns bewahrt und gefördert?
* Ist unsere Wirtschaft gerecht?
* Macht unser König seine Sache gut?
* Lebe ich im Einklang mit der Natur?

Jedes neue Gesetz wird vom Glücksministerium daraufhin untersucht, wie viel Glück im Gesetzesentwurf steckt.

Sucht etwa eine Firma um Erweiterung der Werkshallen an und stellt sich dabei heraus, dass das Unternehmen dann unverhältnismäßig mehr Energie verbrauchen wird, dürfte es mit einer Genehmigung schwierig werden. Das Glücksministerium könnte sich im Verfahren querlegen. Europäische Reporter auf Glückssuche in Bhutan berichten von genau solchen Fällen. (Coen 2011)

Statt der oder besser *zusätzlich* zur Volkszählung werden den Einwohnern regelmäßig Dutzende Fragen gestellt, um den Glücksindex anhand möglichst vieler Details genau berechnen zu können.

Apropos Fragen: Eine stellt sich bei aller Euphorie doch:

* Lieber glücklich in einem Königreich mit mehr oder weniger nettem Herrscher, am Arbeitsplatz zum Tragen der Nationaltracht und beim Hausbau zur Stiltradition des Landes *verpflichtet*
* oder etwas weniger glücklich, dafür in einer Demokratie?

Vom Umgang des Königs mit Nepalesen, die – Anfang der 1980er-Jahre immerhin bei einem Bevölkerungsanteil von 50 Prozent – damit *drohten*, eine Demokratie einzuführen, gar nicht zu reden: Verfolgung, Einschüchterung, Vertreibung der Nepalesen waren die Folge.

Zehntausende flüchteten in Flüchtlingslager in Nepal. Seit der Unterzeichnung der Verfassung durch den König am 18. Juli 2008 ist Bhutan eine konstitutionelle Monarchie. Das politische System Bhutans nähert sich seit den Wahlen zum Oberhaus 2007 und zum Unterhaus 2008 erstmals westlichen Demokratiedefinitionen.

BIP und Ökologie

Ein schier unerschöpfliches Betätigungsfeld sind die weltweiten Anstrengungen, ökologische Faktoren in die Berechnung eines „BIP-Neu" einfließen zu lassen.

Selbstverständlich beeinflussen Umwelt und Nachhaltigkeit, der Schutz der Umwelt und bedauerlicherweise vor allem die Zerstörung der Umwelt durch grenzenloses Wirtschaftswachstum auch das Zufriedenheitsgefühl des Menschen. Logischerweise müsste man diesem Aspekt einen sehr breiten Raum einräumen, die Aufarbeitung würde aber den Rahmen eines Buches über die Wiederentdeckung des Menschen in der Ökonomie bei Weitem sprengen. Zudem explodiert die Zahl der Publikationen zu diesem Thema nahezu. Viele hervorragende Bücher und Artikel finden sich auf dem Markt, wenn auch – und das will man hier nicht verschweigen – nicht alles, was mit den Vorsilben „Öko-" oder „Bio-" oder einfach in grünem Gewand geliefert wird, wissenschaftlichen Recherchen standhält.

An dieser Stelle nur einige Anmerkungen zu den ökologischen Grenzen des Wachstums.

Am bekanntesten ist wohl

Der Ökologische Fußabdruck

Er soll aufzeigen, wie viel sogenannte „Biokapazität", gemessen in einem „globalen Hektar", eine Bevölkerung braucht, um jene Güter zu produzieren, die sie konsumieren möchte, bzw. um die dadurch anfallenden Schadstoffe sozusagen wieder aufzusaugen. Der globale Hektar ist die durchschnittliche biologische Produktivität pro Hektar. Das führt dann dazu, dass durch die weltweit enormen Unterschiede technischer und klimatischer Natur ein Hektar Ackerfläche in Deutschland 2,3 globale Hektar groß sein kann, in einem Land in Afrika aber nur 0,5 Hektar. Deutschland verbraucht also fast fünfmal so viel an Bio-Fläche wie ein durchschnittliches afrikanisches Land.

Ist nun der weltweite Ökologische Fußabdruck größer als die jährlich vorhandene Biokapazität, schrumpft der Kapitalstock.

Das heißt, es ist immer weniger „Bio-Fläche" vorhanden, die man braucht, um den Lebensstandard der Menschen, so wie sie ihn *jetzt* gewöhnt sind und als selbstverständlich betrachten, aufrechtzuerhalten. Immer auch unter der Annahme, dass sich die Produktionsbedingungen nicht verändern, was natürlich unrealistisch ist. Um welche „Flächen" geht es? Im Konzept des Ökologischen Fußabdrucks um jene, die eben zur Produktion von Nahrung, Kleidung, Energie, aber auch zur Entsorgung und Wiederverwertung von Müll nötig sind.

Mittlerweile verbrauchen wir die Kapazitäten von eineinhalb „Erden". Laut „Living Planet Report 2012" ist die Lage dramatisch. Der Mensch beute die natürlichen Ressourcen der Erde gnadenlos aus, heißt es. Tiere und Pflanzen würden immer mehr verdrängt werden. Die Folge seien Artensterben, Umweltkatastrophen, Überfischung, Wasserknappheit und extreme Wetterlagen.

Drückt also niemand auf die Stopptaste, werden wir 2030 zwei Planeten brauchen, um essen und trinken zu können und um genügend Energie zur Verfügung zu haben. 2050 wären es dann schon fast drei Erden, die die bis dahin neun Milliarden Menschen verbrauchen würden. Ein US-Amerikaner benötigt übrigens im Schnitt vier Planeten, ein Deutscher rund 2,5 und ein Inder 0,9.

Der „Living Planet Report" fasst die Beobachtung von 9000 Populationen und fast 2700 Arten von Säugetieren, Vögeln, Reptilien, Amphibien und Fischen zusammen. Das ist die eine Seite. Auf der anderen steht der Mensch: Auch er wird genau unter die Lupe genommen. Und da schaut es für manche Länder gar nicht gut aus, wobei die Unterschiede allein im deutschsprachigen Raum sehr überraschen.

Die Schweiz verbraucht pro Einwohner nur 1,2 Biokapazität pro globalem Hektar. Deutschland 2,0 Bio / gha. Und Österreich gar 3,3.

Insgesamt hat sich der Ökologische Fußabdruck seit 1966 verdoppelt und liegt heute bei 18 Milliarden globalen Hektar oder 2,7 gha pro Kopf. Die Kapazität der Erde beträgt 12 Milliarden gha. Das ist das Ausmaß der natürlichen Ressourcen, die der Planet jährlich erneuern kann (so ergibt sich der Verbrauch von eineinhalb Planeten).

Hauptverantwortlich für den Raubbau an der Natur sind die hohen CO_2-Emissionen. Je besser also ein Land industriell entwickelt ist, desto größer der CO_2-Fußabdruck.

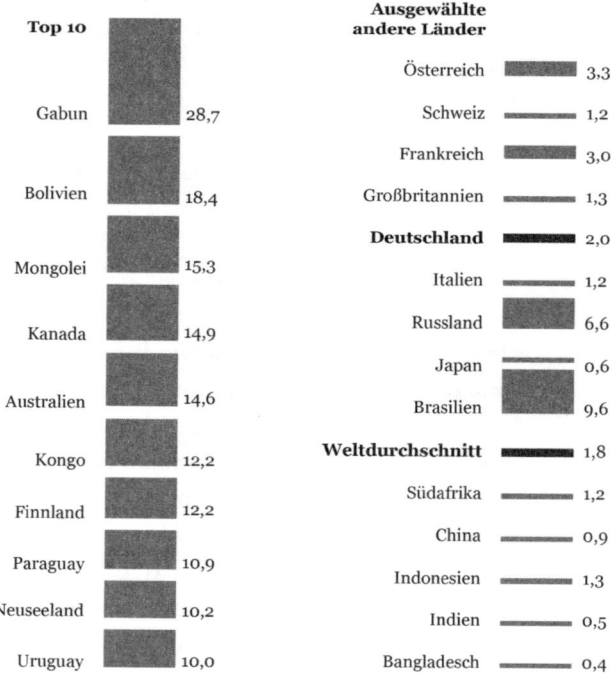

Top 10		**Ausgewählte andere Länder**	
		Österreich	3,3
Gabun	28,7	Schweiz	1,2
		Frankreich	3,0
Bolivien	18,4	Großbritannien	1,3
		Deutschland	2,0
Mongolei	15,3	Italien	1,2
Kanada	14,9	Russland	6,6
		Japan	0,6
Australien	14,6	Brasilien	9,6
Kongo	12,2	**Weltdurchschnitt**	1,8
Finnland	12,2	Südafrika	1,2
Paraguay	10,9	China	0,9
		Indonesien	1,3
Neuseeland	10,2	Indien	0,5
Uruguay	10,0	Bangladesch	0,4

Abbildung 28a: Die Biokapazität ausgewählter Staaten. Höhe der Biokapazität in globalem Hektar (gha) pro Kopf. Der Weltdurchschnitt lag im Jahr 2008 bei 1,8 gha pro Kopf.

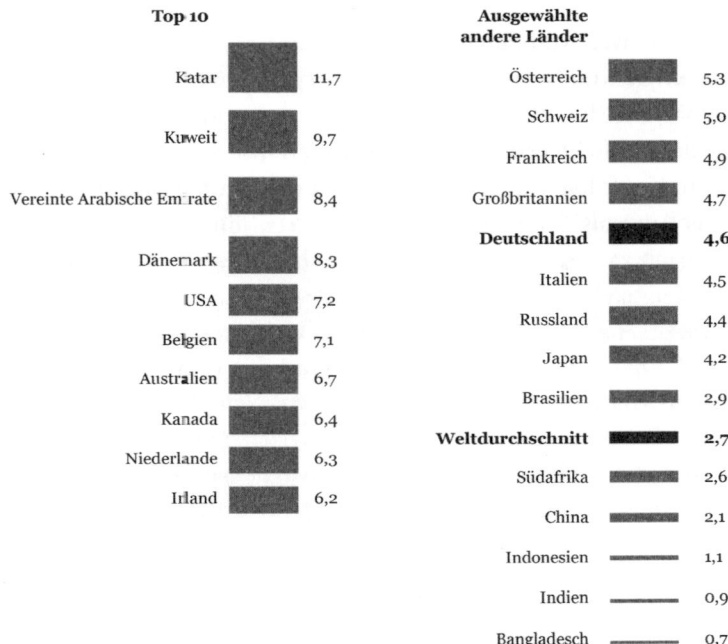

Top 10			Ausgewählte andere Länder		
Katar		11,7	Österreich		5,3
Kuweit		9,7	Schweiz		5,0
			Frankreich		4,9
Vereinte Arabische Emirate		8,4	Großbritannien		4,7
Dänemark		8,3	**Deutschland**		**4,6**
			Italien		4,5
USA		7,2	Russland		4,4
Belgien		7,1	Japan		4,2
Australien		6,7	Brasilien		2,9
Kanada		6,4	**Weltdurchschnitt**		**2,7**
Niederlande		6,3	Südafrika		2,6
Irland		6,2	China		2,1
			Indonesien		1,1
			Indien		0,9
			Bangladesch		0,7

Abbildung 28b: Der Ökologische Fußabdruck ausgewählter Staaten in globalem Hektar (gha) pro Kopf. Im Jahr 2008 wurde der Ökologische Fußabdruck im weltweiten Durchschnitt mit 2,7 gha pro Kopf gemessen.

Da diese Zahlen zwar dramatisch sind, der Einzelne damit aber dennoch wenig anfangen kann, haben Umweltexperten einen Fußabdruck-Rechner entwickelt. Da gibt's dann keine Ausrede mehr. Jeder von uns kann seine Lebensweise in einen Computer eingeben und erfährt rasch, ob er „Erde-schonend" lebt oder nicht.

Der Ökologische Fußabdruck pro Mann / Frau und Nase gibt an, wie groß das Stück Erde ist, das nötig ist, um all das zu produzieren, was im Alltag konsumiert, verwendet oder genossen wird. Wer also viel isst, viel Kleidung kauft, vielleicht auch mehr Spielsachen bekommt, als er bespielen kann, das vielleicht in stets hell erleuchteter Wohnung, und wenn dann noch Mama und Papa viel Auto fahren und alle gemeinsam in den Urlaub fliegen, dann rechnet der Computer sehr viel an globaler Hektarfläche pro Kopf zusammen.

Der Ökologische Fußabdruck kann also als Summe aller Flächen interpretiert werden, die ein Mensch mit seiner Art zu leben für sich allein verbraucht.

Mit dem 19. Dezember 1987 ist erstmals der „world overshoot day" berechnet worden. Bis zu diesem „Weltübernutzungstag", auch „Welterschöpfungstag", sei seit dem jeweiligen 1. Jänner weltweit so viel Erde genutzt worden, wie eigentlich bis zum 31. Dezember zur Verfügung stehen würde, errechnete damals das „Global Footprint Network". Acht Jahre später war dieser Tag schon am 21. November erreicht. Den Rest, also immerhin 40 Tage bis zum Jahresende, lebten die Menschen über ihre (ökologischen) Verhältnisse. Dieser Tag rutscht im Jahresverlauf immer weiter nach vorne. 2008 auf den 23. September. Seit 2011 ist es schon im August zu Ende mit den Ressourcen dieser Erde. Der Jahresrest wird auf Erden-Pump gelebt. In letzter Sekunde in dieses Buch geschafft hat es der Welterschöpfungstag 2012. Schon am 22. August war das weltweite Jahresbudget der Natur aufgebraucht. (Vgl. Literatur Internet 8)

Trotz wirtschaftlicher Stagnation seit Krisenbeginn 2008/2009 benötigt die Menschheit neuerlich mehr produktive Land- und Meeresfläche als im Vorjahr. Allerdings verlangsamt sich der Zuwachs etwas.

Vergleicht man weniger entwickelte Staaten und Wohlstands-Stars miteinander, wird das Bild über Letztere noch düsterer. In Deutschland wäre schon Ende Mai Schluss, in Österreich gar schon Mitte Mai. Nur die Schweiz schafft fast ein halbes Jahr. Afrika hingegen hat überhaupt keinen Welterschöpfungstag, sondern könnte nach dem Jahresende noch 104 Tage so weiterleben wie 2012; erst dann wären die Jahresreserven aufgebraucht.

Zu düster? Vielleicht. Vielleicht auch nicht. Wir können es nicht mit Bestimmtheit sagen.

Sie werden sich – nach der bisherigen Lektüre hoffentlich nicht allzu bedrückt – zu Recht fragen, wie kann eine gesamte Wissenschaft 250 Jahre lang das alles nicht bemerken? Nun, das stimmt nicht ganz. Wollen wir also eine Lanze brechen für einige wenige, die den Finger auf die Wunde legten. Etwa für den britischen ... tja, was

schreiben wir nun? Ökonomen? Anglikanischen Geistlichen? Sozial-
philosophen? Universitätsprofessor für Geschichte? Oder für den
weltweit ersten Leiter eines Lehrstuhles für Ökonomie? Am besten
alles. Thomas Malthus wirkte um die Jahrhundertwende des ausge-
henden 18. und beginnenden 19. Jahrhunderts und war vor allem eines: Skeptiker und Pessimist. In seinem unter Ökonomen weltberühmten „Bevölkerungsgesetz" schreibt er wörtlich: „Die Kraft der
Bevölkerungsvermehrung ist um so vieles stärker als die der Erde innewohnende Kraft, Unterhaltsmittel für den Menschen zu erzeugen."
(1977: 67) Da soll noch einer sagen, Ökonomen hätten nichts geahnt.
Damals lebte nicht einmal eine Milliarde Menschen auf diesem
Planeten, etwa 980 Millionen waren es. Ohne Seuchen, Kriege oder
großes Elend wird Malthus zufolge der Tag kommen, an dem die
Lebensmittel nicht mehr für die Erdbevölkerung ausreichen werden.
Man kann Malthus wohl als unverbesserlichen Pessimisten bezeichnen. Das ändert aber nichts an der Tatsache, dass er einer der Ersten
war, der die Grenzen der Ressourcen thematisiert hat. Die globale
Wirtschaftsleistung ist seit Veröffentlichung seiner „Bevölkerungs-
theorie" übrigens rund zehnmal so stark gewachsen wie die Zahl
der Erdenbürger. Malthus hatte also sehr lange Zeit unrecht. Heute
wissen wir aber, dass Wohlstand und Reichtum das Tempo des
Ressourcenabbaus der Welt immer mehr erhöhen.

Mittlerweile ist es auch schon 40 Jahre her, dass der „Club of
Rome" seine Theorien zu den „Grenzen des Wachstums" publizierte.
Und wenn wir ebenso lang von „Ölkrisen" oder Klimawandel spre-
chen, dann sind stets die ökologischen Grenzen gemeint.

Ziemlich genau 200 Jahre nach Malthus formuliert der tschechische Ökonom Tomáš Sedláček eine – wie er sie selbst bezeichnet – „malthusianische Ableitung": „Unsere Bedürfnisse wachsen
schneller als die Erfüllung. Vor einiger Zeit glaubten wir, dass wir
umso weniger brauchen und wollen würden, je mehr wir hätten … "
Das sei ein großer Fehler gewesen, denn der Anstieg des Angebots
werde den Anstieg der neuen Nachfrage nie einholen können.
(Sedláček 2012: 275)

Nun ja. Wer widerspricht schon gerne dem Chefökonomen der größten tschechischen Bank und früheren Berater von Ex-Präsident Václav Havel? In einem kleinen Detail muss es aber sein: Nicht *die* Bedürfnisse wachsen schneller als die Erfüllung – wenn, dann die *erzeugten* Bedürfnisse. Hatten wir wirklich ein Bedürfnis nach 500 verfügbaren Fernsehkanälen, weltweiter Auffindbarkeit unseres Ichs durch Verwendung eines Mobiltelefons oder ein uns innewohnendes Bedürfnis nach Facebook, Twitter und Google Earth?

Was stimmt, ist, dass der Mensch nie zufrieden ist und stets nach Neuem strebt. Das aber, wie viele neoklassisch orientierte Ökonomen, im Umkehrschluss als Notwendigkeit eines in die Unendlichkeit wachsenden bedürfnisgesteuerten Kapitalismus zu interpretieren (was der Wachstumskritiker Sedláček *nicht* macht), geht zu weit. Der Kapitalismus braucht sich selbst. Als Wachstumskapitalismus. So ist er konstruiert. Und deshalb werden uns neue Bedürfnisse eingeredet.

Unangenehme Einsichten vielleicht für Wachstumsfetischisten, aber eine These – nicht nur dieses Buches.

Man kann es kaum besser auf den Punkt bringen als der Philosoph Richard David Precht: Die Menschen würden ihre Freiheit und ihre Selbstbestimmung für ein höheres Einkommen opfern: „Und sie kaufen Dinge, die sie nicht brauchen, um Leute zu beeindrucken, die sie nicht mögen, mit Geld, das sie nicht haben." (Precht 2007: 350)

Oder nochmals Sedláček: „Das Einzige, woran bei uns wirklich ein Mangel besteht, ist der Mangel selbst." (Sedláček 2012: 301)

Ein Dilemma – ist doch die Ökonomie die Lehre des knappen Gutes. Knappe Güter – davon geht die Wirtschaftstheorie aus – stehen eben nicht zu jeder Zeit an jedem Ort in der optimalen Qualität und Menge zur Verfügung. Deshalb werden sie mit Preisen bewertet und auf Märkten gehandelt. Oder sie werden getauscht. Da die Wirtschaftswissenschaften von unendlichen (wir behaupten: oft auch *erzeugten*) Bedürfnissen ausgehen, hinkt das Angebot – in der Theorie – der Nachfrage nach. Güter sind demnach knapp. Was aber nun, wenn *kein* Mangel besteht? Dann muss einer erzeugt werden.

Ein wunderbares Beispiel ist die gesamte Unterhaltungsindustrie. Filme, die wir nie wollten, werden gekauft, Fernsehgeräte, die wunderbar funktionieren, landen auf der Müllhalde, iPhones und iPads werden an liebe Freunde verschenkt, weil die neue Generation schon am Markt ist. Ob die „Neuen" entscheidend mehr können als die Alten, ist sekundär. Habe ich doch schon die letzte Generation in ihrem vollen Umfang nicht verwendet oder verstanden.

Aber *warum* sind wir bloß so, wie wir sind – weshalb können wir denn nicht *zufrieden* sein?

Antwortversuche: *Weshalb* Glück mit Wohlstand nicht mehr mitwächst – Die Glücksökonomie und die Messung der *individuellen* Lebenszufriedenheit

Wissen wir, was uns glücklich und zufrieden macht?

„Nein", sagt die Wissenschaft: „Wir müssen es noch lernen." (Heuser 2011)

Das behaupten zumindest Verhaltensökonomen oder eben Glücksökonomen. Jeder von uns spürt sehr wohl, durch welche Tätigkeit oder in welchem Zustand diese viel zitierten, positiv besetzten, so angenehmen „Energieströme" durch den Körper fließen. Nur die Wissenschaft kann es nicht genau benennen. Was diese so dermaßen ärgert, dass die Forschung auf diesem Gebiet ziemliche Auswüchse treibt. Da haben manche gar einen Hedonometer, auch Hedonimeter genannt, erfunden, wobei viele vergessen, auf den tatsächlichen Ideenspender für einen „permanenten Glücksmesser" zu verweisen. 1881 hat der irische Ökonom Francis Ysidro Edgeworth geschrieben, dass man eine „psychophysische" Maschine erfinden müsste, die die empfundene Freude kontinuierlich registriert. Edgeworth selbst, damals ohne Computer und iPhone im nach seinem Großvater benannten Edgeworthstown, County Longford, unterwegs, nannte das Gerät, von dem er hoffte, dass es irgendwer irgendwann konstruieren würde, eben: Hedonometer. Einen Rekorder des Glücks sozusagen. (Colander 2007)

Erst 125 Jahre später war es soweit. Nach der Jahrtausendwende haben Glücksforscher damit begonnen, bestimmten repräsentativ ausgewählten Personen zunächst Kleincomputer, mittlerweile auch Smartphones in die Hand zu drücken, die mehrmals am Tag piepsen und ein Eintippen zu zweierlei Fragen verlangen. Erstens: „Sind Sie gerade glücklich oder unglücklich?" Zweitens: „Was haben Sie eben gemacht?" (Kahneman, Krueger 2006) Bei manchen Versuchen piepst es alle 20 Minuten – wer soll da noch glücklich sein?

Dennoch sind Ökonomen und Psychologen sehr stolz auf ihre „hedonometrischen" Tests, wenn auch die Ergebnisse nicht wirklich überraschen. Demnach sind Menschen mit ihrem Leben in Augenblicken zufrieden, in denen sie

- gerade lachen oder lächeln,
- bei Freunden oder nahen Verwandten sind,
- über Positives sprechen,
- gut geschlafen haben,
- sich allgemein gesund fühlen,
- ihrem Hobby nachgehen.

Möglicherweise haben – so betonen einige Forscher – sogar Experimente im Labor mehr Aussagekraft als jene, die zwar im wirklichen Leben, aber in einem Leben „auf Knopfdruck" stattfinden. Die einzigartige Wirkung eines bestimmten Reizes kann, wie im Kapitel über Neuroökonomie beschrieben, auf diese Weise erfasst werden, etwa die eines bestimmten Films (auch Werbefilms in der Konsumforschung).

Eine andere Möglichkeit als die Eigenbeobachtung auf Knopfdruck ist schlicht und einfach das Tagebuch. Als Rekonstruktion der Ereignisse, die am Abend des erlebten oder auch am Morgen des darauffolgenden Tages niederzuschreiben sind. Beschrieben wird die

Intensität der Gefühle in neun Kategorien zwischen Glück und Schmerz. Und alle neun werden mit „heute gar nicht gefühlt" bis „heute sehr stark gefühlt" bewertet. Eine frühe Version dieser „Day Reconstruction"-Methode wurde 2004 bei 909 berufstätigen Frauen in Texas angewendet. (Kahneman et al. 2004) Eines der Ergebnisse – wieder nicht verwunderlich, aber immerhin gemessen und damit experimentell nachgewiesen: je müder, desto unglücklicher. Je näher die Tätigkeit rund um die Mittagszeit rückt, desto müder und in Folge wieder unglücklicher, und je weniger ergebnisorientiert die Tätigkeit, desto unglücklicher. Womit man aber wohl nicht rechnen konnte, ist, dass die Häufigkeit von negativen Emotionen (wütend, feindselig gegenüber Arbeitskolleginnen) relativ selten ist – nur 23 Prozent der Frauen haben dieses Gefühl einmal am Tag verspürt, und wenn, dann nur in einer Intensität von knapp über Null. Hingegen gaben 95 Prozent der Befragten an, mindestens einmal auch „glücklich" gewesen zu sein.

Fasst man alle Ergebnisse der sehr detaillierten Studie – die sogar zwischen „Länger als 7 Stunden"-Schläferinnen, „Zwischen 6 und 7 Stunden"-Schläferinnen und „Weniger als 6 Stunden"-Schläferinnen unterscheidet – zusammen, dann ergibt sich folgendes Gesamtbild.

Am glücklichsten machen – in der Reihenfolge dieser Intensität:
- Intime Handlungen
- Ausgehen nach der Arbeit
- Entspannung, Muße
- Abendessen
- Mittagessen
- Hobbys
- Beten / Gottesdienst (Studie in den USA!)
- Sozialkontakte am Arbeitsplatz
- Fernsehen
- Telefonieren (zu Hause)
- Ein kurzes Nickerchen halten
- Kochen

- Einkaufen
- Am Computer (zu Hause)
- Hausarbeit
- Kinderbetreuung
- Vom Arbeitsplatz nach Hause fahren
- Arbeiten
- In die Arbeit fahren

Wenn Sie sich nun fragen, warum im Kapitel über die Messung des Wohlstandes bei der Glücksmessung ganz andere Dinge im Vordergrund standen (Arbeitsplatz, Familie, Gesundheit usw.), dann liegt dieses Auseinanderklaffen nur in der unterschiedlichen Zeitdimension. Untersuchungen zum Bruttoinlandsglück wollen nicht wissen, was im Augenblick glücklich macht, sondern langfristig – was das Leben generell lebenswert macht. Hier geht es hingegen um das „Glücks-/Unglücksgefühl" während einer bestimmten Tätigkeit.

Und da ist eines der wohl überraschendsten Ergebnisse die erst im Schlussfeld gelandete Kinderbetreuung.

Finden Sie in dieser Aufstellung eigentlich irgendwo ein Ding? Vom Computer über die Dachterrasse bis zum schönen Auto? Nein. Es sind die *Tätigkeiten*, die Lebenszufriedenheit auslösen, und nicht die materiellen Dinge.

Natürlich lächeln viele Ökonomen bis heute über die Glücksforschung und argumentieren mit dem Hunderte Jahre alten Erstentwurf der Ökonomie: Das *Geld* ist das Maß aller Dinge. Weil man es eben wirklich messen könne. Glücksmessung gehöre den Psychologen und Psychiatern. Der Ökonom hat seine Zahlen. Interessant nur, dass einer der anerkanntesten Träger des Wirtschafts-Nobelpreises dieses 21. Jahrhunderts (2002) *kein* Ökonom ist. Der 1934 in Tel Aviv geborene Daniel Kahneman ist Psychologe.

Die verdeckte Ermittlung – des Glücks

Noch sehr jung ist eine neue Messmethode der Glücksforschung: die sekundenschnelle Durchforstung von sozialen Medien nach „verräterischen" Worten. Wie funktioniert das?

Zunächst einmal, weshalb *kann* es überhaupt funktionieren? Weil weltweit Hunderttausende Male am Tag gezwitschert wird. Rund 250 Millionen kleine „Mikrodramen" werden täglich getwittert, verbreiten sich im WWW und sind somit eine Fundgrube nicht nur für alle „-logen" dieser Welt (Psychologen, Soziologen usw.), sondern auch für Glücksforscher und Ökonomen. So haben etwa 2011 Scott Golder und Michael Macy die Tweets von 2,4 Millionen Menschen aus 84 Ländern nach emotional besetzten Kennwörtern durchsucht. Begriffe wie „stimme zu", „fantastisch", „super" spiegeln wohl ziemlich eindeutig positive Gefühle wider, „Angst", „verrückt" und „Panik" stehen für die dunklere Seite der Emotionen.

Wieder zeigt sich, wie die Wörter mit der jeweiligen Situation, Müdigkeit und Tageszeit variieren. Viele positiv besetzte Formulierungen in der Früh, Stimmungsabfall ab der Mittagszeit und noch ein Hoch am Abend.

Freude am Wochenende, Bedrücktheit und Sorge von Montag bis Freitag. Und da wir erstmals von einer Welt-Stimmungskurve sprechen, überrascht auch ein weiteres Ergebnis nicht. In der arabischen Welt herrscht Frohsinn am Freitag und Samstag – bergab geht's wieder mit Beginn der Arbeitswoche: am Sonntag.

Auch die Jahreszeiten verändern die Inhalte der zwitschernden sozialen Netzwerker. Werden im Frühjahr die Tage wieder länger, wachsen die Glücksgefühle offenbar mit. Ab dem Juli werden die Wörter bei Twitter wieder etwas düsterer. Besonders interessant: Das gilt in allen 84 durchstöberten Ländern. Die Hochs und Tiefs der Gefühle sind also offenbar unabhängig von Kulturen. Schwer zu glauben, aber man muss sich immer vor Augen halten – es geht nur um die kleine elektronische Mikroliteratur, die global getwittert wird. (Golder, Macy 2011)

US-Ökonomen der Cornell University haben ebenfalls nationale Gemütslagen per Twitter untersucht und ganz ähnliche Muster gefunden, die erst im Herbst 2011 veröffentlicht wurden. Die Datenmenge ist gigantisch. 46 Milliarden Wörter in 4,6 Milliarden Formulierungen über einen Zeitraum von 33 Monaten – und das von 63 Millionen Usern, globalen Mikro-Bloggern und Twitterern. Herausgefiltert wurden Wörter, die auf einen glücklichen Gemütszustand des Users hindeuten. Twitter: ein Hedonometer des dritten Jahrtausends? Die Verbesserung gegenüber *allen* bisherigen Untersuchungsmethoden: Die Zahl der sich irgendwie ums Glück drehenden Wörter ist mit 10.000 zehnmal so hoch wie in den letzten Durchforstungen des globalen Dschungels. Gemessen wird nicht ad hoc, sondern ausschließlich, wie oft das jeweilige „glückliche" Wort verwendet worden ist.

Die Zeitreihen zeigen ein eindeutiges Bild. Dutzende Millionen Menschen haben zwar von Jänner bis April 2009 relativ gesehen viele Wörter gebraucht, die einen inneren Glückszustand vermuten lassen. Über den langen Zeitraum, Herbst 2008 bis Sommer 2011, ist es aber insgesamt mit der Befindlichkeit bergab gegangen. Beschleunigt hat sich dieser Trend im ersten Halbjahr 2011. Im Monatsvergleich zeigt sich: Stimmungsaufschwung in den letzten Monaten der Jahre 2008, 2009 und 2010, relativ großer Abfall in den ersten Monaten des darauffolgenden Jahres, besonders stark eben 2011.

All das lässt sich – durch Daten belegt – mit einem Wort zusammenfassen: Weltwirtschaftskrise.

Trübe Stimmung Montag, Dienstag. Entspannung und mehr Glücksmomente am Wochenende. Das kennen wir schon. Doch noch nie aufgrund solch unglaublicher Datenmengen.

Die „besonderen" Tage

Überdurchschnittlich positiv besetzte Tage sieht das US-Forscherteam insbesondere rund um US-Feiertage, überdurchschnittlich düstere Tage nach Naturkatastrophen oder unmittelbar nach Bekanntgabe des Todes einer weltberühmten Persönlichkeit. Positiver Ausreißer 2011: die königliche Hochzeit von Prinz William und Catherine Middleton am 29. April 2011.

Einige weitere durch das US-Forscherteam belegte Schlüsselereignisse:

Negativ

- Ausbruch der Schweinegrippe / H1N1-Pandemie (2009)
- Michael Jacksons Tod, der schwärzeste Twitter- / Blog-Tag überhaupt (25. Juni 2009)
- Der Tod von Schauspieler Patrick Swayze (14. September 2009)
- Erdbeben in Chile (Februar 2010)
- Orkane in den USA (Oktober 2010)
- Erdbeben und der Tsunami in Japan (März 2011)

Positiv

- Der Sieg von Barack Obama bei den US-Präsidentschaftswahlen 2008 und auch der Inaugurationstag im Jänner 2009
- Rund um den Muttertag, auch um den Vatertag und den US-Unabhängigkeitstag am 4. Juli

Keine überraschenden Daten, handelt es sich doch um US-„Gezwitscher".

Wie bricht nun ein Glücksgefühl nach positiven Ausreißern wieder ein? Das haben die US-Forscher mit sehr komplizierten Messmethoden und mathematischen Formeln ausgerechnet.

Die stärksten Ausschläge nach unten sehen sie bei Wörtern wie „tot", „Tod", „getötet", „töten", „gestorben", „Terrorist", „begraben".

Ein Bergauf signalisieren die Wörter „Hochzeit", „schön", „küssen", „Prinz", „Prinzessin", „Kleid" und „gorgeous" (schwer ins Deutsche zu übersetzen, am ehesten noch mit „traumhaft" oder „umwerfend schön").

Glückliche Stunden

Kaum zu glauben, aber nimmt man das als Ausgangslage, was Menschen twittern und bloggen, wie sie also im Netz unterwegs sind, ist die glücklichste Stunde jene zwischen 05.00 Uhr und 06.00 Uhr früh. Dann geht's mit den Gefühlen bergab bis zum Nachmittag. Die nächsten Spitzenwerte sehen wir erst wieder nach 23.00 Uhr.

„Bewiesen" wird das durch Heftigkeit und Anzahl der durchs Netz polternden Schimpfwörter. Wer schriftlich flucht, kann wohl nicht so glücklich sein ...

Ohne den wissenschaftlichen Charakter dieser so jungen Studie, publiziert erst 2011 im „Science"-Magazin, in Zweifel ziehen zu wollen, aber eine gewisse Grundskepsis gegenüber der Annahme, dass alles Geschriebene stets den tatsächlichen Zustand des Verfassers widerspiegelt, darf schon vorhanden sein. Vielleicht finden sich zwischen 05.00 Uhr und 06.00 Uhr früh noch zu wenige Menschen, die beschimpft werden könnten. Deshalb dominieren am Morgen auch „free", „haha", „neue", „hahaha", „happy" und „gut". Tagsüber kann es dann schon öfter „nein", „nicht" oder „shit" heißen.

Die Studie der US-Ökonomen wird seit ihrer Veröffentlichung sehr oft in anderen Wissenschaftsmedien zitiert, analysiert und – nicht immer nachvollziehbar – interpretiert. Aus den Millionen elektronischer Twitter-Daten gleich ein „Welt-Stimmungsbarometer" zu konstruieren, scheint doch ein wenig übertrieben. Auch wenn es wiederum verblüfft, dass die gute Laune frühmorgens gleichermaßen in Afrika, Asien, Amerika und Europa gilt, dass sich dann die Stimmungslage verfinstert und am Abend wieder erhellt.

Die „Gefühlsinterpretationen" großer Text-Daten-Mengen boomen generell. Weltweit durchstöbern Sozialforscher und Ökonomen, aber auch immer mehr Konzerne nicht nur Twitter und Blogs, sondern auch Romane und Liedtexte. Die Daten sind wertvoll. So werden Kundenprofile erstellt und sogar Drehbücher auf einen möglichen Filmerfolg getestet und umgeschrieben, wenn die Millionen von Wörtern und Sätzen aus dem Netz ein Stimmungsbild der

Gesellschaft ergeben, das vielleicht nicht mehr zum Filminhalt passen könnte.

In Deutschland hat der grüne Politiker Malte Spitz einen Mobilfunkbetreiber auf Herausgabe von sechs Monaten seiner Vorratsdaten geklagt und die Daten der „ZEIT ONLINE" zur Verfügung gestellt. Fast 36.000 Verbindungen waren über sechs Monate hinweg gespeichert worden. Jeder Nutzer kann nun auf einer interaktiven Karte alle Aufenthaltsorte des Politikers, die über dessen Telefonate, SMS und Internet-Nutzungen rekonstruiert worden sind, genau nachverfolgen. Technisch ist das über die Kontakte des eingeschalteten Handys zu Funkmasten möglich, aus denen nicht nur Wegdiagramme gezeichnet werden können, sondern sogar die Geschwindigkeit eruiert werden kann, mit der Herr Spitz unterwegs gewesen ist – also ob mit Auto, Bahn oder Flugzeug. (Matzat 2011)

Der Mensch hinterlässt auf seinen digitalen Reisen immer mehr Spuren. Soziologen und Ökonomen, vor allem Firmen versuchen an die Daten heranzukommen. Gut für die Wissenschaft, gut für die Konsumforschung, gefährlich für den Einzelnen.

Linkes Glück und rechtes Glück

Kaum beschäftigen sich Ökonomen und vor allem Politiker mit dem Glück, kommt sie – wie das sprichwörtliche Amen im Gebet: die seltsamerweise für viele immer noch bedeutsame Frage, ob Glücksmessung nun ein großer linker oder doch ein großer rechter Wurf sei, den man da der erstaunten Öffentlichkeit präsentiere. Der zuvor schon erwähnte Ökonom Richard Layard etwa sieht typisch linke Ideen geboren, weil der Staat einspringe, wenn für den Einzelnen nicht das Beste gewährleistet sei. Und da es auch immer um Gerechtigkeit gehe, sei für linke Denker klar: Der Glückskiller ist Ungleichheit. Also eine ungerechte Einkommensverteilung.

„*Wir* haben das immer gesagt", rufen die Rechten – jeder müsse nur selbst glücklich sein, ein typischer *Homo oeconomicus* also, und der Gesamteffekt werde sein, dass das Wohlstandsniveau im ganzen

Land steigt. Deshalb seien ein Maximum an individueller Freiheit und ein Minimum an Staat notwendig, tönt es von (ökonomisch) rechts der Mitte.

Viel entscheidender als die Entscheidung, ob man sich der Glücksfrage von links oder rechts nähert, ist die Frage, *wo* sie gestellt wird. Ein US-Amerikaner kann mit gerechter Einkommensverteilung weniger anfangen als ein Österreicher. Will man die Bürgerrechte einschränken, kann der US-Amerikaner leichter damit leben als ein Franzose. Dieser hingegen hält wieder Geldentwertung zwar für unangenehm, aber nicht für so dramatisch wie der von der Zwischenkriegszeit geprägte Deutsche. Südeuropäer leiden, oder sagen wir besser litten unter Korruption nicht ganz so heftig wie Nordeuropäer. (Siehe auch Bürger, Rothschild 2009)

Glück und Gesundheit

Abermals sind es zwei US-Ökonomen, die sich zwischen 2005 und 2008 nicht mit kleinen Dingen abgeben. (Oswald, Wu 2009) Unglaubliche 1,3 Millionen Interviews führen sie – gemeinsam mit anderen Ökonomen – mit US-Amerikanern und befragen sie zum Einfluss ihres Gesundheitszustandes auf ihr Glücksgefühl. Die Ergebnisse sind doch erstaunlich. Vier Punkte gibt es für die Antwort „Insgesamt bin ich mit meiner Lage *sehr zufrieden*" und einen Punkt für „*sehr unzufrieden*". Wer hätte gedacht, dass sich 1,3 Millionen Amerikaner im Schnitt bei 3,4 sehen. Gemischt werden die Daten auch mit Umfrageergebnissen zu Lebensbedingungen in den USA – von den zur Verfügung stehenden Naturflächen bis zur Länge der Wege zum Arbeitsplatz, inklusive Stauhäufigkeit, über die Kriminalitätsrate bis zur Höhe der Steuern oder der Frage, wie viele Schüler auf einen Lehrer kommen. Erfragt werden aber auch der Einfluss auf das Lebensglück von Niederschlag, Temperatur, Windgeschwindigkeit, Sonnenschein, Faktoren wie Küstenland oder Landesinneres, Binnenschifffahrt, Anzahl öffentlicher Flächen,

Sammelzentren von gefährlichen Abfällen, regionale Ausgaben für Bildung und Autobahnen oder die allgemeinen Lebenshaltungskosten. (Gabriel et al. 2003)

Oswald und Wu sehen unter anderem auf Basis der Forschungsergebnisse von Stuart Gabriel einen klaren Zusammenhang: je höher die objektiv geschätzte Lebensqualität, desto größer die subjektive Lebenszufriedenheit – wie in den drei Bundesstaaten, die in der Rangliste ganz oben zu finden sind: Louisiana, Hawaii und Florida. Der federführende Autor der Studie, Professor Andrew Oswald von der University of Warwick, wird im „Science"-Magazin mit den Worten zitiert: „Wir sind die Ersten überhaupt, die mit wissenschaftlichen Methoden unter die Oberfläche des amerikanischen Lebens geschaut haben. Das alles wird ungeheuerlich nützlich sein für die Gestaltung der Wirtschafts- und Sozialpolitik im jeweiligen Bundesstaat." (2009) An Selbstbewusstsein mangelt es dem Herrn also nicht. Auf die Frage, weshalb gerade „Traumregionen der Welt" wie New York oder Kalifornien sehr schlecht abschneiden, antwortet der Wirtschaftsprofessor sehr ökonomisch: „Wenn jeder an der Börse denkt, es wäre doch toll, in die Aktie X zu investieren, diese aber bereits überbewertet ist, dann ist es nicht mehr klug, sie dennoch zu kaufen. Es denken zu viele Menschen, dass es wunderbar wäre, in New York und Kalifornien zu leben. Die Folge sind explodierende Immobilienpreise und Staus. Schnäppchen an der Börse sind außerhalb des Spotlights, die besten Orte zum Leben genauso."

Zurück nach Europa, nach Österreich.

„Es gibt unterschiedliche Auffassungen darüber, was *Wohlstand* bedeutet. Welche der folgenden Aussagen treffen für Sie persönlich am besten zu, wenn Sie das Wort Wohlstand hören?"

Darauf will das Zentrum für Zukunftsstudien der Fachhochschule Salzburg (2011) klare Antworten der Österreicherinnen und Österreicher erhalten (20 Antwortvorgaben; Mehrfachantworten möglich). Zu diesem Zweck werden insgesamt 1000 Personen ab 15 Jahren repräsentativ befragt.

Das Ergebnis

Die Österreicherinnen und Österreicher haben ein sehr weites Verständnis von Wohlstand. Besonders wichtig ist das Zusammenspiel von drei Faktoren:

- Gesund sein   65 %
- In Frieden leben können   59 %
- Sicheres Einkommen haben   57 %

Zu den wichtigsten 15 Wohlstandsfaktoren zählen außerdem:

- Keine Sorgen haben   52 %
- Gute Freunde haben   50 %
- Eine Familie haben   49 %
- Glücklich sein   49 %
- Nicht auf Geld achten müssen   45 %
- Keine Zukunftsängste haben   45 %
- Sich frei fühlen   39 %
- In einer intakten Natur leben   36 %
- Stressfrei leben   36 %
- Für die Zukunft vorsorgen   36 %
- Das tun können, was ich will   32 %
- In einer toleranten Welt leben   27 %

Aus der Sicht der österreichischen Bevölkerung sind die folgenden fünf Faktoren für das Gesamtkunstwerk „Wohlstand" *weniger* wichtig:

- Viel Geld haben; reich sein   21 %
- Für andere da sein   20 %
- Zeit und Geld für einen längeren
  (Traum-)Urlaub haben   19 %
- Zeit für ehrenamtliche Tätigkeiten haben   10 %

Wohlstand wird also in Österreich so wie in allen Industrieländern nicht mit Reichtum gleichgesetzt. Aber ein gesichertes Einkommen ist schon eine wichtige Voraussetzung. Wenn sich eine stabile ökonomische Basis mit Gesundheit, Frieden, gutem Beziehungsleben, wenig Stress und intakter Natur kombinieren lässt und wenn sich Zukunftsängste in überschaubaren Grenzen halten, sprechen Herr und Frau Österreicher von Wohlstand.

Ökonomie der Lebenszufriedenheit, ja, aber daraus darf keine Glücksdiktatur werden, warnt der Schweizer Ökonom Bruno Frey.

III. Wie der Mensch sein möchte oder die Hürden zum Glück

Von Tretmühlen und Hamsterrädern des Glücks

Im ersten Teil dieses Buches haben wir gesehen, dass der Mensch im Großen und Ganzen ziemlich anders ist, als vom Mainstream der Wirtschaftswissenschaften angenommen. Und dass deshalb die Theorie in den Ökonomiebüchern mit einem Menschentypen gearbeitet hat, der im Durchschnitt gesehen nicht mehr als ein kühl kalkulierendes Wesen ist. Aber noch einmal: Für den Markt von Gütern und Dienstleistungen stimmt das auch weitgehend. Hier zählen Preise, Löhne, Zinssätze sehr wohl. Schwieriger wird es, wenn es um Finanzprodukte geht, um Herdenverhalten oder um Sozialpolitik, um eine gerechtere Einkommensverteilung oder um die begrenzten Ressourcen dieser Erde und um viele, viele andere Fragen, auf die die klassische Wirtschaftstheorie wenig bis gar keine Antworten weiß.

In Teil II wurde mit den Methoden der „Neuen Ökonomie" aufgezeigt, wie der Mensch offenbar wirklich tickt. Oder besser, *vermutlich* tickt. Dass ihn nicht nur Gier und Egoismus leiten, sondern auch Fairness, soziales Umfeld, durchaus auch Neid – beispielsweise auf das neue Auto des Nachbarn –, und dass dieser auch unzufrieden ist, obwohl er immer mehr *hat*.

Wir haben erfahren, dass die Wirtschaftswissenschaften verzweifelt versuchen, das reale Lebensgefühl dieses Menschen einzufangen, es durch neue Berechnungsmethoden zu messen, und dass sie feststellen mussten, das Glück des Einzelnen kann mit dem Wohlstandszuwachs nicht mehr mithalten. Daraus ergeben sich die letzten großen Fragen dieses Buches:

- Was könnte den Menschen zufrieden oder noch zufriedener machen?
- Wie kann vermieden werden, dass Millionen von Menschen trotz des rückläufigen Weltarbeitsaufwandes (zumindest in

der entwickelten Welt) ins Burn-out, und manche auch ins Gegenteil, ins Bore-out (Unterforderung), fallen?

- Was können Gesellschaft und Politik dazu beitragen? Oder sind die Hürden, glücklich oder auch *noch* glücklicher zu werden, einfach zu hoch?

Und schließlich, wenn wir all das irgendwann wissen oder zumindest erahnen können:

- Was ist dann der Sinn des Wirtschaftens? Der Arbeit? Und letztlich des Lebens?

Aber keine Angst – mit dieser *letzten* Frage wollen wir uns hier nicht näher befassen. Dazu haben wir seit rund 2500 Jahren die Philosophie.

Doch jetzt zu den Ökonomen:

„Mathias Binswanger ist glücklich unverheiratet und hat weder Kinder noch Haustiere. Er liebt Jazz, Humor, das Reisen in wärmere Gegenden dieser Erde und die Gesellschaft guter Freunde. Er mag weder Fernsehen noch Hintergrundmusik und auch das Schreiben von Forschungsanträgen macht ihm keinen Spaß." – Dieser Text steht auf der Homepage des bekannten Schweizer Volkswirtschaftsprofessors. 2006 landet er in der Schweiz einen Bestseller: „Die Tretmühlen des Glücks – Wir haben immer mehr und werden nicht glücklicher. Was können wir tun?"

Bevor wir uns mit den Antworten des Schweizer Ökonomen beschäftigen, nochmals zur Ausgangslage: Subjektives Glück und Zufriedenheit nehmen in entwickelten Volkswirtschaften schon seit Jahrzehnten kaum noch zu – bei gleichzeitig ständig steigendem Lebensstandard. Was läuft da falsch? Was *machen* wir falsch? Was erst seit der Jahrtausendwende intensiv diskutiert wird: Der gefühlte Stress ist mitgewachsen.

Dafür kann man auf den ersten Blick zwei Erklärungsmöglich-
keiten sehen:

1. Die Arbeit überfordert mich.
2. Ich überfordere mich.

Bleiben wir zunächst bei der Arbeit. Untersuchungen zeigen sehr
wohl, dass Menschen, die zu viele Überstunden leisten und damit
auch deutlich mehr verdienen als viele ihrer Kollegen am Arbeitsplatz, dadurch *nicht* glücklicher geworden sind. Wir reden hier nicht
über de facto vom Arbeitgeber „erzwungene" Überstunden, wir reden
von mehr oder weniger freiwillig geleisteten.

Die logische Frage: Warum machen sie das, wenn es sie nicht
glücklicher macht?

Genau an diesem Punkt setzt Binswanger an: Der Grund für dieses unlogische, man möchte fast sagen perverse Verhalten liege in den
sogenannten „Tretmühleneffekten". Auf einer Tretmühle könne man
zwar immer schneller laufen, vom Fleck komme man dennoch nicht.
Ähnlich sei es mit dem Hamster im Hamsterrad, doch der scheine oft
klüger: Wenn's ihn nicht mehr freue, klettere er wieder runter und
erhole sich.

Noch typischer für die Situation der Stressopfer als Tretmühlen-
läufer erscheint das Bild des im Zirkus auftretenden Jongleurs, dessen
auf dünnen, langen Stäbchen rotierende Teller sich nur dann weiter-
drehen, wenn der Jongleur läuft und läuft. Rund um seine Stäbchen,
sie immer wieder in Bewegung versetzend, damit ins Wackeln gera-
tene Teller sich wieder schneller und stabiler bewegen. Das ganze
Elend mancher Berufsalltage auf den Tellern des Arbeitslebens – ein
Stehenbleiben des erschöpften Menschen ist nicht vorgesehen. Betonung auf „mancher" Berufsalltage. Viele Menschen gehen in ihrem
Job auf. Auch sie werden wir noch genauer betrachten.

Genug des Wehklagens – zurück zur wissenschaftlichen Analyse.

„Ein Mensch, der nur ans Geldverdienen und Karrieremachen
denkt, handelt in Wirklichkeit unökonomisch, weil er damit sein

176

Glück nicht maximiert. Er verhält sich ineffizient und zwar in dem Sinn, dass er seine ihm zur Verfügung stehenden Ressourcen nicht optimal nutzt", schreibt Mathias Binswanger.

Er sieht vier Tretmühlen des Glücks:

1. **Die Status-Tretmühle:** Man will seinen sozialen Status erhöhen, indem man zumindest mehr als der Durchschnitt des persönlichen Umfeldes verdient. Tretmühle eins also: der Blick auf das relative Einkommen.

2. **Die Anspruchs-Tretmühle:** Das ist der rasche Gewöhnungseffekt an ein eben gewonnenes höheres Einkommen. Sogar Lottogewinne machen laut Forschung nur kurz glücklich.

3. **Die Multioptions-Tretmühle:** Freizeit- und Konsummöglichkeiten explodieren geradezu. Die dafür zur Verfügung stehende Zeit bleibt aber gleich. Womit wir auch bei These zwei wären: *Ich überfordere mich.* Anfang der 1970er-Jahre gab es in Österreich in vielen TV-Haushalten die Wahl zwischen „FS 1 und sonst nichts" – heute zwischen 500 und 1000 Programmen.

4. **Die Zeitspar-Tretmühle:** Die Technik des dritten Jahrtausends erlaubt uns Dinge zweimal, dreimal, ja zehnmal so schnell zu verrichten wie noch vor einigen Jahrzehnten. Die Folge: Wir fahren oder fliegen zwar überall schneller hin, doch was machen wir mit der gewonnenen Zeit? Wir fahren und fliegen *noch* mehr. Schnellere Züge werden einen Brüsseler dazu verleiten, öfter nach Paris zu fahren, statt sich darüber zu freuen, wie wenig Zeit man mittlerweile dafür braucht, um aus der EU-Hauptstadt *einmal* im Jahr in die französische Hauptstadt zu gelangen.

Doch Binswanger beklagt nicht nur, er bietet auch zehn Strategien an, um den Tretmühlen oder dem Hamsterrad zu entkommen. Strategien nicht nur für jeden Einzelnen von uns, sondern auch für Unternehmen und sogar für den Staat.

Strategien gegen die Tretmühlen

Strategie	Handlungs- ebene	Welcher Tretmühle entgeht man damit?
1. Wahl des richtigen Teiches!	Individuell	Statustretmühle
2. Attraktives Sozial- leben statt Anhäufung materieller Güter!	Individuell	Multioptionstretmühle, Anspruchstretmühle
3. Nicht immer nach dem Besten suchen!	Individuell	Multioptionstretmühle
4. Vermeidung von stressigen Formen des Familienlebens!	Individuell	Zeitspartretmühle
5. Nutzung der Poten- ziale für räumliche und zeitliche Flexibili- sierung!	Unternehmen, individuell	Zeitspartretmühle
6. Keine Verherrlichung von Effizienz, Innova- tion, Wettbewerbsfähig- keit und Reformen!	Unternehmen, Staat, individuell	Zeitspartretmühle
7. Einführung von verpflichtenden Beschränkungen!	Unternehmen, individuell	Zeitspartretmühle, Multioptionstretmühle, Statustretmühle
8. Kampf der Ranking- Manie!	Unternehmen, Staat	Statustretmühle, Anspruchstretmühle
9. Beschränkung der Spitzensaläre statt mehr staatlicher Umverteilung!	Unternehmen, Staat	Statustretmühle
10. Förderung der Lebenskunst	Individuell	Alle Tretmühlen

Abbildung 29: Die zehn Strategien gegen Tretmühlen von Mathias Binswanger (2006)

Die Vorschläge des Schweizer Ökonomen erklären sich eigentlich von selbst, nur eine Anmerkung zu Punkt 1: Um der Status-Tretmühle zu entkommen, schlägt er vor, sich im großen „Teich" des Lebens nicht mit den großen (reichen) Fröschen zu vergleichen. Und er zitiert Karl Marx: „Ein Haus kann groß oder klein sein. Solange die Häuser in der Nachbarschaft genau so klein sind, ist es vollkommen ausreichend. Wenn aber neben einem kleinen Haus ein Palast entsteht, wird das kleine Haus zur Hütte." (Binswanger 2006)

Auch beim Boxen seien Gewichtsklassen geschaffen worden, damit eben nicht 50 Kilogramm schwere Männer auf Schwergewichte mit 120 Kilogramm treffen, um dann meist am Boden zu liegen und den großen Gegner nur von unten zu sehen.

Bei all der Erforschung des Glücks besteht die Gefahr, mitten in ein großes Missverständnis zu geraten. Soziologen und vor allem Ökonomen beschäftigen sich *nicht* mit der Seele des Einzelnen. Ihre Aufgabe ist es *nicht,* den Menschen Tipps für ein besseres Leben zu geben. Dazu gibt es Ärzte, Psychotherapeuten, Seelsorger und Millionen von Ratgebern in Buchform, zu deren Gebrauch nicht in allen Fällen geraten werden kann.

Die Sozial- und Wirtschaftswissenschaften des 21. Jahrhunderts haben ein anderes Ziel zu verfolgen. Der Politik Rahmenbedingungen vorzuschlagen, in der es auch Menschen in entwickelten Volkswirtschaften einfacher gemacht wird, ihr individuelles Glück *selbst* zu finden. Man könnte sie in 11 Fragen gliedern:

1. Kann im betreffenden Land jeder seine Grundbedürfnisse stillen?
2. Ist in diesem Land für Sicherheit gesorgt?
3. Hat jeder eine Beschäftigung, wenn er eine anstrebt?
4. Hat jeder eine Einkommenshöhe erreicht, die es ihm ermöglicht, am sozialen Leben im Wesentlichen teilzunehmen?
5. Sind ausreichend öffentliche Einrichtungen vorhanden und ökologische Maßnahmen getroffen worden, die ein Leben in diesem Land lebenswert machen?
6. Habe ich als Staat, als Regierung eine Ahnung, was die Menschen in diesem Land *wirklich* wollen?

7. Können die Sozial- und Wirtschaftswissenschaften den Menschen dabei helfen, herauszufinden, was sie zufriedener machen würde?
8. Wenn Menschen dennoch nicht genau wissen, was sie wirklich wollen, kann ich sie zu ihrem „Glück zwingen" – sie also in eine gewisse Richtung „schubsen"?
9. Macht es Sinn, den Menschen zu sagen, was Sinn ergibt – oder überlassen wir das doch den Philosophen?
10. Wenn Frage 9 mit Ja beantwortet wird, was Ökonomen letztlich zu empfehlen ist, ist es dann sinnvoll, als Ökonom über den „Sinn des Wirtschaftens" nachzudenken? Wir sagen: Ja.
11. Und schließlich: Arbeiten die meisten von uns zu viel? Sollten wir uns mehr Muße gönnen? Hier landen wir im Grenzbereich zwischen Ökonomie, Philosophie und vermutlich auch Fragen der Ethik und Moral.

Können uns Ökonomen glücklicher machen?

Die Antwort ist *ja*.

Gehen wir also davon aus, dass wir mittlerweile wissen, welches Volk im Weltvergleich *im Schnitt* glücklich oder weniger glücklich ist und welche Hürden (Tretmühlen der inneren Lebenseinstellung) uns daran hindern, *individuell* glücklich zu sein. Was ist jetzt zu tun? Bevor Binswangers Strategien angewendet werden können, sollte ich doch eigentlich wissen, was Glück *ist*. Natürlich meint jeder, das für sich selbst zu wissen. Doch ist das wirklich so? Oder handeln doch viele von uns nach dem Motto: „Ich weiß zwar nicht, wo ich hin will, dafür bin ich schneller dort", nach dem schon lange verstorbenen österreichischen Kabarettisten Helmut Qualtinger?

Es können, wie auch schon an anderer Stelle dargelegt, verschiedene Gliederungen des Glücks unterschieden werden. (Frey, Frey-Marti 2010: 11ff) Etwa nach der Intensität:

- Momentane Gefühle
- Lebenszufriedenheit
- Glückseligkeit (eine Art Nebenprodukt eines *guten* Lebens)

Oder zeitlich gesehen:

- Eben erlebter Nutzen (zum Beispiel: Fahrt im neuen Cabrio)
- Erwarteter Nutzen des Glücks
- Erinnerter Nutzen

Zum erwarteten Nutzen des Glücks: Das kann eine gefährliche Angelegenheit werden. Bruno Frey erwähnt das Beispiel einer Stadtfamilie, die ins Häuschen im Grünen gezogen ist. Das Glücksgefühl werde oft über-, die neuen Unannehmlichkeiten unterschätzt. Die Freude über die Nähe zur Natur wird immer schwächer gegenüber dem Ärger über den Stau am Weg zum städtischen Arbeitsplatz.

Zum erinnerten Nutzen: Hier ist es oft umgekehrt. Ein länger zurückliegendes Ereignis, das mit Schmerzen verbunden war, taucht in der Gegenwart weit weniger schmerzhaft auf.

Im Folgenden eine Auflistung von, sagen wir, „Zuständen", die, nach jahrelanger Forschung von Psychologen, Soziologen und Ökonomen, Menschen in entwickelten Volkswirtschaften glücklich machen (würden). Und jetzt geht es um die wichtige Zusatzfrage: Wo könnten Ökonomen einhaken?

An erster Stelle steht für die Menschen ihre eigene Gesundheit, deshalb verlangen sie von Ökonomie und Politik auch funktionierende Systeme. Vor allem natürlich in Europa. Es liegt auf der Hand, dass es immer größere Summen kostet, nicht völlig gesunde Menschen bei Ärzten, Therapeuten oder in Spitälern zu behandeln. Die Gesundheitssysteme in entwickelten Volkswirtschaften gehen deshalb immer mehr dazu über, alles daranzusetzen, die Bevölkerung gesund zu erhalten, statt Erkrankte zu behandeln. Gesundheitsökonomie ist ein weites Feld, mit dem wir uns aber hier wegen der Fülle der Möglichkeiten, die Systeme zu verbessern, nicht beschäftigen wollen. Gesundheit und Krankmacher am Arbeitsplatz werden wir aber noch behandeln.

Neben der Gesundheit gibt es aber noch weitere Faktoren, die uns glücklich machen können.

Arbeit, die erfüllt

Betonung auf „erfüllt"!

Diesbezüglich können Ökonomie und Politik sehr viel tun. Deshalb wird von der Bevölkerung in diesem Bereich auch am meisten verlangt. Letztlich nicht weniger als Vollbeschäftigung. Und das, wenn möglich, auf Dauer.

Grundsätzlich gilt übrigens, dass Arbeitslosigkeit in reicheren Gesellschaften *noch* unglücklicher macht als in Ländern, in denen die Zahl der Menschen ohne Beschäftigung schon hoch ist: Man vergleicht sich mit jenen, die Arbeit *haben*.

An dieser Stelle abermals ein Ausflug in die ökonomische Theorie, der zeigt, was die neue Glücksökonomie über die „alten" Theorien hinaus leisten kann, wenn man sie nur lässt. Anhand von Arbeitsmarktmodellen kann der ewige Streit von links und rechts besonders anschaulich verdeutlicht werden.

Neoklassische, konservative Ökonomen behaupten seit Beginn der wirtschaftswissenschaftlichen Forschung, dass es Arbeitslosigkeit eigentlich nicht geben kann. Vielmehr ist von einer kurzfristigen Sucharbeitslosigkeit die Rede, die sich von der Kündigung des bisherigen Arbeitsplatzes bis zum Arbeitsantritt an der neuen Stelle erstreckt. Alles darüber hinaus sei „freiwillige Arbeitslosigkeit". Der *Homo oeconomicus*, wir begrüßen ihn an dieser Stelle wieder sehr herzlich, bezieht eben aus dem Mehr an Freizeit und der Möglichkeit, irgendwann mehr verdienen zu können als in der eben aufgegebenen Stelle, einen höheren Nutzen als er durch den momentanen Einkommensverlust verliert.

Völliger Schwachsinn, formulieren überspitzt manche Keynesianer, oder sagen wir Ökonomen, eher links der Mitte. Löhne sind nicht so flexibel, dass sie auf die Probleme der Arbeitnehmer und Arbeitgeber so schnell reagieren können. Individuelle Arbeitslosigkeit führt zu einem eindeutigen Nutzenverlust, ist in fast allen Fällen schon gar nicht freiwillig und der Einkommensverlust kann nur zum Teil, etwa durch Arbeitslosengeld, entschädigt werden.

Was sagt nun die Glücksforschung?

Sie präsentiert Studien, die das Niveau des empfundenen Nutzens von Arbeitslosen mit dem von Beschäftigten vergleichen. (Frey, Frey-Marti 2010: 64ff)

Eine über 17 Jahre (!) hinweg erfolgte Befragung von Bürgern in der Europäischen Union (in ihren damaligen 12 Mitgliedsländern) bis Anfang der 1990er-Jahre hat ergeben, dass auf einer 4-Punkte-Skala (1 = sehr unzufrieden / 4 = sehr zufrieden) der Wert der Lebenszufriedenheit der Arbeitslosen um 0,33 Punkte gegenüber den Erwerbstätigen sinkt. Das mag auf den ersten Blick nicht viel erscheinen. Aber dennoch macht es einen Unterschied, ob ich mich bei 3,2 oder unter 2,9 sehe. Noch dazu, wo es laut Bruno Frey den Studienautoren gelungen ist, alle anderen Effekte als den Nutzenverlust durch Arbeitslosigkeit exakt herauszufiltern und Einflussfaktoren wie Erkrankung, Scheidung oder Sonstiges isoliert zu betrachten. Verglichen wurden also ausschließlich Menschen mit gleichen Charakteristika. Die Schweiz hat in den darauffolgenden Jahren (1992–1994) die gleiche Untersuchung gemacht, allerdings mit einer zehnteiligen Punkte-Skala. Das Ergebnis: Selbstständige Schweizer liegen bei 8,31 Punkten Lebenszufriedenheit, unselbstständig Erwerbstätige bei 8,21 Punkten und Arbeitslose bei nur 6,56 Punkten von 10 möglichen. Mittlerweile findet man Dutzende ähnliche Untersuchungen, wenn auch nicht über sehr lange Zeiträume. Aber alle ergeben ein Bild: Nichts reduziert das Wohlbefinden dramatischer als der Verlust des Arbeitsplatzes. Nicht einmal die Trennung von einem Partner.

Männer leiden dabei unter Arbeitslosigkeit stärker als Frauen. Menschen mittleren Alters leiden mehr als jüngere und ältere Menschen, hoch qualifizierte mehr als schlecht qualifizierte.

Höheres Einkommen macht glücklicher – aber nur bis zu einer bestimmten Höhe

So hat es schon Easterlin formuliert (siehe Kapitel über die Messung der individuellen Lebenszufriedenheit).

Institutionen machen glücklich – wenn sie funktionieren

Bruno Frey hebt in diesem Zusammenhang – für einen Schweizer nicht überraschend – vor allem die Vorteile der direkten Demokratie und den Föderalismus als „besonders glücklich machend" hervor.

Wussten Sie eigentlich, dass vom Ende des 18. Jahrhunderts bis knapp vor Ende des 20. Jahrhunderts, also über einen Zeitraum von fast 200 Jahren hinweg, weltweit nur 500 Volksabstimmungen abgehalten wurden – davon aber 300 allein in der Schweiz?

(Gute) soziale Beziehungen machen glücklich

Jetzt bewegen wir uns immer mehr weg von der Ökonomie. Und dennoch lassen es sich immer mehr Wirtschaftswissenschaftler nicht nehmen, sogar von einer „Ökonomie der Heirat" oder einer „Ökonomie der Scheidung" zu sprechen.

Diese teils sehr merkwürdigen Theorien gehen etwa davon aus, dass Ehepartner von der Spezialisierung und Arbeitsteilung profitieren. Und dass etwa der Gewinn pro Ehe umso größer ist, je mehr sich die Einkommen der Partner unterscheiden. Dabei ist für den Ökonomen unerheblich, ob der Mann oder die Frau das höhere Einkommen bezieht und wer eine mehr „nichtmarktwirtschaftliche" Tätigkeit ausübt. Ökonomisch wichtig sei nur ein in etwa ähnlicher Bildungsgrad. Das erleichtere den für das Leben so wichtigen Informationsaustausch. (Frey, Frey-Marti 2010: 112)

Die Lebenszufriedenheit nach zehn Jahren Ehe ist übrigens nicht größer als zehn Jahre vor einer Ehe. Nur rund zweieinhalb Jahre vor und ebenso lang nach der Trauung gibt es bei beiden Partnern ein signifikantes Hoch.

Anders bei der Scheidung. Schon zwei Jahre nach der Scheidung ist man angeblich glücklicher als zwei Jahre vor der Scheidung (und wohl schon in oftmaligem Streitzustand lebend).

Und weil wir gerade bei sozialen Beziehungen sind – dann, wenn nur noch sehr, sehr viel Fernsehen den gemeinsamen Abend bestimmt.

Der Glücksökonom sagt klar: Das korreliert negativ. Oder weniger wissenschaftlich ausgedrückt: Studien ergeben ein eindeutiges Bild – wer viel fernsieht, ist unglücklicher als jemand, der wenig fernsieht. Warum? Er oder sie ärgert sich über die entstandenen Opportunitätskosten. Was hätte ich doch anderes (Sinnvolleres) machen können, wäre ich nicht vor dem Gerät gesessen! Frey, Benesch und Stutzer sprechen von mangelnder Selbstkontrolle, die dazu führe, dass sich Menschen bezüglich Nutzen und künftigen Kosten nicht vernünftig für oder gegen Fernsehen entscheiden. Das treffe klarerweise Menschen, die noch im Arbeitsprozess stehen und ohnehin nur über wenig Freizeit verfügen, viel härter als Rentner. (Frey et al. 2007)

Viele Seiten sind geschrieben. Viel darüber, wie wir nicht sind, noch mehr über die vielen Versuche, uns zu vermessen. Und vielleicht stimmen die Ergebnisse ja auch in einem gar nicht so geringen Ausmaß. Wahrscheinlich wissen Soziologen, Ökonomen, Psychologen, ja vielleicht sogar Politiker tatsächlich mehr über das „Volk" und jede Einzelne und jeden Einzelnen von uns als je zuvor.

Und? Was jetzt?

Können Einzelne, Unternehmen und Staaten etwas aus der Neuen Ökonomie zwischen Verhaltens- und Neuroökonomie lernen?

Ja.

Und viele tun es bereits. Und sie werden immer mehr.

Wachsen aus glücklichen Menschen auch zufriedene Gesellschaften?

Was kann das „Ich" gegen Irrationalität tun?

Damit sind wir nun bei der Frage „Was tun?" gelandet. Es gibt grundsätzlich zwei Möglichkeiten. Entweder wir stupsen uns selbst an oder wir werden gestupst. Tatsächlich haben wir sogar mindestens drei Möglichkeiten, das englische Wort „nudge" zu schreiben.

Stupsen – schubsen (eher Umgangssprache) – schupsen (süddeutsch). Bleiben wir in diesem Buch bei schubsen bzw. dem Schubs. Was ist gemeint?

Es wäre doch schade und wenig „nutzenorientiert", würden wir all die Forschungsergebnisse über die Schwächen des Menschen einfach in der Wissenschaft liegen lassen und sie nicht in der Praxis erproben.

Ein Beispiel: Sie haben *ein* Sparbuch und *zwei* Wünsche. Auf dem Sparbuch liegen bereits 100.000 Euro. Es trägt den Titel „Neues Haus". Es ist noch für längere Zeit gebunden und Sie können im Schnitt mit 3 Prozent Ertrag pro anno rechnen.

Da aber eben ein zweiter Sohn auf die Welt gekommen ist, beschließen Sie, ein neues, größeres Familienauto zu kaufen. Kosten: 40.000 Euro.

In Ihrem Kopf kreisen die Gedanken: Jetzt wirklich das Haus-Sparbuch nur wegen des neuen Autos antasten? Nein! Dann schon lieber einen Kredit aufnehmen. Dieser kostet Sie zwar 6 Prozent pro anno. Aber Haus ist Haus und Auto ist Auto.

Die Mentale Buchführung

Was Sie eben gemacht haben, ist die sogenannte „Mentale Buchführung", die auf Richard Thaler (1980) zurückgeht. Gemeint ist eine Bewertung des im Haushalt vorhandenen Budgets, aber eben „im Kopf", ohne Computer, Papier oder Schreibstift, und so, dass es einem gar nicht wirklich bewusst ist, weshalb man manches so und nicht anders, „mental", schlichtet.

Empirische Untersuchungen zeigen eines klar: Der Mensch richtet sich sehr oft nicht nach ökonomisch-rationalen Normen. Das gilt übrigens insbesondere für Investoren, die jene Wertpapiere, die an Wert verloren haben, viel zu lange behalten und jene, die an Wert gewonnen haben, zu früh verkaufen. Dieses Verhalten lässt sich durch Mentale Buchführung erklären. Mit jedem Erwerb von Aktien „eröffnen" die Anleger ein neues Konto. Steigt der Aktienkurs, wird

186

der Anleger immer risikoscheuer und damit immer mehr bereit, die Aktien zu verkaufen. Umgekehrt ist es bei Kursverlusten, das Konto rutscht ins Minus. Jetzt regiert allerdings der Faktor „Hoffnung" und der Unwillen, Verluste zu realisieren. Das Motto: Aussitzen statt Ende mit Schrecken. Das kann sehr gefährlich werden.

Wie könnten wir uns „überlisten"? Nun, ein kleiner „nudge" wäre beispielsweise das Setzen von Verkaufslimits unmittelbar mit dem Kauf des Wertpapiers. Fällt ein Papier, das ich um 100 gekauft habe, um 20 Prozent, also auf 80, soll die Bank automatisch verkaufen. Mehr Geld *will* ich nicht verlieren. Natürlich muss das auch umgekehrt gelten. Erst wenn die Aktie auf 120 gestiegen ist, verkaufe ich und nicht früher.

Und genauso könnte es beim Kauf sein. Jetzt ist meine Lieblingsaktie (die ich immer schon haben wollte) auf 75 gefallen, noch vor Wochen war sie 100 wert. Jetzt kaufe ich – gewiss kann sie weiter fallen, aber automatische Limits zwingen mich zu handeln, statt zu zögern.

All das ist keineswegs neu; fast jeder Börsenteilnehmer handelt ohnehin so. Erklärt werden sollte nur die Funktionsweise eines „Schubses" an mich selbst.

Und im Fall des Sparbuches wäre es selbstverständlich weitaus vernünftiger, das Geld für das neue Auto vom „Haus"-Sparbuch abzuheben, statt einen Kredit aufzunehmen. Der entgangene Nutzen durch entgangene Sparzinsen ist selten so groß wie die hohen Kosten durch die Kreditaufnahme. Außer die Zinslandschaft gestaltet sich so, dass weder Sparen viel bringt noch Kredite viel kosten. Konsum mag in solchen Zeiten besser sein als Sparen. Doch nur, wenn ich regelmäßige Einnahmen erwarte. Konsumieren auf Permanent-Verschuldung – wir wissen, wohin das führt, egal ob im Haushalt, im Unternehmen oder im Staat.

Noch vernünftiger ist es, zwei Sparbücher anzulegen. Eines für langfristige Anschaffungen und mit längerer Laufzeit und eines für „mittelteure" Produkte.

Spaßkonten

Der Kreativität der Selbstüberlistung sind keine Grenzen gesetzt. Manche besonders lustige Buchautoren, darunter auch Universitätsprofessoren, empfehlen gar die Einrichtung eines „Spaßkontos". Darauf könnte jeden Monat ein bestimmter Betrag landen. Das Konto gilt aber als dauergesperrt. Bis zu einem bestimmten Tag X.

Dann mache ich das, was mir wirklich Spaß macht. Manche empfehlen zum Beispiel, jede Gehaltserhöhung auf dieses Konto zu legen. Mit dem Argument, bisher bin ich ja mit dem Gehalt auch ausgekommen, also kann ich die Erhöhung ruhig auf die Seite legen. Dabei sollte man allerdings die Geldentwertung nicht vergessen und wirklich nur den Zuwachs des Reallohnes anlegen. Den muss man allerdings zuvor erst einmal erhalten.

All das gilt natürlich nur für all jene, die sich solche „Späße" auch leisten können. Allein in Österreich sind 12 Prozent der Bevölkerung armutsgefährdet, das sind knapp eine Million Menschen. Sie verdienen 2012 gerade noch etwas mehr als 1000 Euro. Im Monat. Zwölf Mal. Einige deutsche Spitzenmanager bringen es auf exakt 1000 Mal so viel. Der bestverdienende unter ihnen auf 1500 Mal so viel.

Also: Kreativität rund ums Geld: ja! Aber leider nur für jene, die es sich leisten können.

Belohnung für Schwangerschaftsverhütung

Was soll denn das?, werden Sie fragen. Aber in North Carolina, zuerst in Greensboro, hat man einen derartigen Versuch unternommen.

Die „Belohnung" war folgendermaßen formuliert: Jedes Mädchen unter 16 Jahren, das schon eine sogenannte Teenager-Mutter *ist,* bekommt für jeden Tag, an dem es *nicht wieder schwanger* wird, einen Dollar. (Brown et al. 1999)

Die Ergebnisse waren nach fünf Jahren One-Dollar-Präventionsprogramm überwältigend. Obwohl die Rate bei Teenager-Müttern, die ein zweites Mal im Teenager-Alter schwanger werden, in North

Carolina bei über 50 Prozent liegt, waren es in Greensboro fünf Jahre später wegen dieses einzigen „Schubses" nur noch 15 Prozent. Dem Stadt-Budget tat es nicht weh, das Verständnis der Bevölkerung war groß. Wie immer man zu diesem „nudge" stehen mag, an Kreativität mangelt es ihm nicht.

Damit sind wir aber eigentlich schon bei den „Schubsen" von außen, also von Institutionen.

Wenn Unternehmen und Staaten Menschen „schubsen"

Dazu gibt es – das muss man an dieser Stelle sagen – Tausende wissenschaftliche und nicht so wissenschaftliche Publikationen und ein hervorragendes Buch. Es heißt schlicht und einfach „Nudge". Geschrieben vom US-Ökonomen Richard Thaler, den wir hier schon mehrmals erwähnt haben, und Cass R. Sunstein, einem Rechtswissenschaftler. Auf den Markt gekommen ist das Buch 2008 und in Deutsch auf dem Höhepunkt der Weltwirtschaftskrise 2009.

Die beiden Autoren haben nicht nur das Wort „nudge" ökonomisiert, sondern gleich noch eine weitere Wortkombination mit erfunden: die des „libertären Paternalismus".

Beide klären gleich zu Beginn des Buches den scheinbaren Widerspruch auf. Paternalismus, also die „Herrschaft des Vaters", in unserem Fall von „Vater Staat", hat ja grundsätzlich für kaum jemanden einen positiven Beigeschmack. Wie auch? Bedeutet doch paternalistisch, dass sich jemand in mein Leben einmischt, ohne dass ich das auf den ersten Blick möchte. Anders empfindet man diese „herrschaftlichen" Regelungen aber vielleicht dann, wenn man erkannt hat, dass mich diese Regelungen zwar in meiner persönlichen Freiheit ein wenig einschränken, dass sie aber gleichzeitig ein wenig „mehr" zum Wohle aller dienen. Vielleicht – empfindet man es so. Etwas wissenschaftlicher formuliert sollten diese Restriktionen für das Handeln Einzelner so gestaltet sein, dass ein allgemein akzeptables Ergebnis herauskommt.

Nur wenige halten etwa die Schulpflicht für zu paternalistisch; noch stärker akzeptiert sind Gesetze zum Schutz von Kindern und Jugendlichen; Sozialbestimmungen in Betrieben sind weitgehend breiter Konsens. Ebenso die gesetzliche Sozialversicherung, die Anschnallpflicht im Straßenverkehr, die Haftpflichtversicherung und Drogengesetze – alles Einschränkungen der persönlichen Freiheit und doch von einer breiten Mehrheit angenommen.

Und ist nicht auch die höhere Besteuerung von alkoholischen gegenüber alkoholfreien Getränken Paternalismus? Selbstverständlich. Genauso wie die Mineralölsteuer. Weniger Alkohol trinken, weniger Sprit verbrauchen – alles im Sinne der Allgemeinheit.

Dann findet sich aber noch eine weitere, milde Variante der Handlungsweisen von Vater Staat. Genannt wird sie „sanfter Paternalismus".

Das Ziel ist, eine mehr oder weniger Freiwilligkeit des Einzelnen in die vorgeschriebenen Regelungen einzubauen. Freiwillig und „vorgeschrieben" – wie passt denn das zusammen? Hier berühren wir den Bereich des oben angesprochenen „libertären Paternalismus". Libertär ist im deutschen Sprachraum nicht so geläufig. Im Kern ist eine Gesellschaft libertär, wenn alle die gleichen Rechte, die gleichen Freiheiten und die gleichen Vorstellungen von Eigentum haben.

Libertär heißt, in seinen Entscheidungen komplett frei zu sein. Wenn wir das mit dem Modell des Paternalismus kombinieren, kann als Kompromiss nur eine Variante entstehen. Ich biete als Vater Staat nicht eine, sondern mehrere Möglichkeiten für ein und dieselbe Sache an, und als Bürger darf ich „in völliger Entscheidungsfreiheit" eine davon auswählen. Sie sehen auf den ersten Blick die Unlogik dieses Systems. Was ist, wenn ich etwas völlig anderes will, als der Staat vorgibt? Und was ist, wenn der Staat etwas völlig anderes vorschlagen möchte, es aber nicht kann, weil er weiß, dass diese Variante ohnehin abgelehnt werden würde?

Doch darüber sehen sanfte und libertäre Paternalisten hinweg.

Ein neues Konzept ist geboren. Und: Es ist gar nicht das schlechteste!

Warum? Ein Beispiel aus einem US-Mittelbetrieb im Jahr 1998: „Erfunden" wurde das nun folgende betriebliche Pensionsversicherungsmodell von den US-Ökonomen Benartzi und Thaler. (Thaler, Sunstein 2009: 161ff)

Dieses Unternehmen ist, so wie alle mittleren und größeren Unternehmen, mit der „Trägheit" der Mitarbeiter konfrontiert, in eine betriebliche Pensionskasse einzuzahlen. Die Bereitschaft ist gering, vor allem bei jüngeren Arbeitnehmern. Wozu heute an die Altersvorsorge denken? Schließlich gäbe es noch das staatliche System und außerdem brauche man das Geld heute und nicht übermorgen. Und doch meldet sich das Bauchgefühl: Was ist, wenn der Staat bald nicht mehr kann, was, wenn ich im Alter krank werde und vielleicht viel mehr Geld brauche, als mir heute lieb ist (vor allem in den USA ein sehr vernünftiger Gedankengang)? Das heißt, dass die Ratio sehr wohl weiß, dass eine Erhöhung der Sparquote nicht schlecht wäre, doch der „Bauch" ist schwach. Und – denken wir an die Verlustaversion: Abzug des Sicherungsbeitrages vom Monatsgehalt – das tut einfach zu weh.

Genau hier setzt das „Save More Tomorrow"-Modell von Benartzi und Thaler (1999) an. Kürzen wir es im Folgenden mit S. M. T. ab. Beitragserhöhungen zur betrieblichen Pensionskasse werden erst dann fällig, wenn der Mitarbeiter eine Lohnerhöhung bekommt. Bei jeder Gehaltserhöhung (im Schnitt damals zwischen 3,25 und 3,5 Prozent) wird die Quote dessen, was vom Gesamteinkommen gespart wurde, um 3 Prozentpunkte erhöht.

Die Abbuchung dieses Betrages erfolgt automatisch. Wer seinen Gehaltszettel nicht Zeile für Zeile und Zahl für Zahl genau kontrolliert, bekommt das Ganze vielleicht gar nicht mit. Natürlich ist das eine Selbsttäuschung. Doch wer von uns lässt sich nicht gerne täuschen? Um einen besonders hinkenden Vergleich zu nehmen: Wir alle wissen, dass Filmstars *nie* so aussehen, wie sie uns von Fotos entgegenlachen, und gibt's mal einen Schnappschuss eines völlig ungeschminkten Models, sind wir – im besten Fall – irritiert.

Aber es funktioniert. Dort wie da.

Die Schönen faszinieren uns weiter, auch *nachdem* wir wissen, dass es eine ungeschminkte Wahrheit gibt, und die „geschminkten" Gehaltszettel stören uns auf den ersten Blick auch nicht weiter. Denn das Ergebnis ist umwerfend: 78 Prozent der Arbeitnehmer, die ihre bisherige Sparquote trotz Warnungen von Pensionsexperten überhaupt nicht erhöhen wollten, stimmen dem S.M.T.-Modell zu (und das sind in diesem Betrieb drei Viertel aller Arbeitnehmer).

Benartzi und Thaler führen aber auch aus, was sich in diesem Unternehmen drei Jahre später zeigt:

Gruppe 1

Sie hatten auf die neuen Warnungen der Pensionsexperten, dass alle Systeme ins Wanken geraten würden, wenn nicht jeder auch selbst mehr ansparen würde, überhaupt nicht reagiert. Sie blieben bei ihren ursprünglichen, vor den neuen Ansparmöglichkeiten fixierten sechs Prozent, die sie von ihrem Gesamteinkommen für später ansparten.

Gruppe 2

Sie nahmen die Warnungen ernst und erhöhten von ihren ursprünglich eingezahlten vier auf dann neun Prozent, blieben aber auf dieser Quote stehen.

Gruppe 3

Sie waren mit drei Viertel der Belegschaft die größte Gruppe und die mit der zu Beginn geringsten Sparquote von 3,5 Prozent. Vier Gehaltserhöhungen später lagen sie bei 13,5 Prozent. Schon ein Jahr später erreichten sie das Maximum von 15 Prozent. Mehr war in diesem Betrieb nicht erlaubt.

Das Beispiel machte nicht nur Schule. Es veränderte ein ganzes Land. Richard Thaler berichtet heute von 40 Prozent der US-Unternehmen, die ihren Mitarbeitern ein Modell der automatischen Beitragserhöhung anbieten.

Noch besser funktioniert das System, wenn der Arbeitnehmer nichts tun muss. Er nimmt automatisch am Save-More-Tomorrow-Programm teil und müsste erst aktiv austreten.

Und was muss der Staat machen? Zunächst nichts *gegen* derartige Systeme unternehmen! Und dann Anreize schaffen, damit möglichst viele Unternehmen bei Programmen zur Sicherung des Wohlstandes im Alter mitmachen können.

Um es stark verkürzt zu formulieren: Wenn diese Unternehmen auch noch vom Staat finanziell unterstützt werden, wenn sie neue Ansparmodelle zur Sicherung der Pensionen anbieten, dann sind wir beim „sanften", wenn auch nicht ganz „libertären" Paternalismus angelangt.

Eine genaue Unterscheidung ist in der Literatur nicht, oder wenn dann zu schwierig, zu finden. Versuchen wir es deshalb selbst.

Zum Beispiel anhand eines Schulbuffets, indem wir ein ähnliches Beispiel aus „Nudge" etwas adaptieren.

Nehmen wir an, ein Selbstbedienungsbuffet in einer Schule, eigentlich kann es sich auch in einem Betrieb befinden, bietet rund zehn verschiedene Möglichkeiten eines Imbisses / Snacks, einer Jause / Brotzeit (wie immer Sie, lieber Leser, in Ihrer Region dazu sagen, wenn Sie Hunger „zwischendurch" haben).

Paternalismus

Alles Süße und Ungesunde (etwa mit sehr hohem Fettgehalt) kommt weg und darf nicht mehr auf den Tisch. Übrig bleiben Salat, Gemüse, Obst, Fisch (ohne Panier) usw.

Libertärer Paternalismus

Alles bleibt am Tisch. Nur die Reihenfolge wird bestimmt. Der Salat am Anfang des Buffets. Dann wird's immer ungesünder. Ganz hinten die Kalorienbomben.

Sanfter Paternalismus

Auch hier zuerst der Salat – und ganz hinten die Torten. Aber – noch ein kleiner Schubs dazu: Vor jedem Imbiss steht ein kleines Kärtchen mit Kalorienangaben pro 100 Gramm.

Freier Markt

Alles ist am Tisch: das Teuerste ganz vorne, das Günstigste ganz hinten.

Beim sanften oder libertären Paternalismus ist die Freiwilligkeit der Entscheidungen von Bedeutung. Die Entscheidungsarchitekten, wie sie Thaler und Sunstein nennen, geben nur mehr oder weniger sanfte Schubse in eine gesellschaftlich gewünschte Richtung. In diesem Fall in Richtung eines gesünderen Lebens.

Sind wir nicht selbst auch so, dass wir gerne schubsen? Was geben Sie einem offensichtlich mittellosen Menschen auf der Straße lieber, eine Wurstsemmel, die sie eben gekauft haben, oder zwei Euro? Vermutlich die Wurstsemmel. Dann wissen Sie zumindest, dass er die zwei Euro nicht zu Alkohol machen kann. Aber bedeutet das nicht, dass wir einem armen Menschen, wenn wir ihm schon etwas geben, vorschreiben, wie er Geld zu verwenden hat? (Kirchgässner 2012)

Wichtig beim Paternalismus in seiner sanften oder libertären Form ist das Ziel, dass die Maßnahmen auch Dritten zugutekommen. Das hat auch John Stuart Mill vor mehr als 150 Jahren so gesehen:

„Wenn anerkanntermaßen Kindern und Minderjährigen Schutz gegen ihre eigene Unreife gebührt – ist die Gesellschaft nicht ebenso verpflichtet, ihn Personen in reifem Alter zu leisten, die genauso wenig zur Selbstbeherrschung fähig sind? Wenn die Spielwut, die Trunksucht, die Unmäßigkeit, Müßiggängerei und Unreinlichkeit ebenso der menschlichen Wohlfahrt schädlich und dem Fortschritt hinderlich sind wie viele oder die meisten der gesetzlich verbotenen Handlungen – warum, so könnte gefragt werden, sollte nicht das Gesetz, soweit das angemessen erscheint, auch deren Unterdrückung sich zum Ziel setzen?" (Mill 1967: 219)

Aber der englische Philosoph und Ökonom bleibt dabei, so die Präzisierung durch den Ökonomen Kirchgässner, dass hier staatliche Eingriffe nur dann gerechtfertigt sein können, wenn Interessen Dritter im Spiel sind:

„Sobald irgendein Teil der Handlungsweise eines Menschen die Interessen anderer nachteilig berührt, erhebt die Gesellschaft den grundsätzlichen Anspruch, über ihn zu richten. Ganz anders aber liegt der Fall, wenn die Handlungsweise eines Menschen nur seine eigenen Interessen berührt oder zwar die Interessen anderer, aber mit deren Zustimmung (wobei vorausgesetzt wird, dass diese Personen großjährig sind und den normalen Menschenverstand besitzen). In diesen Fällen sollte völlige Freiheit herrschen, gesetzliche wie gesellschaftliche, die Tat zu unternehmen und ihre Folgen zu tragen." (Ebenda: 213)

Zur Ehrenrettung des staatlichen Paternalismus muss gesagt werden, dass auch hier zwei Versionen unterschieden werden können.

Die harte Version heißt Gebot oder Verbot: Höchstgeschwindigkeiten im Straßenverkehr oder Verbot von Drogen. Aber auch Vater Staat hat eine weiche Seite: Denken wir nochmals an die Betriebskantine und etwa an Alkohol. Hier arbeitet der Staat mit Steuern. Alkoholische Getränke werden höher besteuert als andere. Zigarettensteuern sollen den externen Kosten, die zum Schaden der Gesellschaft (mehr Erkrankungen) entstanden sind, entgegengesetzt werden. Und Mineralölsteuern versuchen das Verkehrsaufkommen einzudämmen.

Apropos Zigaretten – folgende Idee der Ökonomen Donoghue und Rabin wird zwar unter „Sanfter Paternalismus" verbucht, scheint aber doch eher eine Mischung von hart und sanft zu sein. Grundsätzlich solle der Kauf von Zigaretten verboten sein. Nur wer eine Lizenz zum Kauf habe, wobei der Preis sehr hoch liegen sollte (zum Beispiel bei 5000 Dollar), dürfe eine hohe Zahl an Packungen erwerben. (2003, als dieser Vorschlag in der wissenschaftlichen Publikation „American Economic Review" erschienen war, hatte man für 5000 Dollar noch 2500 Zigarettenpackungen bekommen.) Die Zigaretten wären laut diesem Modell steuerfrei. Süchtige Raucher würden gegenüber dem heutigen Besteuerungssystem keine Nachteile erleiden. Aber die Schwelle, mit dem Rauchen zu beginnen, läge deutlich höher. Hauptproblem dieser Idee: Der Schwarzmarkt würde wohl noch mehr blühen. Aber das Prinzip des sanften / libertären Paternalismus wäre eingehalten:Niemand wäre schlechtergestellt worden (bisherige Raucher), aber die Gesellschaft würde mittelfristig gesünder werden (weniger Neo-Raucher).

Was ist aber, wenn Staat und Marktwirtschaft aufeinanderprallen? – Und damit nochmals zurück zum Wunsch des Staates, das Problem Übergewicht in den Griff zu bekommen. Aber diesmal nicht in der Betriebskantine, sondern im Supermarkt. Vater Staat hätte wieder gerne die Salate ganz vorne und die Süßspeisen gut versteckt. Der Firmenchef sieht das aber gar nicht so. Je teurer, desto auffälliger platziert, ist sein – verständlicher – Zugang. Also Hochpreisiges vorne und der grüne Salat nach hinten.

Paternalismus ginge nur noch über gesetzliche Anordnungen, von sanft wäre dann keine Spur mehr. In allen öffentlich betriebenen Gaststätten oder auch in Mensen könnte man hingegen sehr wohl „sanft" damit umgehen.

Will jemand rauchen, Torten essen, nicht für sein Alter vorsorgen, wenig Sport treiben, aber viel Bier trinken, dann werden alle Schubsversuche am vermutlich schweren Mitbürger abprallen. Und das soll dann auch so sein. Wer nicht will, soll nicht müssen. Staatliche Lebensstil-Programme sind nicht das, was wir wollen. Pflichtversicherungen bei Risikosportarten scheinen hingegen durchaus überlegenswert.

Und wenn liberale Ökonomen dieses Kapitel bis hierher gelesen haben, gilt es ohnehin nur noch „Danke" zu sagen. Es muss furchtbar gewesen sein.

Kredite, Hypotheken und Wahrheit

Auslöser der zweiten Weltwirtschaftskrise 2008 / 2009 waren abenteuerliche US-Kreditpakete bzw. Forderungen, die in verschiedene Klassen gestückelt und in die ganze Welt verkauft wurden. Zahlreiche Bücher sind mittlerweile erschienen, die die Entstehungsgeschichte dieser „Giftpapiere", wie man sie später nannte, zu rekonstruieren versuchten. Letztlich scheiterten fast alle. Die besten Mathematiker der Welt hatten sie ausgetüftelt und waren dafür von den Bankenkonzernen sehr, sehr gut bezahlt worden. „Dumm nur, dass die meisten Beamten in den Finanzministerien der Länder nicht annähernd so gescheit sind wie diese jungen Mathematikgenies und ihre unglaublichen Finanzprodukte", meinte Kurt Rothschild mit seinem typisch verschmitzten Lächeln in unseren stundenlangen Gesprächen im Jahr 2009. Dumm sei dies deshalb, weil sie ihren Finanzministern und Regierungschefs schwer die Regulierung oder gar das Verbot bestimmter Finanzkonstruktionen empfehlen können, wenn sie sie selbst kaum verstehen. (Bürger, Rothschild 2009)

Bis heute ist das Angebot an sogenannten „Hypothekendarlehen" (die jahrzehntelang recht einfach zu verstehen waren) unübersichtlich und teils komplex geblieben. Fixe (bzw. „feste" Zinssätze, wie man in Deutschland sagt) oder variable Zinssätze, verschieden lange Laufzeiten, Kredite, bei denen man nur die Kreditzinsen zurückzahlen muss – im Ernstfall ist eben das auf diese Art finanzierte Haus wieder weg. Und, und, und … Da sprechen wir aber noch gar nicht von Moral und Ethik. Denn manche Kreditinstitute verlangen von Afroamerikanern höhere Zinsen als von weißen Amerikanern, ebenso von weniger Gebildeten gegenüber Gebildeteren.

Die Formulierungen diverser Kreditverträge, die sich meist über mehrere Seiten erstrecken, verleiten viele Kreditnehmer, irgendwann aufzugeben und einfach zu unterschreiben. Wo steckt die „bittere Wahrheit"? Habe ich etwas übersehen? *Nach* der Unterschrift ist *vor* der Ernüchterung.

Ist in allen diesen Fällen ein staatlicher „Schubs" überhaupt möglich?

Hier stoßen wir dann doch auf die Ideologie. Rechte Ökonomen warnen trotz der Billionen Dollar, die in diesem hochriskanten Markt der Finanzprodukte unterwegs sind, vor Einschränkungen oder gar Verboten durch den Staat. Linke Ökonomen zeigen sich angesichts dieser ungebrochenen Marktgläubigkeit fassungslos: Wenn nicht jetzt, nach diesen weltbewegenden Lehrbeispielen für uferlosen Kasino-Kapitalismus, wann dann klare Verbote von bestimmten Produkten?

Und was sagt der sanfte Paternalist? Er meint: „Schwierig, aber lösbar." Man müsse das Problem der „alternativen Preise" eines Kredits knacken. Es klingt banal, aber Thaler und Sunstein fordern in ihrem Buch „Nudge" eine Art Auflistung der Kosten. Getrennt in die Kategorien Gebühren und Zinsen. Oder – noch besser: Gebühren werden verboten, womit sich der Schuldner allein auf die Zinssätze konzentrieren kann. Inklusive Zeitplan, wann welche Zahlungen anfallen. (Thaler, Sunstein 2009: 190) Und Thaler und Sunstein fordern auch eine niedergeschriebene „maximal höchste Rate", wenn die Konstruktion des Hypothekardarlehens so aufgebaut ist, dass die Raten im Laufe der-Jahre immer stärker ansteigen.

Und – all das sollte online gestellt werden. Das würde es Experten erlauben, sozusagen online die Qualität der Kreditgeber zu überprüfen, was in der Tat besonders schwarze Schafe wohl sehr rasch ins WWW-Rampenlicht stellen würde.

Im wissenschaftlichen Artikel „Nudge as Fudge" (2011) warnt die Rechtsprofessorin Karen Yeung. „Schubs als Manipulation" könnte man ihren positiv kritischen Artikel interpretieren, in dem sie zwar die Verdienste von Thaler und Sunstein lobt, aber dennoch auch befürchtet, dass Menschen zu sehr manipuliert werden. Klar positiv äußert sich der Nobelpreisträger für Ökonomie aus dem Jahr 2002, Daniel Kahneman, über „Nudge" – nicht wirklich überraschend, hat

Kahneman doch jahrelang mit Thaler und Sunstein zusammengearbeitet. Dazu kommt, dass Kahneman, dessen Buch „Schnelles Denken, langsames Denken" erst 2011 (und auf Deutsch 2012) erschien, wie schon an anderer Stelle erwähnt Psychologe ist. Er unterstützt die Idee einer eindeutigen Informationspflicht für bestimmte Branchen.

Denn der *Homo oeconomicus* würde möglicherweise tatsächlich auch alles noch so klein Gedruckte in Kreditverträgen lesen. Wir könnten ihn „ökonomischen Pedanten" nennen. Doch was macht der „träge Bauchmensch"? Vermutlich würde er schneller unterschreiben als der gut recherchierende Genauigkeitstyp. Für ihn sei eine „groß" gedruckte und klar verständliche, übersichtliche Produktinformation unerlässlich. Kahneman vermutet, dass Firmen, die Verträge so gestalten würden, dass Kunden ohne gründliches Durchlesen routinemäßig unterzeichnen, offensichtlich wichtige Informationen zu verbergen hätten. Die Annahme sei schädlich, dass Kunden keinen Schutz bräuchten, sofern sichergestellt ist, dass alle relevanten Informationen offengelegt würden. „Es ist ein gutes Zeichen, dass einige dieser Empfehlungen (Anm.: von Thaler / Sunstein in „Nudge") auf den entschiedenen Widerstand von Firmen gestoßen sind, deren Gewinne vielleicht geschmälert würden, wenn ihre Kunden besser informiert wären. Eine Welt, in der Firmen miteinander konkurrieren, indem sie bessere Produkte anbieten, ist einer Welt vorzuziehen, in der jene Firma die höchsten Gewinne macht, die sich am besten auf Verschleierung versteht." (Kahneman 2012: 511f)

„Nudges" setzen sich mittlerweile weltweit durch. Denken Sie an Ihre Energieabrechnungen, in denen Sie genau erfahren, was „grün" und was weniger grün ist. Sie können Anbieter wechseln. Sie können aufgrund detaillierter Übersichten ihre Verbrauchsmethoden ändern und, und, und. Aber natürlich finden sich im Schubs-Taumel auch viele Alibiaktionen. Seitenlange Produktinformationen vom Strom bis zum komplexen Wertpapier. Man habe schließlich auf alles hingewiesen, worauf man nur hinweisen könne. Und allein in der Flut der Informationen, die per Post, E-Mail, SMS, Facebook, Fernsehen,

Radio, Plakat und Gebrauchsanweisung in den Haushalt strömen, bleibt der völlig überforderte, potenzielle Konsument, der nebenbei auch noch Mensch ist, über. Da hilft nur Rückzug. Was *brauche* ich? Was *leiste ich mir* darüber hinaus? Was *will* ich? Informationen über Produkte, die über diesen Rahmen der persönlichen Bedürfnisse, Wünsche und vielleicht noch Sehnsüchte hinausgehen, sollten sperrfähig sein. So wie das Schild auf der Haustür „Keine Reklame". Der Posteingang-Ordner besteht – trotz Spam-Filter – zu 90 Prozent aus Mist. Muss denn das so sein?

Schubs in ein besseres Leben

Welch hochtrabenden Worte! Und dennoch: An manchen „Nudges" ist schon was Lebensverbesserndes dran. Bis hin zu mehr Möglichkeiten zur Lebens*rettung.*

Kehren wir aber zuvor nochmals zum Energieverbrauch zurück – und an dieser Stelle auch zu einem Ärgernis, das die Recherchen für dieses Buch immer wieder begleitet. Man muss schon sehr, sehr lange suchen, um in manchen Fällen auf die wahren „Erfinder" bestimmter Methoden zu stoßen. Leider sind offenbar auch weltberühmte Ökonomen nicht immer willens gewesen, den echten Ideenlieferanten zu eruieren. Ein Beispiel ist jenes aus dem Energiesparbereich. In nahezu allen Publikationen, die in den letzten Jahren erschienen sind, wird der Wissenschaftsjournalist Clive Thompson als „Erfinder" der „Energy Orb", einer kleinen glühenden Kugel, die den Energieverbrauch im Haushalt in den prächtigsten Farben verrät, angeführt.

Die intelligente Leuchtkugel

Dabei war es 2007 der Kraftwerksmanager Mark Martinez (von Clive Thompson selbst übrigens sehr wohl zitiert), der in der Southern California Edison Power Company eine wunderbare Idee hatte, als auch er merkte, dass unzählige automatisierte SMS, E-Mails und

Anrufe an die Stromkunden null Einfluss auf den Energieverbrauch der Haushalte hatten. Er stellte jedem der 120 Haushalte eine gläserne Leuchtkugel zur Verfügung, die rot leuchtete, wenn die Energiekosten zu stark gestiegen waren, und die zu Grün wechselte, wenn sie unter einen bestimmten Wert gesunken waren. Und siehe da, in Spitzenverbrauchszeiten, als die Menschen plötzlich Rot sahen, drosselten sie innerhalb weniger Wochen den Verbrauch um 40 (!) Prozent. Martinez begründete den Erfolg mit sehr interessanten Argumenten. SMS, E-Mails, Anrufe ... all das sei lästig. Eine Kugel leuchte unauffällig vor sich hin. Ab und zu würde ich sie betrachten (am besten also nicht im Wohnzimmer aufstellen!) und plötzlich sage sie mir: „Hey du, dreh mal die zehn Lichter ab, die dein Haus als sinnlose Festbeleuchtung zeigt!"

Und plötzlich registriere der Mensch, dass er es eigentlich mit einem Dauergast zu tun habe. Nur sei der eben *unsichtbar*. Der Gast „Strom". Und wem fällt schon ein unsichtbarer, sprachloser Gast auf? – Also kann ich mit ihm auch verschwenderisch umgehen.

Aufgedrehte Leuchtkörper, angesteckte Ladegeräte, auf „Betrieb" gestellte elektronische Geräte – „das Böse ist immer und überall", singt die österreichische Band EAV (Erste Allgemeine Verunsicherung). Und so sind die bösen Stromfresser in US-Haushalten für ein Viertel des gesamten amerikanischen Energie-Appetits verantwortlich.

Wenn Sie nun denken, so was will ich auch, dann ist das gar nicht so einfach. Warnende Leuchtkugeln scheinen tatsächlich noch nicht allzu weit verbreitet zu sein. Man findet zwar mittlerweile einen recht hübsch anzusehenden „Wattson Energy Monitor" einer Design-Firma – aber wirklich durchgesetzt haben sich bis zum jetzigen Stand derartige Strommessgeräte nicht.

Jedenfalls können diese kabellosen Messgeräte an das entsprechende Stromkabel geklippt werden, und in diesem Augenblick wird der aktuelle Verbrauch angezeigt. Das Gerät beginnt zu leuchten; die Anbieterfirmen werben damit, dass dies besonders „stylish" aussehen soll. Geleuchtet wird in drei Farben: Blau bedeutet, dass weniger als normal verbraucht wird, Violett entspricht einem durchschnittlichen Verbrauch und Rot dient als Warnfarbe für die ganz bösen Stromfresser, heißt es in der Produktinformation.

Der Zauber des Ganzen: Ein unsichtbarer Gast wird sichtbar gemacht. So einfach kann ein „Nudge" sein.

Übrigens hat die Energiekugel einen Vorgänger, der offenbar die Basis für die Erfindung dieses Geräts gelegt hat. Eine Art Aktienkurskugel, damit in die Wertpapier-Anlagen der Menschen mehr Farbe kommt. Leuchtet die Kugel blau, sind die Aktien gestiegen, wird sie rot, sind sie gefallen. Untersuchungen zeigen angeblich, dass Anleger mit Kugel deutlich besser abgeschnitten haben als andere. Allerdings bestehen hier doch große Zweifel. In Zeiten, in denen Finanzprodukte in Sekundenbruchteilen 24 Stunden lang weltweit gehandelt werden, müsste die Kugel wohl ohne Pause vor dem Auge des spekulierenden Betrachters hängen.

Nun aber doch noch zu Clive Thompson, dessen weiterführende Ideen durchaus als seine eigenen bezeichnet werden können. 2007 schreibt er: „Wie wäre es, wenn wir *unseren* persönlichen Energieverbrauch für *jeden* sichtbar machen? Stellen Sie sich vor, Ihr täglicher Energieverbrauch wäre etwa Teil Ihrer Facebook-Seite: Sie würden härter an Ihrem Energie-Verhalten arbeiten, damit Sie vor Ihren Kollegen nicht wie ein Esel dastehen."

Auch dabei würde das zuvor beschriebene Messgerät helfen. Denn die Daten könnten an eine Webseite geliefert und so weltweit mit denen anderer Nutzer vergleichbar gemacht werden. „Du Stromsünder!", würde wohl hie und da geschrieben stehen, was Clive Thompson als durchaus wünschenswert erachtet. Dem gläsernen Menschen kommen wir dadurch allerdings auch einen entscheidenden Schritt näher, weil selbstverständlich die Lebensgewohnheiten der Menschen immer genauer nachvollzogen werden können. Überdies erhalten Anbieter völlig anderer Produkte wertvollste Anhaltspunkte für gezielte Werbung. „Ist aufgrund des gemessenen Energieverbrauchs offenbar oft im Schlafzimmer – braucht also neue

Pyjamas" – oder natürlich auch völlig andere Ideen könnten Herstellern da einfallen.

Etwas anders verhält es sich beim sogenannten „Smart Meter".

Obwohl die weltweit anerkannten Wissenschaftler in „Nudge" diesen intelligenten Strom- oder Gaszähler ebenfalls als geeigneten sanften Schubs eines Konzerns oder auch Staates in eine „gesamtwohl-gewünschte" Richtung bezeichnen, sind Zweifel berechtigt. Denn die Vertreter des libertären Paternalismus werden nicht müde, zu betonen, dass eines der Grundprinzipien ihres verhaltensökonomisch motivierten Denkens die Freiwilligkeit ist. Was aber, wenn derartige Smart Meter eingebaut werden *müssen*? Widersprechen sich da die Wissenschaftler nicht selbst? Allerdings prophezeien sie etwa für Europa schon 2007 einen völlig richtigen Trend: 2012, also fünf Jahre später, würde in Europa schon jede vierte Stromrechnung von einem derartigen Gerät erstellt werden. Und tatsächlich sind einige Millionen bereits installiert, doch zunächst nochmals zurück zur Definition. Ein Smart Meter soll dem Energiekunden den tatsächlichen Verbrauch und die wahre Nutzungszeit anzeigen. Und smart, also intelligent, sind sie nur dann, wenn zumindest ein Mikroprozessor im Spiel ist, also ein kleines elektronisches Bauelement, auch als „Chip" bekannt. Bei Großkunden sind sie schon seit den 1980er-Jahren im Einsatz, in privaten Haushalten erst seit 2010. Die Daten werden automatisch an das Energieversorgungsunternehmen übertragen. Natürlich kann auch der Verbrauch von Wasser oder Wärme „smart" gemessen werden. Die EU hat 2006 beschlossen, dass letztlich alle Kunden (Strom, Erdgas, Fernwärme, Warmwasser) individuelle Zähler erhalten sollen. Mindestens aber 80 Prozent der Stromkunden bis 2020.

Das Grundziel wäre natürlich, generell den Spitzenverbrauchszeiten auszuweichen, also etwa die Wäsche in Nebenzeiten zu waschen. Tarife können der individuellen Stromnutzung angepasst werden. Wochenendtarife, Ferienhaustarife, Singletarife oder spezielle Tarife für Betreiber von Wärmepumpen – alles ist möglich. Die

Abrechnung kommt nicht mehr nur jährlich, sondern in deutlich kürzeren Intervallen, etwa vierteljährlich über ein Webportal mit verständlich aufbereiteten Informationen. Der Kunde kann viel schneller reagieren. Viele Studien zeigen, dass der Energieverbrauch in Haushalten durch „Smart Metering" um rund drei Prozent gesenkt werden kann.

Bei allen Vorteilen – ein wirklicher „Nudge" ist das wie gesagt nicht. Die digitalen Stromzähler werden Pflicht. In Österreich bis 2019.

Und schon regt sich Widerstand. Kritisiert wird die fehlende Wahlfreiheit, sowohl was die Einführung und die Wahl der Zähler als auch Aspekte wie Datenübertragung und Tarife betrifft. Und noch ein Aspekt: Wer nicht zahlt, dem kann künftig ganz smart und zwar sofort per sogenannter „Fernabschaltfunktion" der Strom abgedreht werden.

Und da die Daten im 15-Minuten-Intervall aufgezeichnet werden sollen, ist der gläserne Energiekunde tatsächlich erschaffen. Duschen, Fernsehen (über verschiedene Lichtintensitäten der gesendeten TV-Programme sind angeblich sogar zum Teil Informationen auf die TV-Inhalte möglich), Staubsaugen – was und wann ... nur „wer" ist noch offen.

Fassen wir also zusammen: Sanfte Nudges sehen ein wenig anders aus, im Fall der Smart Meter sind es eher Rempler. Wohl nicht zufällig wollen die Energieversorger in Österreich und Deutschland den Energiekunden in die Entwicklung des digitalen Riesenprojekts einbinden und, wie sie selbst sagen, eine „sozial verträgliche" Vorgangsweise bei der Auswahl der Smart Meter treffen.

Eine Ökonomie des Organspendens

Es ist ein harter Übergang, aber ja, auch so etwas gibt es. Ist das System klug und dennoch moralisch und ethisch vertretbar, kann es tatsächlich Leben retten.

Unabhängig davon, ob man die Vorgangsweise mit seinem moralischen Gewissen vereinbaren kann, sprechen die nackten Zahlen eine klare Sprache. In Ländern, in denen zu Lebzeiten per Organspendeausweis einer Organentnahme schriftlich zugestimmt werden muss (Zustimmungslösung), haben wir eine geringe Zahl von Organspendern. In Deutschland nicht einmal 0,2 Prozent der Verstorbenen, wobei im bevölkerungsstärksten EU-Land generell nur Personen für eine Organspende infrage kommen, die am Hirntod verstorben sind – das sind 4000 Menschen im Jahr. Anfang 2012 warten in Deutschland etwa 12.000 Menschen auf ein lebensrettendes Organ, meist auf eine Niere – viele vergeblich. Täglich sterben drei Patienten, die auf einer Spender-Warteliste eingetragen sind. Wegen dieses drastischen Mangels an Spenderorganen gilt in Deutschland ab 1. November 2012 die sogenannte Entscheidungslösung. Jeder Bürger, der älter als 16 Jahre alt ist, muss sich dann in einer aktiven Weise mit dieser schwierigen Frage beschäftigen. Und zwar regelmäßig. Die Krankenkassen werden Briefe schicken mit Fragen zur Spende-Bereitschaft, ein Spendeausweis liegt bei. Das deutsche Gesundheitsministerium hofft vor allem aus einem Grund auf eine deutlich höhere Bereitschaft zur Organspende: Zwar akzeptieren die Krankenkassen, wenn sich die Deutschen zu einem bestimmten Zeitpunkt nicht entscheiden wollen, aber es wird nicht lockergelassen, wie es der zuständige Minister einmal formuliert hat.

Derzeit gilt aber noch die sogenannte Zustimmungslösung. Liegt keine Zustimmung vor, können die Angehörigen über eine Entnahme entscheiden. Entscheidungsgrundlage ist der ihnen bekannte oder der mutmaßliche Wille des Verstorbenen.

In Ländern, in denen man zu Lebzeiten einer Organspende nach dem Tod nicht ausdrücklich widersprochen hat (Widerspruchslösung), haben wir eine außerordentlich hohe Zahl von möglichen Organspendern (Österreich: 99 Prozent). In einigen Ländern haben die Angehörigen ein Widerspruchsrecht.

Land	Widerspruchslösung	Zustimmungslösung
Österreich	✓	
Belgien	✓	
Dänemark		✓
Deutschland		✓ (bis 1. 11. 2012, danach: Entscheidungslösung)
Finnland		✓
Frankreich	✓	
Griechenland		✓
Italien	✓	
Niederlande		✓
Norwegen		✓
Portugal	✓	
Schweden	✓	
Schweiz		✓
Spanien	✓	
Tschechien	✓	
Ungarn	✓	

Abbildung 30: Gesetzliche Regelungen für die Entnahme von Organen zur Transplantation in Europa

Rund 16.000 Menschen warten 2012 in Europa auf eine Organspende. Mit dem Schubs in Richtung Widerspruchslösung könnten viele Menschenleben gerettet werden.

Klingt unangenehm kühl und sachlich, ist aber dennoch Realität. Wachsen aus glücklichen Menschen auch zufriedene Gesellschaften? Sie *müssen* es. Was hätten denn sonst Wirtschaft und Wirtschaften für einen Sinn? Und hier greifen wir nochmals weit zurück – zu John Stuart Mill, einem der großen liberalen Denker des 19. Jahrhunderts. Man „muss" danach trachten, nicht den eigenen, sondern den Nutzen für das Ganze zu maximieren. (Mill 2009)

1861 schreibt dieser Mann sinngemäß: Wenn der Teil, den ich von meinem Wohlstand abgebe, den Nutzen eines anderen Menschen dadurch mehr erhöht als er meinen Nutzen vermindert, dann muss ich auf diesen Teil auch verzichten.

Wenn ich also einem Arbeitskollegen mein Auto borge, damit dieser seine erkrankte Frau ins weit entfernte Spital bringen kann, *muss* ich ihm mein Auto borgen, auch wenn ich an diesem Tag dreimal so lange nach Hause brauche, weil Straßenbahn und Bus zu nehmen sind. Ob Mill wohl mit diesem banalen Beispiel einverstanden gewesen wäre?

Bei Mill begegnen wir wieder der Freiwilligkeit. Die Abgabe eines Teils des eigenen Wohlstandes habe natürlich freiwillig zu erfolgen, schreibt der englische Philosoph und Ökonom.

Eines scheint klar: „In vielen Fällen ist es schlichtweg unmöglich, *nicht* irgendeine Art von Nudge zu geben. Darum ist es weltfremd, vom Staat zu verlangen, sich einfach herauszuhalten. Es gibt auch kein Gebäude ohne Architektur." (Thaler, Sunstein 2009: 310)

Arbeitslosigkeit – gibt's die?

Arbeitslosigkeit ist ein besonders heikles Kapitel der Ökonomie – würden Ökonomen sagen. Vor allem jene, die dieses Kapitel am besten gar nicht aufschlagen. Was geht den Staat die Arbeitslosigkeit an?, fragen die Klassiker, Neoklassiker und Neoliberalen seit bald 250 Jahren: Arbeit wird in privaten Unternehmen geschaffen und nicht durch den Staat. Die Frage ist nur, warum *gibt* es dann Arbeitslosigkeit? Weil sich der Staat zu viel eingemischt und das Gleichgewicht der Märkte gestört hat, ist die Antwort vieler Ökonomen. Was für ein Unsinn – das Ungleichgewicht ist erst durch die Märkte entstanden und der Staat *muss* die Suppe auslöffeln, bevor Massenarbeitslosigkeit entsteht, entgegnen die Keynesianer.

Wer recht hat, steht in diesem Buch nicht im Vordergrund – hier soll nur festgestellt werden: Es gibt sie – diese Arbeitslosigkeit. Und sie macht unglücklich.

Wenn nun der Staat – und das ist die Grundthese dieses Buches – danach trachten soll, nicht nur das Bruttoinlandsprodukt zu steigern, sondern den an dessen Entstehung Hauptbeteiligten, den *Menschen*, glücklich zu machen, dann gilt es umzudenken. Wenn Länder von Bhutan über Frankreich und Großbritannien bis hin zu Deutschland immer mehr auch das Bruttoinlands*glück* im ökonomischen Auge haben, dann haben Arbeitslosigkeit und Staat sehr wohl viel miteinander zu tun. Denn dann *muss* sich die Politik um die Menschen kümmern und vor allem darum, dass diese in ihrem Leben noch einen Sinn sehen.

Folgende These sei vorausgeschickt: Arbeit haben macht glücklich. Keine Arbeit haben macht unglücklich.

„Unglücklich mehr als alles andere", sagt etwa der weltbekannte Schweizer Ökonom Bruno Frey. Er begründet seine „völlig eindeutige Haltung in dieser Frage" folgendermaßen:

„Regierungen müssen uns die Möglichkeit geben, glücklich zu werden. Die Ausgestaltung liegt dann bei uns selbst. Das bedeutet etwa, junge Leute müssen die Möglichkeit haben, einen vernünftigen Job zu kriegen. Und wenn 50 Prozent Jugendarbeitslosigkeit wie etwa derzeit in Spanien oder Griechenland herrschen, hat die Regierung eben die Aufgabe nicht erfüllt. Natürlich kann man die Unternehmen im eigenen Land nicht zwingen, Beschäftigte aufzunehmen, aber man kann durch Lockerung oder Veränderung der bürokratischen Einschränkungen schon sehr viel machen. In Spanien zum Beispiel nehmen Firmen keine jungen Leute auf, weil es sehr schwierig ist, jemanden wieder zu entlassen. Das sind die zwei Seiten einer Medaille. In Dänemark hingegen, einem wohlorganisierten und sehr sozialen Land, da kann man jemanden spielend entlassen und die Leute werden dann sofort ins Sozialsystem eingeführt, finden aber deshalb sehr leicht wieder eine neue Stelle. Das ist ja das Schlimme neben der Jugendarbeitslosigkeit, dass man in der langfristigen Arbeitslosigkeit jahrelang sucht. Da geht man natürlich zugrunde, psychisch meine ich, nicht materiell, aber psychisch, und das ist eine furchtbare Sache, und eben da kann der Staat schon einiges machen. Das Zweite ist, der Staat kann natürlich Bildungseinrichtungen zur Verfügung stellen, damit wir unser Glück besser finden können.

Damit meine ich übrigens auch, dass man lernt, das Kulturangebot zu schätzen. Dann erweitert sich unser Horizont und man wird glücklicher, ohne dass der Staat dann sagt, ihr müsst in die Oper gehen. Nein, wenn man besser gebildet ist, ein bisschen angeleitet wird, dann geht man eben gerne und dann wird man glücklich." (Interview Frey mit Bürger im Mai 2012)

Arbeitslosigkeit macht jedenfalls unglücklich. Soziale Kontakte gehen ebenso verloren wie das Selbstwertgefühl. Viele Beziehungen zerbrechen daran. Die Betroffenen erkranken öfter als Menschen mit sicherer Arbeitsstelle, wenn, ja wenn sie sich dort halbwegs wohl fühlen. Sinnvoll sollte die Beschäftigung also auch sein. Straßen zu bauen, um sie dann wieder abzureißen, mag Staatsfetischisten freuen, aber in Wirklichkeit wohl nicht einmal die.

Was kann der Staat nun tun?

Vor allem in den drei Jahrzehnten nach dem Ende des Zweiten Weltkriegs galt: mehr Inflation = mehr Beschäftigung. Weniger Inflation = weniger Beschäftigung. In den 1970er-Jahren haben die Zahlen diesen Zusammenhang, dass also Arbeitslosigkeit durch höhere Geldentwertung gesenkt werden kann, Jobs sozusagen „erkauft" werden können, eindrucksvoll bestätigt. Das Phänomen heißt in der Ökonomie Phillips-Kurve. Doch dann kam die große Ernüchterung: Die Inflation bewirkte auch Stagnation. Man erfand das Wort „Stagflation" und die Phillips-Kurve wurde verteufelt.

Was aber sagen Glücksökonomen?

Bruno Frey kommt mit seiner Forschung zu einem interessanten Ergebnis: Wenn die Arbeitslosenquote von 3 auf 8 Prozent steigt, müsste die jährliche Inflationsrate von angenommen 10 auf 1,5 Prozent sinken, damit die Bevölkerung gleich glücklich bleibt. (Frey, Frey-Marti 2010) Das bedeutet im Umkehrschluss: Um eine Inflationsrate auf einem Niveau von 1,5 Prozent zu halten, lässt man die Arbeitslosenrate auf 8 Prozent steigen.

Das ist natürlich realpolitisch einer Bevölkerung schwer erklärbar. Man vermutet also schon, dass Menschen durchaus auch eine höhere Inflation „in Kauf" nehmen würden, Hauptsache, die Arbeitslosigkeit steigt nicht so dramatisch an. Die Forschungsergebnisse der Glücksökonomen – wie gesagt, *nicht* der Mainstream-Ökonomen – legen das auch nahe.

Eine breit angelegte Studie in 12 europäischen Ländern, begonnen im letzten Viertel des vergangenen Jahrhunderts und über einen Zeitraum von 16 Jahren durchgeführt, bringt es auf den Punkt:

Eine Erhöhung der Inflation von 5 auf 10 Prozent, also eine Verdoppelung, was damals im Schwankungsbereich war, verringerte das Glücksempfinden der Menschen um 0,05 Punkte (auf einer 4-Punkte Skala: 1 = sehr unglücklich, 4 = sehr glücklich). Selbstverständlich wurden alle anderen Faktoren, die das Glück beeinflussten, herausgerechnet – Glücksökonomen können das, sagen sie. Es soll also tatsächlich nur die Inflation isoliert betrachtet worden sein.

Und wie schaut es bei der Arbeitslosigkeit aus? Hier wurde angenommen, dass die Arbeitslosigkeit von 3 auf 4 Prozent steigt. Das Glücksempfinden geht dabei um 0,03 Punkte zurück. Gehen wir also auch hier von einer Verdoppelung von 3 auf 6 Prozent aus, so stehen wir bei fast 0,1 „Glückspunkten". Vergleichen wir das mit den 0,05 Punkten, die man nach einer Verdoppelung der Inflationsrate angeblich unglücklicher ist als vorher, ergibt sich laut Glücksökonomie:

Arbeitslosigkeit macht doppelt so unglücklich wie Inflation (0,05 mal 2 = 0,1 Glückspunkte).

Klassische und neoklassische Ökonomen würden sich wohl im Grab umdrehen angesichts solcher Rechnungen – und die Neoliberalen von heute würden wohl nur von Un-Glücksökonomie sprechen, abgesehen davon, dass sie es ohnehin bis dato abgelehnt haben, sich mit derart wirren Ideen zu beschäftigen.

Auch wir bleiben diesmal skeptisch. Denn es ist tatsächlich schwer vorstellbar, solche Berechnungen als Basis für eine allgemeingültige Regel oder auch nur Faustregel heranzuziehen. Niemand der Tausenden Befragten kann „sein Glück" wirklich isoliert von seinen Lebensumständen angeben. Dennoch: Einen – wenn auch mit größter Vorsicht zu beurteilenden – Schätzwert darf man zumindest im Hinterkopf behalten.

Und nochmals: Wenn im betreffenden Land viele Menschen arbeitslos sind, tut die eigene Situation nicht so weh, wie sie es in einem Land tun würde, in dem landesweit hohe Beschäftigung herrscht. Das gilt vor allem auch für bestimmte Regionen, in denen beispielsweise nach einer Firmenschließung mit einem Schlag viele Menschen ihren Job verlieren.

Was kann nun der einzelne Staat daraus lernen? Das ist vor allem in der Europäischen Union sehr, sehr schwierig. Einzelne Länder können kaum noch mit mehr Inflation mehr Beschäftigung erzeugen; in der Euro-Zone ohnehin nicht. Dazu müsste die Politik aller 17 Staaten exakt koordiniert werden. Darüber hinaus hat die Europäische Zentralbank EZB ohnehin Preisstabilität, also niedrige Inflation, zu ihrem Hauptziel gewählt. Dass dieses Ziel in den Jahren während der großen Weltwirtschaftskrise 2008 und 2009 immer mehr aufgeweicht worden ist, ist seit 2012 ein Faktum.

Kann der Staat, kann die Politik die noch so jungen Strömungen der Wirtschaftswissenschaften nun nützen? Die Antwort ist eindeutig: Ja! Aber um Gottes willen nicht *nur*. Es ist ja nicht so, dass 250 Jahre Ökonomie samt ihren vielen Formeln weggeschmissen werden sollen. Worum es geht, ist eine „menschlichere" Ergänzung. Und das, wie schon erwähnt, in jenen Bereichen, in denen das menschliche Verhalten besonders ins Gewicht fällt: seien es irrationales Verhalten an den Finanzmärkten, der Herdentrieb, die vielen Aspekte der Sozialpolitik.

Vom Menschenbild ist es nicht weit zur Einkommensverteilung. Rational handelnde Wirtschaftsteilnehmer können eine gerechtere Einkommensverteilung nicht in Betracht ziehen. Kurt Rothschild gibt im Frühsommer 2009 wieder eines seiner aus dem Leben gegriffenen Beispiele:

„Wenn Sie fragen, ob denn der Markt gar nichts allein regle, dann sage: Doch! Die Netrebko (Anm.: Opernsängerin) singt halt so schön und dafür sind die Leute bereit zu zahlen. Und wenn Leute 100.000 Dollar dafür zahlen, um bei der Trauerfeier für Michael Jackson dabei zu sein, dann regelt das der Markt. Da sind Interventionen schlecht, das kann der Markt immer besser. Aber wenn sie mehr wollen, etwa eine gerechtere Einkommensverteilung, dann versagt er."

Mit Egoismus habe das nichts zu tun. Kritikern der Neoklassik, die sagen, der *Homo oeconomicus* sei ein Egoist, antwortet der Post-Keynesianer Kurt Rothschild: „Da verteidige ich die Neoklassik. Das ist ein Blödsinn. Ein rational denkender Mensch, der beispielsweise die Präferenz hat, anderen Menschen zu helfen, ist doch kein Egoist, er kann der beste Mensch sein. Karlheinz Böhm etwa hat eben eine Präferenz, Menschen in Afrika zu helfen, und er ist glücklich, wenn er das machen darf."

Ökonomen, die nichts von Verhaltens-, Neuro- oder Glücksökonomie halten, schlagen jedenfalls bereits die Hände über ihren Köpfen zusammen. Wirtschaft könne doch nur auf folgenden vier Säulen stehen, argumentieren sie:

*   Private Unternehmer
*   Stabile Währung
*   Wachstum
*   Keine dauerhafte Verschuldung

Natürlich kann sich Wirtschaft nicht von bestimmten Grundregeln entfernen. Selbstverständlich können Gesellschaften nicht dauerhaft auf Schuldenbergen, mit Geld, das immer weniger wert wird, und rückläufiger Produktion auf Staatskosten leben. Die Mechanismen der Märkte können nie ausgeschaltet werden. Aber zumindest sollte man wissen, wohin der Mensch will. Und strebt er Dinge an, die nicht machbar sind, muss man ihm sagen: So wie du dir das vorstellst, wird es nicht mehr gehen. Einige Zeit wirst du mit weniger Wohlstand auskommen müssen.

Soziale Innovation

Ein neuer Begriff? Mitnichten.

Der Urvater des Begriffs, zumindest der Innovation, ist der berühmte österreichische Nationalökonom Joseph Schumpeter (1883–

1950). Er hatte die Innovationstheorie zur Erklärung wirtschaftlicher Konjunkturzyklen entwickelt. In weiterer Folge unterschied der Soziologe William F. Ogburn (1886–1959) als erster Wissenschaftler zwischen technischer (Schumpeter) und sozialer Innovation. (Gillwald 2000)

Jahrzehntelang hörte man aber nur noch von technischer Innovation. Das Soziale blieb im Hintergrund – auch in der wissenschaftlichen Forschung. Jetzt erfährt der Begriff eine Renaissance, immer wieder auch in den (sehr langen) Reden von EU-Kommissionspräsident José Manuel Barroso.

Aber schon eine Definition des Begriffs erweist sich als schwierig, obwohl uns das, was soziale Innovation tatsächlich *ist*, tagtäglich begegnet.

Seien es Begriffe oder Strömungen aus der Arbeitswelt wie Zeitarbeit, Fließbandarbeit oder Gruppenarbeit sowie aus dem Bildungsbereich etwa die Schulpflicht, aber auch das Wahlrecht, das Pflegegeld oder Einbürgerungen. „Eine soziale Innovation ist ein Verfahren zur Lösung von sozialen Problemen, das bestehenden Verhaltensregeln […] überlegen ist und Verbreitung findet." (Hochgerner 2006)

Es geht also immer um neue (!) Verhaltensregeln, um Routineänderungen, um „Erfindungen" im sozialen Bereich mit großer Tragweite – wobei man vor der Verbreitung nur hoffen kann, dass es dazu, also zur Tragweite, auch kommt.

Weitere Beispiele wären Umweltbewegungen, nichteheliche Lebensgemeinschaften oder Fast-Food-Ketten.

Aber auch die Idee von Gewerkschaften, der 8-Stunden-Tag, Kranken- und Sozialversicherungen oder das berühmte innerstaatliche „Friedensprojekt" Sozialpartnerschaft in Österreich. Allzu rasch zu lösende Probleme sollte man dieser, bei allen ihren großen Verdiensten um den sozialen Frieden in Österreich, allerdings nicht aufbürden. Sie sehen die unglaubliche inhaltliche Breite einer „sozialen Innovation". Stets ist eine kulturübergreifende Verbreitung sozialer Abläufe gemeint. Wenn diese sich am sozialen „Markt" behaupten, werden sie folgenreich sein, „vom gewohnten Schema abweichen […]

213

und im Ergebnis Verhaltensänderungen sein." (Howaldt, Schwarz 2010)

Joseph Schumpeter vertritt bereits im Jahr 1928 (!) eine ähnliche Ansicht: „Immer handelt es sich dabei um die Durchsetzung einer anderen als der bisherigen Verwendung nationaler Produktivkräfte, darum, dass dieselben ihren bisherigen Verwendungen entzogen und neuen Kombinationen dienstbar gemacht werden." (1987: 152)

Warum dieses Kapitel in einem Wirtschaftsbuch? Weil klar gemacht werden soll, dass es durchaus neue, oder in diesem Fall wiederbelebte Ansätze gäbe, um die großen gesellschaftlichen Probleme besser lösen zu können. Probleme, die seit Beginn der Krise 2008 vor allem Europa ernsthaft destabilisieren könnten. Wir erwähnen die soziale Innovation aber auch, um einen optimistischeren Zugang in Krisenzeiten zu finden. Klugen Köpfen in Bürgergesellschaften (auch ein Begriff der „sozialen Innovation") oder auch scharfsinnigen Einzelkämpfern ist noch immer etwas eingefallen, das in wirtschaftlich teils dramatischen Phasen den sozialen Riss stoppt, statt ihn zu beschleunigen. Es wäre auch höchst an der Zeit, etwas zu (er-)finden, angesichts sozialer Unruhen in Griechenland, Spanien und auch Italien.

50 Prozent Jugendarbeitslosigkeit in Griechenland und Spanien werden nicht allein durch wirtschaftliche Maßnahmen in den Griff zu bekommen sein. Da ist die Ökonomie zu langsam. Es bedarf rasch neuer sozialer Modelle, Bewegungen, Strömungen, vielleicht auch Lebensstile (die laut Definition ebenfalls in den Bereich der sozialen Innovation einzureihen wären). Würden wir sie kennen, würden wir sie jetzt niederschreiben. Bedauerlicherweise arbeiten noch immer viel zu wenig Politiker und Experten an „sozialen Innovationen" für das 21. Jahrhundert, Reden des Kommissionspräsidenten, dessen rhetorische Feuerkraft ohnehin als zumindest ausbaufähig bezeichnet werden kann, werden nicht genügen.

Arbeit und Muße – Das Missverhältnis

Der Familienvater im Süden des griechischen Peloponnes, der dem Autor im Sommer 2012 erklärte, dass er 250.000 Euro Schulden habe, schon allein deshalb keine Steuern mehr zahle, aber auch mit Sicherheit seinen deutschen Luxus-Geländewagen *nicht* verkaufen werde, tja – was erwidert man ihm? Auch als Ökonom? Als er schließlich noch hinzufügte, dass er 15 Jahre in München gearbeitet habe, sich aber nunmehr in der Arbeitswelt nicht mehr „überanstrengen" wolle, beginnt man nachzudenken.

Natürlich hat der griechische Familienvater nicht recht. Weniger Arbeit kann nicht gleichbleibenden Wohlstand bedeuten. Vermutlich werden sich der große Geländewagen und drei der fünf Handys in der Familie angesichts der Wirtschaftslage nicht mehr lange finanzieren lassen. Vielleicht werden die Öffnungszeiten der Eisenwarenhandlung, deren Besitzer er ist, überdacht (verlängert) werden müssen. Vielleicht muss die zweite Einkommensquelle, eine wunderschöne Taverne am Berg, verkauft werden, vielleicht aber auch nicht.

Weniger Wohlstand wird es auf jeden Fall geben. Für einige Zeit zumindest. Aber wird auch die Lebenszufriedenheit sinken? Fragen wie diese, die von fast allen Ökonomen bisher mit Häme verfolgt, dafür aber von immer mehr zeitgenössischen Philosophen aufgegriffen wurden, werden im Kapitel über den Sinn des Wirtschaftens zur Sprache kommen.

Ein kluger Freund hat einmal gemeint: „Glücklich bin ich dann, wenn ich meine Hobbys zu meinem Beruf gemacht habe. Und ich glaube, dass es den meisten Menschen so geht." Der 50-jährige Mann ist Fernsehjournalist und möchte weniger arbeiten. Er malt gerne und gar nicht so schlecht, schreibt daneben auch Texte für Zeitungen und Magazine, vorwiegend für das Feuilleton, geht skispringen, läuft Marathons und besucht gerne Wirtshäuser. Er repariert alles selbst, ist also handwerklich begabt, und fährt Motorrad. Auf die Frage, weshalb er weiter arbeitet, antwortet er trocken: „Weil ich von meinem

Geschreibe und meinen Bildern nicht leben kann." Wir werden vermutlich nie erfahren, wie sein Leben ausgesehen hätte, wenn ihm der Umstieg gelungen wäre.

Im letzten Kapitel haben wir festgestellt, dass nur wenig so unglücklich macht wie der Verlust des Arbeitsplatzes. Aber drehen wir die Frage einmal um: Macht denn der Arbeitsplatz glücklicher als fast alles andere?

Typische Fragen aus einer saturierten Gesellschaft, werden Sie zu Recht sagen. Luxusprobleme abgehobener Krisengewinnler. Natürlich. Wer wenig hat, stellt sich solche Fragen nicht. Das gilt für die Ärmsten auf dieser Welt, die von weniger als einem Dollar pro Tag leben, für Menschen an der Armutsgrenze ebenso, auch in westlichen Industrieländern. Und dennoch verkaufen sich im Supermarkt der Sinnfragen Glücksformeln und andere Patentrezepte wie die warmen Semmeln.

Ein Widerspruch? Nein, nicht wirklich. Denn dem überarbeiteten Menschen reicht es! Mit ihm wollen wir uns jetzt beschäftigen. Ohne Zynismus, ohne Abgehobenheit. Nur eine aus Sicht des Autors notwendige Abrundung ökonomischer Fragen, die über Jahrzehnte zu kurz gekommen ist.

Dabei geht es weniger um die Frage, weshalb immer mehr Menschen immer mehr arbeiten, während anderen die Arbeit ausgeht. Ein Phänomen, das vielschichtig erklärt werden könnte, am ehesten wohl mit den unterschiedlichen Fähigkeiten der Menschen, aber auch mit einer in vielen Ländern noch völlig unzulänglichen und überdies oft ungerechten Verteilung des Faktors Arbeit. In Österreich im Sommer 2012 Hunderte spanische Schlosser und Dreher ins Land zu holen, ist auf den ersten Blick eine gute Sache – sie in Spanien engagierter zu verteilen und dafür in Österreich arbeitslose Jugendliche zu Drehern und Schlossern auszubilden, auf den zweiten Blick eine bessere. Denn will man in Österreich wirklich nur jungen Spaniern uneigennützig *helfen*, oder arbeiten sie vielleicht zu einem deutlich niedrigeren Lohn, als man ihn inländischen Jugendlichen zahlen müsste?

Doch wie gesagt, darum geht's hier nicht. Wir wollen uns in diesem Kapitel weitgehend der Frage widmen, weshalb die Arbeit zu dem geworden ist, was sie heute ist: das Um und Auf einer modernen Gesellschaft.

Wenn nun aber die Arbeit an sich keinen Wert mehr hat, was dann?

Noch nie in der Geschichte der Wirtschaft, seit sie auch als Wissenschaft verstanden wird (Adam Smith 1776), hat der Faktor Arbeit eine derartige Sinnkrise durchlaufen. Jahrzehntelang galt: Man arbeitet in einer Firma (auch als Arbeitgeber), verdient Geld, gibt das Verdiente aus (konsumiert) – und legt ein wenig zur Seite (spart). Und was gilt heute?

Fünf Gruppen lassen sich anhand von Eigenbeobachtungen und Erfahrungen der vergangenen Jahre unterscheiden:

- **Die Weitermacher:** Solides, verlässliches Arbeiten für mehr oder weniger angemessenen Lohn. Die noch immer mit Abstand größte Gruppe, aber sie schrumpft.
- **Die Geld-Vermehrer:** Eine Gruppe, die trotz Finanzkrisen wächst und wächst. Warum nicht mit einem richtigen Tastendruck am besten gleich im Hochfrequenzhandel für Finanzprodukte *wirklich* reich werden, statt Monat für Monat die Euro zu zählen?!
- **Die Ausgebrannten:** Sie wollen und können nicht mehr – zumindest nicht in dem Ausmaß wie bisher. Sie leiden unter Stress und Burn-out, nur wenige gehen endlich zum Arzt. Arbeit ist zum Krankmacher geworden.
- **Die Getriebenen:** Sie haben die Arbeit zu ihrem Lebenssinn gemacht. Sie sind 24 Stunden erreichbar. Die moderne Kommunikation ist ihre Nabelschnur: Telefon, SMS, E-Mail – dazwischen Twitter und Facebook. Alles andere ist sekundär.
- **Die Lebenskünstler:** Sie stehen für den Versuch, von ihren Talenten zu leben. Manchmal auch, zumeist zu Unrecht, als Nichtstuer bezeichnet.

Die Gesellschaft driftet auseinander. Auch das macht die Anwendbarkeit neuer ökonomischer Modelle so schwierig. Umso unerlässlicher ist es, sich mit allen fünf Gruppen zu beschäftigen. Und zu erkennen, dass sie als kommunizierende Gefäße funktionieren.

Am wichtigsten ist und bleibt die erste Gruppe.

Die Weitermacher

Menschen gehen arbeiten, um Geld zu verdienen, das sie für Dinge und Tätigkeiten ausgeben, die sie gerne besitzen und ausüben wollen.

Die Weitermacher bilden die Stütze einer Gesellschaft: Menschen, die ihre Arbeitskraft tagtäglich zur Verfügung stellen und dafür Lohn vom Unternehmer bekommen.

Arbeitnehmer, Unternehmer. Menschen, die nicht permanent den Sinn ihres Handelns hinterfragen, die einfach wirtschaften wollen – auch weil sie müssen, aber nicht nur.

Menschen, die Busse lenken, obwohl sie schon müde sind. Menschen, die nächtens über ihren Firmenbüchern sitzen und einen Wirtschaftsaufschwung herbeizittern. Menschen, die wissen, dass jedes Unternehmen ohne sichere Aufträge ein Ablaufdatum hat. Inklusive der dort vorhandenen Arbeitsplätze.

Menschen, die als Staatsdiener verschmäht werden, von denen aber die meisten nicht weniger als ihr Bestes geben wollen. Menschen, die unsere Kinder lehren, Ärzte, die nicht mehr schlafen können und doch Dienst versehen.

Nine-to-five-Arbeiter, Schichtarbeiter, auch „Nach-Vorschrift"-Arbeiter. Sie alle halten das Wirtschaftsgefüge eines Staates zusammen. Sie alle haben den Wohlstand der industrialisierten Welt ermöglicht. Haben den Kapitalismus aufrechterhalten. Und damit noch immer das kleinste unter allen Übeln in einer Welt der Ökonomie.

All diese Menschen haben Geduldsfäden. Strapazierfähiger als die der anderen. Mag sein.

Aber je mehr sie über Gruppe zwei hören, desto mehr Risse werden sichtbar.

Geld (fast) ohne Arbeit oder: die Geld-Vermehrer

Geld arbeitet. Heißt es doch immer. Wozu dann selbst noch etwas tun?

Der einzige Haken: Woher Geld nehmen, wenn man es nicht hat? Ohne Geld kann auch Geld nicht arbeiten. Oder doch? Geld wird schließlich auch verliehen. Noch dazu zu niedrigen Zinsen. Nein, es soll hier nicht ein weiteres Mal die Kreditkrise 2008/2009 aufgearbeitet werden. Dennoch bleiben die Fragen, wie weit der Wahnsinn getrieben worden ist und ob es Geld ohne Arbeit wirklich gibt. Die Antworten lauten: leider ja. Und: in unglaublichen Dimensionen. Erst drei Jahrzehnte ist es her, dass das weltweit vorhandene Volumen der sogenannten Finanzprodukte, die man weder sehen noch greifen kann, ziemlich genauso groß war, wie jenes der produzierten Gütermenge. Schon unmittelbar vor Ausbruch der Krise, 2009, überstieg das Weltfinanzvolumen die Wertschöpfung der weltweiten Realwirtschaft um das 65-Fache.

Noch viel dramatischer sind die Zahlen, wenn man sich den Anteil der realen Wirtschaft, so wie man sie viele Jahrzehnte verstanden hat – Waren und Dienstleistungen –, am weltweit zirkulierenden Geldvolumen vor Augen führt. Die „reale" Wirtschaftswelt schafft nicht einmal mehr ein halbes Prozent. 99,5 Prozent sind Spekulation oder nennen wir es einfach Wette.

Das Weltfinanzierungsvolumen, die Gesamtheit aller Kredite, Finanzprodukte und die Geldströme an den Devisenmärkten, beläuft sich 2007 auf 2,3 Billionen Euro (der große graue Kreis in der Abbildung auf der nächsten Seite). Aktuell liegt es schon bei unvorstellbaren 3 Billionen Euro. Die Kreditderivate, die im Wesentlichen die zweite Weltwirtschaftskrise ausgelöst haben, kommen auf 610.800 Milliarden Euro (der schwarze Kreis).

Profit auf Pump

Wert von Weltfinanzvolumen*, Kreditderivaten und
weltweiter Realwirtschaft im Vergleich (in Billionen
Euro), Zahlen von 2007

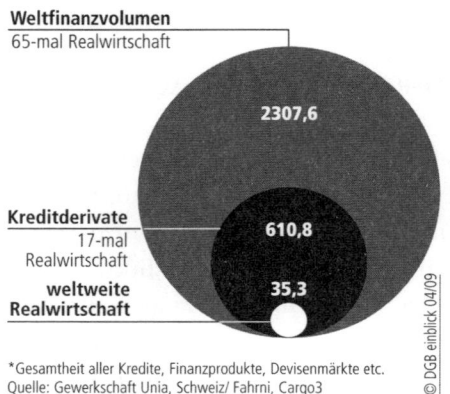

Weltfinanzvolumen
65-mal Realwirtschaft

2307,6

Kreditderivate
17-mal
Realwirtschaft

610,8

**weltweite
Realwirtschaft**

35,3

© DGB einblick 04/09

*Gesamtheit aller Kredite, Finanzprodukte, Devisenmärkte etc.
Quelle: Gewerkschaft Unia, Schweiz/ Fahrni, Cargo3

Abbildung 31: Das Weltfinanzierungsvolumen

Und wo bleibt das Geld für Güter und Dienstleistungen? 35.300 Milliarden Euro sind im Umlauf für Autos, Lebensmittel, Restaurant- und Friseurbesuche. (Ja, er ist zu sehen, der Kreis. Der kleine weiße ganz unten im schwarzen Kreis.)

Täglich werden übrigens Transaktionen von rund 24.000.000 Milliarden Euro auf die Reise geschickt.

Die Welt ist ein Kasino geworden. Wer noch „real" arbeitet, ist selbst schuld.

Auf einen Irrweg wollen wir uns aber nicht begeben: zu glauben, dass Geld ohnehin nur ein „Schleier" sei, wie klassische Ökonomen behaupten. (Nach der klassischen Lehre bildet das Geld einen Schleier, der die realwirtschaftlichen Vorgänge nicht einmal tangiert. Da das Geld keinen direkten Nutzen auslöst, können die Menge und die Umlaufgeschwindigkeit des Geldes lediglich die Preise beeinflussen. Das ist die berühmte Neutralität des Geldes – im klassischen Sinne. Geld habe deshalb auch keinen Einfluss auf Beschäftigung und Produktion. Monetärer und realer Sektor sind für Klassiker voneinander unabhängig – *die klassische Dichotomie).*

Denn auch die Realwirtschaft braucht selbstverständlich Geld, um „arbeiten" zu können. Definieren lässt sie sich am anschaulichsten mit der Summe der produzierten und gehandelten Güter sowie mit den Dienstleistungen, die einen volkswirtschaftlichen Nutzen bringen. Die Basis dafür bildet der Finanzmarkt, der den Unternehmen Geld zur Verfügung stellt.

Dieses ureigenste Ziel von Banken, investitionsfreudigen Unternehmen Kredite zu geben und sparwilligen Menschen Zinsen zu zahlen, ist seit der Jahrtausendwende völlig aus den Fugen geraten. Man ahnt es: Jeder spekulative Selbstzweck des Geldes um des Geldes willen ruiniert auf Dauer die Lebensgrundlage der Menschen.

„Only fools are dancing, but the bigger fools are watching" – „Nur Idioten tanzen, aber die größeren Trottel schauen zu." So hat der US-Multimilliardär Barton M. Biggs, selbst Hedgefonds-Manager, die Internetblase in den Jahren 1995–2000 beschrieben. Meist wird er falsch zitiert. Aber hat er recht? Sind die „Idioten" nicht die anderen, die zu durchschnittlich, zu normal, zu wenig risikofreudig und vielleicht einfach zu ehrlich sind?

Tanzen statt arbeiten? Vielleicht eine Alternative, aber eine gefährliche. Seit 2008 erleben wir, wie viele Menschen sich auf dieses Abenteuer eingelassen haben und zum Teil dramatisch gescheitert sind.

Wer heute von den „Märkten" spricht, meint mittlerweile nur noch die Finanzplätze der Welt. Um Gütermärkte oder gar Arbeitsmärkte geht es schon lange nicht mehr. Wenn die Märkte verstimmt sind, weil ein Land „über seine Verhältnisse" gelebt und zu wenig gespart hat, gibt es Schelte der Märkte – nein, der Analysten in den Investmentabteilungen der Großbanken. Man sollte sie auch beim Namen nennen. Sehr, sehr wenige Finanzexperten und Super-Mathematiker dieser Welt sind es, die sich selbst „Märkte" nennen und den Globus zu dirigieren versuchen. In erster Linie die Politik. Und die spielt, was gewünscht wird: sparen, sparen, sparen. Als hätte genau dieses „Rezept" die beginnende Weltwirtschaftskrise der 1930er-Jahre nicht nur *nicht gestoppt*, sondern sie genau zu dem gemacht, was sie geworden ist: ein riesiger Teufelskreis aus Firmenzu-sammenbrüchen, Massenarbeitslosigkeit und Wohlstandstalfahrt.

Dies soll keinesfalls heißen, dass die Analysten in den Banken unrecht haben. Keineswegs. Die meisten Länder der wohlstandsver-wöhnten Welt haben sich in horrende Schuldenberge gestürzt, weil sie zu wenig Sinnvolles produziert und ihre Bürger zu wenig Steuern gezahlt haben (siehe Griechenland) oder weil sie Autobahnen und Häuser gebaut haben, die niemand brauchte oder sich niemand leis-ten konnte (siehe Spanien). /

Die Kritik richtet sich nicht gegen die Analyse der Finanzexper-ten, die Kritik richtet sich gegen deren Rezepte.

Die Geld-Vermehrer werden wohl weitermachen wie bisher. Dis-kussionen um „ehrliche Arbeit" (Blüm 2011) werden sie nicht sonder-lich beunruhigen. Noch dazu, wenn wir uns klarmachen, dass sie seit einiger Zeit tatsächlich immer weniger *selbst* arbeiten müssen, um Geld zu *machen*.

Das erledigt schon Mitarbeiter HFT-C oder auch VIXAL-4, wie im beängstigend realen Roman „Angst" von Robert Harris (2011).

Ein HFT-C ist ein „High Frequency Trading-Computer". Wobei dieser Hochfrequenzhandel nur ein Teilbereich des sogenannten „Algo-Tradings" ist. Hier zerlegen Computerprogramme große Han-delsaufträge automatisch in kleinere Tranchen. Komplizierter wird's beim „echten" Hochfrequenzhandel.

Dort verarbeiten die Programme sozusagen online Informationen von Nachrichtenagenturen oder anderen Dienstleistern, die aktuelle Daten liefern können. Und das Entscheidende dabei: Sie tun das, *bevor* Händler, denen weniger Technologie zur Verfügung steht, *ihre* Infos verarbeiten können. (Gomez 2012)

Die Dauer einer Auftragsübermittlung läuft im Bereich von Milli-sekunden, einige Handelsplattformen in den USA sind Branchen-kennern zufolge bereits in der Lage, die Aufträge in Nanosekunden durchzuführen. Die Geschwindigkeit in unseren Nervenleitungen kann da schon bei langen 100 Millisekunden liegen.

Unglaublich: In den Vereinigten Staaten laufen bereits sieben von zehn Handelsaktivitäten im Hochfrequenzbereich, in Europa schon vier von zehn. Und während Kleinanlegern von Wertpapieren seit Jahren gepredigt wird, Aktien eines soliden Unternehmens mindestens einige Jahre zu halten, um schöne Gewinne von fünf Prozent zu erzielen, reicht es den HFT-Rechnern eine Spur früher. Die durchschnittliche Behalte-Zeit für ein Papier (das nie „Papier" gewesen ist): satte zehn Sekunden.

„Wie vorausgesagt, gaben die Märkte in Tokio, Singapur und Sidney nach, während VIXAL-4 schon um 0,3 Prozent zugelegt hatte, was nach seiner Rechnung hieß, dass er in diesen wenigen Stunden Schlaf fast drei Millionen Dollar verdient hatte. Zufrieden schaltete er das Handy aus und legte es auf den Nachttisch." (Harris 2011: 16)

Die Gruppe der Geld-Vermehrer entrückt der realen Weltwirtschaft immer mehr. Unter wirklichen Regeln, die sie in ihrem Handeln beschränkten, müssen sie nach wie vor nicht leiden. Diese wären aber dringend notwendig. Es sollte auf Dauer nicht möglich sein, dass sich Geldvermehrung um der Geldvermehrung willen besser bezahlt macht als Geldvermehrung durch Schaffung irgendeines Gutes, einer Dienstleistung oder einer Idee. Seit der Situation Ende 2008 hat sich weder an der Anzahl noch an der Qualität der sogenannten „giftigen" Finanzpapiere etwas Entscheidendes geändert. Im Gegenteil, das Gesamtvolumen des Handels mit diesen Derivaten ist noch größer geworden, von breit angelegten Beschränkungen oder gar Verboten ist wenig zu erfahren, sieht man von teilweisen Verboten der umstrittenen Leerverkäufe ab: Wertpapiere werden verkauft, ohne sie zu besitzen. Nach einem Kursverfall werden sie günstig gekauft.

Und auf Dauer wird es auch eine Gesellschaft nicht aushalten, dass wenige in wenigen Sekunden Geldsummen herbeischaffen können, für die andere eine gesamte Lebensarbeitszeit – und das unter immer größerer Belastung der Psyche – aufwenden müssen.

Die Ausgebrannten

Der dritte Teil dieses Buches heißt: „Wie der Mensch sein *möchte* oder die Hürden zum Glück". Dabei soll aber eines nicht übersehen werden. Noch immer geht es hier auch um Ökonomie. Was kann zur Beantwortung dieser Frage von Wirtschaftswissenschaftlern kommen, was von Soziologen, auch von Psychologen und Philosophen, was aus den Unternehmen, was von Institutionen und vor allem – welche Basis können Staaten und Staatengemeinschaften schaffen, damit der Einzelne glücklicher leben kann?

Stress, Überforderung, auch Unterforderung, Bore-out und Ängste sind die Folge von Fehlentwicklungen. Diese können im Arbeitsumfeld der Betroffenen entstanden sein, müssen aber dort nicht ihren Ursprung haben.

Dass die Arbeitswelt in einer Doppelmühle steckt, ist hingegen sehr wohl ein ökonomisches Problem. Zum einen wird das gesamte Arbeitsvolumen geringer und muss anders verteilt werden, zum anderen schwitzen die, die noch Arbeit haben, zwar immer weniger unter körperlicher Anstrengung – und brennen dennoch immer öfter aus. Das zeigen alle Untersuchungen der letzten Jahre. Eine der weltweit größten ist die „Europäische Erhebung über die Arbeitsbedingungen". (Siehe auch: Literatur Internet 11)

Seit 1990 werden alle fünf Jahre Zehntausende Europäer befragt, wie es ihnen am Arbeitsplatz geht. Die Ergebnisse der letzten Erhebung sind noch nicht lange auf dem Markt. 44.000 Erwerbstätige in insgesamt 34 Ländern haben im ersten Halbjahr 2010 daran teilgenommen. Detaillierter geht's nicht. Die Mehrzahl der Erwerbstätigen lebt in einem Haushalt, in dem beide Partner arbeiten, entweder beide Vollzeit (40 Prozent) oder ein Partner Vollzeit und der andere Teilzeit (29 Prozent). Erwerbstätige in Fabriken und an Maschinen, in Handwerks-, Hilfs- und Büroberufen berichten von einer höheren Arbeitsintensität sowie einem niedrigeren Maß an Selbstbestimmung als der Durchschnitt.

Die Daten müssen zwar für jedes Land anders interpretiert und mit länderspezifischen Erhebungen verknüpft werden, einige Trends ziehen sich jedoch mit mehr oder weniger starken Ausprägungen durch ganz Europa: Unglaubliche 20 Prozent der Befragten geben für ihre Tätigkeit am Arbeitsplatz ein „schlechtes psychisches Wohlbefinden" an.

Acht von zehn Europäern geben an, dass sie sich an ihrem Arbeitsplatz sehr wohl auch „positiv" gefordert fühlen. Sie wären also zur Gruppe der „Weitermacher" zu zählen. Da überrascht es doch positiv, dass sogar 82 Prozent angeben, ihre Fähigkeiten bei unvorhergesehenen Problemen am Arbeitsplatz gut einsetzen zu können.

Drei von vier können ihre eigenen Ideen am Arbeitsplatz einbringen – was im Gegenzug bedeutet, dass 25 Prozent ausschließlich und ohne noch etwas ändern zu können, „auf Zuruf" arbeiten (müssen). Und in der Studie heißt es auch, dass 55 Prozent der Erwerbstätigen angeben, die an sie gestellten Aufgaben seien „gut auf ihre aktuellen Kompetenzen abgestimmt".

Sollte man da nicht viel eher schreiben: Unglaubliche 45 Prozent haben Aufgaben zu erledigen, die *nicht* gut auf ihre Kompetenzen abgestimmt sind? Nur jeder Dritte erklärt, dass er sich zutraut, anspruchsvollere Aufgaben zu erfüllen.

43 Prozent (!) der Selbstständigen und 29 Prozent der Angestellten erklären, ihre Arbeitsstunden gerne reduzieren zu wollen. Nur 11 Prozent der Selbstständigen und 14 Prozent der Angestellten würden gerne noch mehr arbeiten. 18 Prozent der Erwerbstätigen geben eine schlechte Vereinbarkeit von Berufs- und Privatleben an.

Wie gesagt – in jedem Land müssen diese Daten mit spezifischen Zahlen verknüpft werden, dann erhält man weitaus realitätsnähere Ergebnisse. „Zu den psychosozialen Risiken, die sich negativ auf die Gesundheit und das Wohlergehen der Erwerbstätigen auswirken, zählen hohe Anforderungen und eine hohe Arbeitsintensität, emotionale Anforderungen, geringe Selbstbestimmung, ethische Konflikte, schlechte soziale Beziehungen sowie Beschäftigungs- und Arbeitsplatzunsicherheit. Die Exposition gegenüber psychosozialen Risiken geht tendenziell mit einer Exposition gegenüber physischen Risiken einher." (Biffl et al. 2012)

Arbeitnehmer leiden immer mehr unter Stress und Zeitdruck. Nicht überraschend, aber hervorragend empirisch belegt und vor allem begründet. Und das ist doch das eigentlich Erschütternde: Nicht nur die Finanz-Rowdys mit ihren abenteuerlichen Hochgeschwindigkeitsrechnern laufen der ganz normalen Frau, dem ganz normalen Mann davon, auch die „Arbeit" scheint Reißaus in ihre eigene Welt zu nehmen – und immer mehr kommen nicht mehr mit. Immer mehr Verantwortung für immer größere Bereiche (Zusammenlegen! Einsparen! Effizienz! Kosten!) und eine damit verbundene immer geringere Planbarkeit des Arbeitsalltages machen dem *Homo sapiens* zu schaffen.

In der eben angeführten Studie heißt es etwa: „Dem Anforderungs-Kontroll-Modell zufolge entstehen Stresserfahrungen am Arbeitsplatz, wenn eine Arbeitssituation von hohen physischen und psychischen Anforderungen geprägt ist (insbesondere Zeitdruck, Hektik und widersprüchliche Arbeitsanforderungen) und gleichzeitig ein geringer Spielraum für Kontroll- und Einflusschancen besteht. In chronischer Form können solche Stresserfahrungen langfristig das Risiko (stressassoziierter) Erkrankungen erhöhen, und zwar aufgrund des dauerhaften Aktivierungszustandes und der Unfähigkeit, angemessene Entspannungsreaktionen, die sich normalerweise nach Kontrollausübung bzw. erfolgreicher Meisterung der Anforderungen einstellen, zu erleben." (Biffl et al. 2012: 12)

Und natürlich hinterlässt all das seine Spuren. Die mit Abstand dramatischsten Auswirkungen bei europäischen Erwerbstätigen:

- 21 Prozent der Europäer leiden unter Rückenschmerzen,
- 20 Prozent unter Stress und
- 19 Prozent unter Muskelschmerzen.

Für Österreich liegen aufgrund der erwähnten detaillierteren Untersuchungen auch Zahlen für tatsächliche *Erkrankungen* vor:

12,2 Prozent aller unselbstständig beschäftigten Frauen und 13 Prozent aller unselbstständig beschäftigten Männer haben ein arbeitsbedingtes Gesundheitsproblem.

Die Studie zeigt darüber hinaus noch ein hochinteressantes Ergebnis. Pech am Arbeitsplatz, dafür Glück in der Liebe – diese Kompensation gibt es nicht.

„Die individuelle Lebenssituation und persönliche Lebenszufriedenheit haben einen großen Einfluss auf den Gesundheitszustand, insbesondere auf den psychischen Gesundheitszustand. Obschon die Gesundheit durch das subjektive Empfinden der Sinnhaftigkeit der Arbeit und der eigenen Lebensgestaltung sowie durch die Zufriedenheit mit den persönlichen Beziehungen positiv beeinflusst wird, können die negativen Effekte, die aus psychischen Belastungen in der Arbeitswelt resultieren, nicht zur Gänze kompensiert werden. Das bedeutet, dass die berufsgruppenspezifische unterschiedliche Struktur der Belastung durch ein positives privates Umfeld nur mäßig beeinflusst werden kann." (Ebenda: 24ff)

Zurück zur nackten Ökonomie. Unglück am Arbeitsplatz ist nicht nur für den Betroffenen ein unerträglicher Zustand. Auch der Staat kann mit diesem Problem immer weniger umgehen. Denn mittlerweile schätzt man, dass in Europa die teuren krankheitsbedingten Arbeitsausfälle zu unvorstellbaren 55 Prozent auf irgendeine Art von Arbeitsstress zurückzuführen sind.

Die gesamtwirtschaftlichen Kosten sollen bereits bei Werten von 1,5 bis 4 Prozent des jeweiligen Bruttoinlandsprodukts liegen. Die Zahl hängt davon ab, ob man zu den betrieblichen und medizinischen Kosten auch noch den Verlust der Wertschöpfung sowie den Produktivitätsrückgang hinzuzählt.

Laut Studienautoren (WIFO, Donau-Universität) rechnet etwa Großbritannien auch Werte wie verstärkte Fluktuation, Gerichts- und Versicherungskosten, die Kosten des Drogenkonsums und der Gewalt infolge von Stress ein – und kommt so auf 10 Prozent des BIPs als Kosten für gesamtwirtschaftlichen Stress. Wir erinnern uns: Die britische Regierung beschäftigt schon seit längerer Zeit Glücksökonomen und alternative BIP-Messer, um den britischen Bürgern besser in die Seele blicken zu können.

Noch höher sind die Kosten, wenn erkrankte Menschen am Arbeitsplatz bleiben und eben *nicht* nach Hause gehen. Internationale Berechnungen zeigen in der Tat, dass die Kosten der Präsenz höher sind als die des Absentismus. Die Erklärung liegt auf der Hand – die erforderliche Leistung kann bei Schwächung von Seele und / oder Körper nicht erbracht werden und Mitarbeiter, die im Umfeld eines „Präsentisten" tätig sind, werden, so auch Eigenbeobachtungen des Autors, selbst nach unten gezogen. Zumindest in ihrer Motivation. (Ebenda: IX)

Was Arbeitsökonomen raten

Einer der zentralen Punkte ist die Überprüfung der Arbeitsbedingungen für den Einzelnen: Ist der Mitarbeiter überfordert oder nicht? In der Ökonomie wird seit den 1990er-Jahren das sogenannte „Anforderungs-Kontroll-Modell" des US-Soziologen Robert A. Karasek (1990: 337) gepriesen:

Psychische Anforderungen
- Extrem hoher Arbeitsanfall
- Widersprüchliche Anforderungen
- Nicht ausreichend Zeit, die Arbeit zu tun
- Schnelles Arbeiten
- Anstrengendes Arbeiten

Kontrolle über die Arbeitsaufgaben
- Möglichkeiten, immer etwas dazuzulernen
- Fähigkeiten können weiterentwickelt werden
- Hohe Qualifikation erforderlich
- Arbeit ist abwechslungsreich
- Kreativität ist gefragt
- Keine repetitive Arbeit

- Freiheit zu eigenen Entscheidungen
- Ausführung der Arbeit kann bestimmt werden
- Mitreden können bei der Arbeit
- Teilnahme an wichtigen Entscheidungen

Demnach sind die entscheidenden Aspekte für die Zufriedenheit am Arbeitsplatz zum einen die psychischen Anforderungen bei der Arbeit und zum anderen die Möglichkeiten zur Einflussnahme auf die Gestaltung der eigenen Arbeit. Aber es geht auch um die Zusammenarbeit mit Kollegen und Chefs, um Zeitdruck und unerwünschte Unterbrechungen. Das auch als Karasek-Theorell-Modell bekannte Erklärungsmuster ist in den letzten zwei Jahrzehnten x-mal überprüft worden und zeigt klar: Ja, es besteht ein starker Zusammenhang zwischen dem Auftreten von hohen psychischen Belastungen mit wenig oder keiner Einflussnahmemöglichkeit auf eigene Arbeitsbedingungen und den Arbeitsausfällen. Deutsche Studien gehen sogar so weit, es für „sicher" zu halten, dass diese eben beschriebenen Arbeitsausfälle unabhängig von Alter, Geschlecht und körperlichen Faktoren auftreten.

Es geht also ausschließlich um die Psyche.

„Das Anforderungs-Kontroll-Modell stellt außerdem aufgrund seiner überzeugenden Einfachheit und der Ableitbarkeit direkt umsetzbarer Empfehlungen für die Arbeitsorganisation ein ideales Diagnoseinstrument dar. Damit sind die besten Voraussetzungen dafür gegeben, dem Auftreten der Belastungskonstellation ‚hohe psychische Anforderungen und geringe Kontrolle über die Arbeitsaufgaben' mehr und mehr die Grundlagen zu entziehen." (Friedel, Orfeld 2002: 54)

Das Modell der beruflichen Gratifikationskrise nach Johannes Siegrist zeigt noch einen weiteren entscheidenden Aspekt. Demnach kann ein Mensch auch dann psychisch krank werden, wenn die berufliche Leistung über einen längeren Zeitraum nicht angemessen belohnt wird. Löhne und Gehälter sind aber nur eine von vielen Möglichkeiten. Es würden manchmal auch persönliches Lob, noch besser in Anwesenheit von Kollegen, und die Erläuterung von Karrierechancen genügen.

Und dennoch: Nicht alle Überarbeiteten *fühlen* sich auch ausgebrannt. Vielleicht sind sie es, aber sie merken es nicht. Ihnen kann es gar nicht schnell genug gehen. Sie gehen in ihrer Arbeit auf. Doch wohin gehen sie? Da ist nur noch Arbeit und sonst nichts.

Die Getriebenen

Online zu sein ist in einigen Berufen – etwa in der Politik, im Journalismus, im medizinischen Bereich – Normalzustand. „Bereitschaft" heißt es beschönigend. Es ist Arbeit – allerdings unbezahlte. Sonst müsste sie 24 Stunden pro Tag bezahlt werden. Abschalten ist zu einem Luxus geworden, den man sich nicht leisten kann. Ich bin erreichbar, also bin ich.

Der Mensch des 21. Jahrhunderts muss arbeiten, sonst „spürt er sich nicht". Das muss nicht nur die reine Arbeit am Arbeitsplatz sein. Egal ob auf dem Golfplatz, Fußballplatz oder auch wenn es nur darum geht, überdimensionale Sandburgen am Meeresstrand zu bauen – überall kann Arbeit warten. Verkleidet als Ehrgeiz und Wettbewerb.

In der Arbeit aufgehen – Was ist das? Das Selbst geht auf? Löst es sich auf? Pausen sind verpönt. Online zu sein, wird zur Tageserfüllung – wer offline ist, ist weg vom Schuss. Weg aus der Leistungsgesellschaft. Wer abschalten will, darf alles, nur nicht abschalten. Sonst kommen sie, diese quälenden Gedanken: Was ist, wenn gerade in diesem Augenblick eine E-Mail kommt, die mein Leben verändert? Was, wenn mein Arbeitskollege das Mail öffnet und so dem Chef näher rückt als ich? Vielleicht wird er dann den Auftrag bekommen, auf den *ich* schon so lange gehofft habe?

Was, wenn mir meine Frau genau in dieser Sekunde ein SMS schickt, dass sie mir wegen unseres Streites heute Nacht *nicht* mehr böse ist? Welche Erleichterung entgeht mir dadurch, dass ich mein Handy abgeschaltet habe? Ist mit den Kindern alles o. k.? Waren die heute nicht schwimmen? Hoffentlich geht es ihnen gut. Was, wenn im Kindergarten etwas passiert ist, was, wenn mich jemand dringend sucht? Aus! Ich schalte das Handy wieder ein. Und bin „smart" (also Gott sei Dank auch per E-Mail) wieder dabei. Uff! War ja nur schwer auszuhalten, dieser Zustand der Nichterreichbarkeit. /

Ruhe und Stille machen Arbeitnehmer und Verantwortliche, und sei es „nur" in der Familie, unruhig.

Aber stimmt das wirklich? Vielleicht würde sie genau das ins Leben zurückführen.

„Weil die Arbeit zum Genuss, der Genuss hingegen zur Arbeit geworden ist, finden viele Menschen keine Ruhe mehr." (Flaßpöhler 2012: 34)

Dabei ist doch eigentlich „die Arbeit" im Grunde genommen nichts wirklich Positives. Arbeiten wird zu Recht noch immer mit Mühe und Anstrengung assoziiert – daher kommt auch das Wort. „Labor" hat seine Wurzeln in Plage und Arbeitsschmerz.

Natürlich ist die Entwicklung sehr logisch verlaufen. Wenn Maschinen und Computer Menschen die Arbeit wegnehmen, dann wird sie zur Mangelware. Zu einem knappen Gut. Und was ist in der Volkswirtschaftslehre wertvoller als Knappheit? Nur so kann ein Gut auch bewertet werden. Erst seit wir wissen, dass Luft und Wasser nicht unendlich vorhanden sind, haben wir begonnen, diese Elemente zu bewerten, sie damit auch zu beachten und irgendwann durch „Preise" zu beschützen. Jetzt muss die Arbeit beschützt werden, damit sie uns nicht davonläuft und ausgeht. Deshalb will ich sie immer bei mir haben. Ganz nah am Herzen. In meinem kleinen Online-Gerät namens Handy.

Zwei junge Menschen lernen sich kennen. Sie zu ihm: „Was machst du eigentlich?" – Vielleicht hätte man diese Frage in den 1980er-Jahren noch mit „Ich fahre leidenschaftlich Ski, spiele gerne Fußball und lese Bücher über Psychologie" beantworten können. Heute würde die neue Angebetete bei so einer Antwort wohl erstaunt sein und konkretisieren, dass sie eigentlich gerne die Tätigkeit gewusst hätte, mit der man seine Euro verdient.

Was machst du also beruflich? Der Beruf als Berufung zum Sein. Die Arbeit ist überall, die Arbeit ist immer mit dabei. Im Restaurant, am Berggipfel, in der Liebesnacht. Die Zeit läuft einem davon. Wo ist sie hin? Was bedeutet es, 24 Stunden ohne Unterbrechung verfügbar zu sein?

„Der Tod von Raum und Zeit", schreibt Norbert Blüm in seinem Buch „Ehrliche Arbeit".

Doch dass sich die Zeit selbst auflöst, ist kein Trost. Dass viele das Gefühl haben, das Lebenstempo gehe nur noch in eine Richtung, die der Beschleunigung, kann nicht trösten. Die eigene Situation verbessert sich ja doch nicht, wenn auch alle anderen rund um mich beklagen, dass alles viel zu schnell geht.

Die Lebenskünstler

„Nichtstuer und Schmarotzer – diese Tachinierer, die es sich mit unserem Steuergeld gut gehen lassen! Pfui Teufel! Müßiggang ist aller Laster Anfang!"

Verachtung und Beschimpfung aus der sogenannten Leistungsgesellschaft.

Gemeint sind sie: die Lebenskünstler, die ihre Hobbys zum Beruf machen und davon auch noch leben wollen und zum Teil sogar können – das ist wohl der entscheidende Punkt. Viele probieren es trotzdem. Sie schlagen sich mit Gelegenheitsjobs durch und machen dazwischen: nichts. Angesichts von horrenden Arbeitslosenquoten, vor allem bei Jugendlichen, können diese Sätze als blanker Zynismus interpretiert werden. Die einen gehen auf die Straße und flehen um Arbeit, die anderen liegen faul in ihren Betten und Parks und lassen sich vom Staat aushalten. Sie sind aber hier nicht gemeint. Vielmehr jene, die ihren Bankmanagerjob aufgegeben haben, um endlich selbst eigenen Wein zu produzieren, oder jene, die ein Medienunternehmen geführt haben, um heute Laufbücher zu schreiben, und natürlich auch die besonders Mutigen (in der Öffentlichkeit: „Verrückten"), die meinen, von Straßenmusik leben zu können.

Fest steht: Auch diese Gruppe wächst. Nur viel stiller und weitgehend unbeobachtet von der Öffentlichkeit. In so mancher Fernseh-Talkshow tauchen sie auf und berichten einem staunenden Studiopublikum, dass sie oft monatelang von „nichts" leben. Nicht einmal von staatlicher Hilfe. Gelegenheitsjobs. Was sich so ergebe. Dazwischen würden sie das Leben genießen. Mit guten Büchern, in der Gesellschaft von Freunden oder völlig allein. Dennoch unterscheidet sie von den früheren „Aussteigern" in den 1970ern und 1980ern fast alles. Die Lebenskünstler im dritten Jahrtausend wirken realistischer: Sie wissen, dass Liebe allein nicht satt macht. Es ist der Versuch, Hobbys oder Talente zum Beruf zu machen. Wahrscheinlich wird es ohne ein bedingungsloses Grundeinkommen nicht gehen. Nur niedrig muss es sein. Sehr niedrig. So, dass es sich auf jeden Fall auszahlt, arbeiten zu gehen. Der Mindestlohn muss klar und in nachvollziehbarer Dimension deutlich über einem Grundeinkommen, oder nennen wir es besser Überlebenseinkommen, liegen. Das klingt logisch – vor allem auch gegenüber arbeitenden Bürgern eines Landes.

Ein Grundeinkommen hat nicht nur Nachteile. Auf den ersten Blick höchstwahrscheinlich schon: Warum sollte man jemandem Geld geben, der nichts tut oder nur seine Hobbys praktiziert, womit er wohl kaum über die Lebensrunden kommen wird?

Auf den zweiten Blick erkennt man aber: Den Arbeitsmarkt belasten die neuen Philosophen und Lebenskünstler nicht. Manager, die heute komplett aussteigen, und es werden immer mehr, schaffen Arbeitsplätze für andere, die arbeiten wollen.

Aber ein Grundeinkommen? Ohne Bedingungen? Vielleicht, sagen einige Ökonomen.

„Nicht einmal überlegen, so ein Schwachsinn", hört man aus dem Mund neoklassisch orientierter Wirtschaftswissenschaftler und erinnert sich an den Satz von Friedrich August von Hayek: „Soziale Gerechtigkeit? Unsinn! Alles Unsinn." (nach Möhring-Hesse 2008: 137f)

Wer hat recht? Schwer zu sagen.

Arbeit und Sinn, Muße und Traum

Laboro, ergo sum.

Was würde René Descartes wohl dazu sagen?

Dass aus dem „ich denke" (cogito) ein „ich arbeite, also bin ich" geworden ist?

Vor 370 Jahren nähert sich der französische Philosoph über den Zweifel der Frage der menschlichen Existenz. Als Menschen können wir „leicht annehmen, dass es keinen Gott, keinen Himmel, keinen Körper gibt; dass wir selbst weder Hände noch Füße, überhaupt keinen Körper haben; aber wir können nicht annehmen, dass wir, die wir solches denken, nicht sind; denn es ist ein Widerspruch, dass das, was denkt, in dem Zeitpunkt, wo es denkt, nicht besteht. Deshalb ist die Erkenntnis: ‚Ich denke, also bin ich' (lat.: cogito, ergo sum) von allen die erste und gewisseste, welche bei einem ordnungsmäßigen Philosophieren hervortritt." (Descartes 1870: 3f)

Und da es auch ein Widerspruch ist, dass das, was arbeitet, zu dem Zeitpunkt, wo es arbeitet, nicht besteht, muss die Erkenntnis lauten: Ich arbeite, also bin ich.

Würden wir wirklich so falsch liegen mit dieser Interpretation des weltberühmten „Existenzbeweises"? Vermutlich nicht. Haben doch einige unter uns, die Dauerarbeiter oder auch die „immer Erreichbaren", eine ganz andere und noch viel ältere Weisheit des römischen Autors Publilius Syrus aus dem ersten Jahrhundert vor Christus allzu ernst genommen. „Saxum volutum non obducitur musco": „Ein Stein, der bewegt wird, wird nicht von Moos bedeckt", im Englischen bekannt unter „A rolling stone gathers no moss": „Ein rollender Stein setzt kein Moos an."

Oder hierzulande wohl am treffendsten übersetzt mit: Wer rastet, der rostet. Rostet er wirklich, oder sollte es nicht angesichts der schrillenden Alarmglocken vielmehr heißen: *Wer nicht rastet, der rostet!*

Wo sind die traditionellen Lebensrhythmen geblieben? Tag und Nacht. Sommer und Winter. Werktag und Sonntag. Feiertage – was wird denn noch gefeiert außer Geburtstag und Weihnachten? Vormittag und Nachmittag. Müde und „aktiv". Anstrengung und Pause. Gilt denn nichts mehr?

Da reden wir noch gar nicht von Biorhythmen. Von medizinisch bewiesenen Schwächephasen des Körpers und auch nicht von erschöpften Seelen. Rhythmen sollten stabile Begleiter des Lebens sein. Es ist noch nicht absehbar, was deren sukzessive Zerstörung für den Menschen bedeuten wird.

Die Ökonomisierung hat bereits alle Lebensbereiche und Uhrzeiten erfasst. Nur die Sonntagsruhe stellt sich als letztes Bollwerk gegen die totale Verwirtschaftung. Doch langfristig wird sich der Sonntag als Ruhetag nicht halten können.

Auch Ruhe und Entspannung werden verkauft. Immer mehr Wellness-Tempel bieten Entspannung zu teils horrenden Preisen. Nur in der Wirtschaftskrise „erholen" sich weniger Menschen professionell zwischen Aqua-Gymnastik, Bio-Sauna und Massagetisch. In nicht so rosigen Zeiten ist nicht nur Zeit, sondern auch Geld knapp, und es muss dann doch wieder das gute alte Wohnzimmer oder die Wirtsstube herhalten.

Und dennoch – das Problem sind nicht nur die bösen Kapitalisten, die immer mehr anbieten, während die Konsumenten in der Flut der ständig neuen Produkte untergehen.

Der Mensch *will* immer Neues. Hilft ihm ein Gerät, bestimmte Dinge schneller zu erledigen als früher, setzt er sich nicht zur Ruhe und genießt das Leben – während Geschirrspüler und Waschmaschine laufen. Einfach kontemplativ sein oder ein Buch lesen. Nein – die neue (freie) Zeit muss neu bewertet und aktiv verbracht werden.

Autos werden immer schneller, man legt auch durchschnittlich mehr Kilometer zurück. Ist man aber auch schneller am Ziel? Eine in „Ehrliche Arbeit" zitierte Studie zeigt, dass ein durchschnittlicher Amerikaner 1500 Stunden im Jahr im Auto sitzt. Dabei legt er im Schnitt 12.000 Kilometer zurück. Macht 8 km / h. Dieses Tempo nennt man in der Laufsprache „langsamen Erholungslauf".

Ein Menschenleben in Deutschland wird zu rund 2,5 Jahren im Auto verbracht (ohne Stauzeiten!) – wenn man von 80 Jahren Lebenserwartung ausgeht. Was aber machen wir als Erwachsene in den restlichen Jahren?

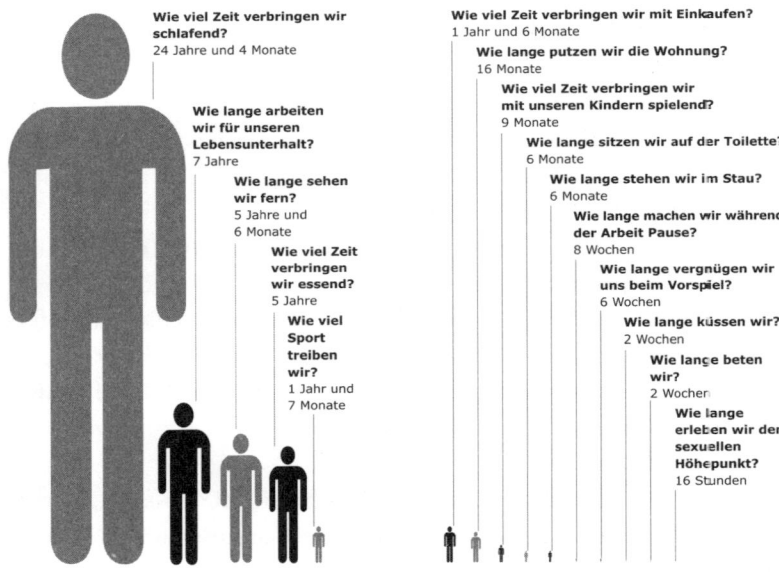

Abbildung 32: Eine Zeiterhebungsstudie

Fällt Ihnen in dieser Grafik etwas auf? Nein?

Dann suchen Sie einmal die Zeile „Nichtstun" oder auch „Muße".

Das wird in den sogenannten „Zeiterhebungs- oder Zeitbudgetstudien" nicht einmal mehr erwähnt. Gut, vielleicht kommen ja viele von uns in den unglaublichen drei Jahren, die wir durchgehend im Auto sitzen – davon ein halbes Jahr im Stau – zur inneren Ruhe und treiben Muße? Oder ist es nicht doch so, dass wir mehr oder weniger laut Musik hören, telefonieren, ein wenig schimpfen und manche Autofahrer dazwischen der GPS-Stimme zuhören?

Schneller, höher, weiter. Das olympische Motto ist es letztlich, das unsere Arbeits- und Freizeitwelt beherrscht.

Doch wird ein Mensch je unter 9 Sekunden die 100 Meter Distanz bewältigen können? Wahrscheinlich nicht. Auch wenn wir jetzt schon bei fast 9,5 Sekunden und knapp 45 Kilometern pro Stunde liegen. Der Körper hat Grenzen. Die Seele auch. Halten wir doch kurz inne und schauen wir zurück.

Und begeben wir uns auf ...

Eine kleine Zeitreise der Arbeit

Die Arbeit den Sklaven

Für Aristoteles war die Sache ohnehin klar. Alles, was die Ausübung der Tugenden beeinträchtigen könnte, muss vermieden werden. Dazu gehört für ihn vor allem körperliche Arbeit. Die soll man den Sklaven und den Frauen überlassen. Der Mann muss Muße ausüben. Er ist für Aristoteles zum Denken da. Zum Denken geboren. Allerdings nur der weise Mann, selbstverständlich! Das ist das edelste Leben: Philosophieren. Und diese Tätigkeit ist auch höher zu bewerten als geistige Arbeit (Wissenschaftler, Politiker usw.). Das Argument des griechischen Philosophen: Wer arbeitet, hat das Ziel immer vor sich, Philosophieren sei hingegen selbst das Ziel. Wer nicht hauptberuflich Philosoph war und sich dennoch mitten im Glück wähnte, war Grundbesitzer, meist durch Erbschaft, männlich, unabhängig, hatte zwei Sklaventypen: den persönlichen und den, nennen wir ihn tatsächlich so, produktiven Sklaven.

Der persönliche Sklave hatte die Hausarbeiten zu verrichten, für Essen und Trinken zu sorgen und den Chef zu unterhalten – zum Beispiel mit Musik. (Vgl. Literatur Internet 10)

Der produktive Sklave hatte einen eigenen Haushalt, stellte Produkte her, bekam auch einen Lohn, musste ihn jedoch seinem Besitzer abgeben. Leben konnte er so nur vom Existenzminimum.

Zurück zur Tugend. Was war damit gemeint? Die sogenannte „Kalokagathia", eine Art Einheit von Gutem, Schönem und Wahrem.

Pro bono, contra malum – so wird heute in manchen Redaktionsstuben immer wieder genörgelt, wenn der Chefredakteur einen besonders schönen, positiven Bericht verlangt. Ja, ja, für das Gute, gegen das Schlechte – ein „Gutmenschen"-Beitrag also. Früher ist das „Guteschönewahre" die höchste Tugend (griechisch Arete), heute wird sie von Hohn und Spott begleitet, wenn sich wieder einmal „linke Gutmenschen" auf die Seite der Schwachen stellen.

Der gute Grieche der Antike sollte aber nicht nur gescheit und gebildet, sondern wenn möglich auch schön und kräftig sein. Am besten durch sportliche Wettkämpfe. Body-Styling anno dazumal.

Wichtig auch die Künstler – wer singen, musizieren, malen oder dichten konnte, dem lag man zu Füßen. Natürlich auch dem, der großartige Gebäude entwerfen konnte.

Müßiggang ist Sünde

Das Mittelalter. „Wer nicht arbeitet, soll auch nicht essen." „Ora et labora." Da kommen keine Zweifel auf, was in diesen Jahrhunderten nach der Antike, also vom 6. bis zum 15. Jahrhundert, in Europa dominiert hat: Arbeit! Und Buße. Indessen ein durchaus buntes, üppiges Treiben zwischen Todesangst und Heldenmut.

Arbeit ist Berufung

Martin Luther und Johannes Calvin lehren, dass Gott jeden Menschen mit einem Talent ausgestattet hat. Dieses gelte es herauszufinden und auszuüben. Nur so könne man vor Gott bestehen. Arbeiten und eigenen Besitz mehren: Wir sind im Zeitalter der protestantischen Ethik.

Eigentum durch Arbeit

Die mittelalterliche Vorstellung, dass die Ergebnisse der Arbeit nicht dem zufallen, der sie geleistet hat, sondern dem, den Gott dafür auserwählt hat, gerät immer mehr in Verruf. Der Arbeitende erhält zumindest einen Teil dessen, was er mit seinen Händen produziert hat. Es kommt zur Arbeitsteilung. Die Grenzen zwischen Herr und Knecht verschwimmen. Gewerkschaften entstehen. Die Industrie entwickelt sich. Und langsam schließt sich der Kreis. Immer mehr Menschen lassen arbeiten. Maschinen und später zusätzlich Computer verringern die Gesamtarbeit der Menschen. Arbeitslosigkeit wird zum ökonomischen Hauptproblem des 20. Jahrhunderts.

Alles ist Arbeit

Der Umstand, dass uns immer mehr Arbeit abgenommen wird, hat die Kreativarbeiter der Wortschöpfungen auf den Plan gerufen. Was nicht echte Arbeit ist, ist dann Beziehungsarbeit, Erziehungsarbeit, Trauerarbeit. Psychotherapeuten sprechen von Arbeitsstunden, nicht nur bei sich selbst, auch der Patient nimmt eine „Arbeitsstunde". Warum eigentlich nicht auch Freizeitarbeit?

Und damit zurück zu den Nicht-Arbeitern, Nichtstuern, Müßiggängern des 21. Jahrhunderts.

Zeit nehmen

Muße kostet Zeit. Und mehr Zeit erfordert mehr Selbstbestimmung über die eigene Zeit und bewussten Verzicht auf Dinge, die das Leben zwar praller, aber hektischer machen: in jedem Raum ein Flatscreen, das Smartphone immer und überall mit dabei. Nur mit Verzicht auf diese Errungenschaften gelingt Muße. Dann können wir wieder das bewusste Erleben der Gegenwart zulassen. Den Augenblick wahrnehmen. Diesen „göttlichen" Moment des Glücks, den die einen mit „flow" beschreiben, die anderen mit „eins sein mit sich".

Dieses innerliche Fließen (flow) ist erstmals 1975 vom Psychologen Mihály Csíkszentmihályi, der lange in den USA gelehrt hat, aufgegriffen worden. Es ist schwer zu beschreiben, wenn man es nicht im gleichen Augenblick fühlt. Am ehesten noch mit absoluter Vertiefung und einem Aufgehen in einer Tätigkeit. Ein angenehmes Verharren im Fluss der Gefühle.

Und wäre es nicht auch gut, wenn die Zahl derer, die unbelastet von ökonomischem Druck *nachdenken* können, wieder steigt? Staatenlenker müssen nicht wieder Philosophen sein. Aber ein Innehalten, bevor weitgehende Entscheidungen, oft für einen ganzen Kontinent, getroffen werden, hätte in Krisensituationen manch folgenschwere Fehler verhindern können. Vielleicht.

Wer *denkt* denn heute noch? Der kolportierte Alltag von Spitzenpolitikern, aber auch etwa Bürgermeistern, macht nur noch fassungslos. 24 Stunden am Tag, 7 Tage die Woche erreichbar, außer Schlaf nur noch die Funktion – und sonst nichts mehr. Beziehungen brechen auseinander, Kinder leiden unter der Absenz des Elternteils. Und die Arbeit? Leidet sie wirklich nicht? *Wann* denken Politiker nach? Denken sie noch selbst? Oder lassen sie denken? Hat man kluge Berater, scheint das nicht allzu problematisch zu sein, was aber, wenn das Denken der Politiker längstens Konzernchefs übernommen haben? Etwa, wenn es um Steuervorteile – eigentlich glasklare Aufgaben der Politik – geht? Wenn die Demokratie ausgehöhlt wird, und zu ihr gehören nun einmal Parteien und ihr Führungspersonal, verschiebt sich die Macht zur Wirtschaft. „Und?", würden vielleicht einige meinen, bei *diesen* Politikern kein Schaden. Wer das aber nicht will, die totale Ökonomisierung der Gesellschaft, muss sich bei Dauerattacken gegen die Politik und ihre Vertreter dessen bewusst sein, was er in Kauf nimmt: dass deren Personal immer schwächer wird. Welcher normale Mensch will das noch? 24-Stunden-Beobachtung durch die Öffentlichkeit, bis in den Badeurlaub? /

Verfolgen Sie manchmal Live-Übertragungen von Parlamentsdebatten? Welcher Politiker schreibt nicht ständig SMS oder E-Mails? Richtig! Die, die gerade Zeitung lesen oder tratschen. Aber nicht, weil Politiker faul wären, sie werden einfach ohne Unterbrechung auf allen Ebenen der Kommunikation kontaktiert. Übertrieben? Ja, natürlich. Dass aber die Tendenz zur Unaufmerksamkeit, auch in den Parlamenten, stark steigend ist, ist ein Faktum.

Wer reflektiert noch, wer reagiert nur mehr?

Kann die Politik weiter an Tempo zulegen? Nein. Auf Dauer gefährdet Hochfrequenzpolitik ihre eigene Basis – die Demokratie. Komplexe Themen verlangen bedauerlicherweise komplexe Nachdenkprozesse und Zeit. Dass sie nicht in Anspruch genommen wird, daran sind auch die Medien schuld. Vor allem die Kollegen von elektronischen Medien, die für ihre Nachrichtensendungen Antworten in Zehnsekundenlänge und keine langwierigen Erklärungen verlangen. Politiker, die von „der einen Seite" und „der anderen Seite" sprechen und deren Abwägungsgedanken immer mehr auch die Gestik dominieren, werden belächelt, ihre Zitate gemieden.

Jedenfalls bräuchte es gerade heute, angesichts immer schneller wiederkehrender Wirtschaftskrisen, besonders gescheite Köpfe inner- und außerhalb der Politik. Aber werden das nicht möglicherweise immer mehr jene sein, die sich aus der Arbeitswelt zurückziehen, weil sie nicht mehr können und wollen? Die neuen Lebenskünstler? Rückzug statt Einzug – auch in die Politik?

So schließt sich der Kreis. Die, die unsere Gesellschaft benötigt, verlassen sie. Die, die sie nicht braucht, bleiben und denken über Dinge nach, die sie nicht verstehen. Die, die gegangen sind, würden sie verstehen, aber niemand hört ihnen mehr zu.

Aber es sollte auch Platz für diese anderen geben, für jene, die wieder Muße und Lebenssinn suchen und eher finden als die im Zeitwahn geistig platt Gedrückten – es sollte Platz sein für sie in einem modernen Staat, der auf Leistung und Chancengleichheit gebaut ist. So, wie es Platz für die anderen vier gibt, die Weitermacher, die Geld-Vermehrer, die Ausgebrannten und die Getriebenen.

Mit großer Verve beklagen Medien das Fehlen der wirklich „großen Persönlichkeiten", der geistigen Orientierungshilfen oder auch der Intellektuellen in einem Staat. Gegenfrage: Wäre er oder sie die wirklich große Persönlichkeit mit Charisma, würde sie oder er sich ein Leben in immerwährender Erreichbarkeit und medialer Befragbarkeit antun? Sie kennen die Antwort.

Es kann hier nur der Hoffnung Ausdruck verliehen werden, dass Arbeit insgesamt besser verteilt wird. Dass wieder mehr Menschen in ihren Berufen zufrieden sind und auch Zeit außerhalb der Arbeitswelt genießen können – ohne ein schlechtes Gewissen zu haben.

Damit letztlich alles einen Sinn hat.

Was hätte denn sonst Wirtschaften überhaupt für einen Sinn, wenn nicht den, ein Leben lebenswert zu machen?

Der Sinn des Wirtschaftens oder „Was für den Menschen gut ist, ist für die Wirtschaft gut"

„Das Streben nach Geld ist nur insofern gerechtfertigt, als es zu einem guten Leben führt."

Wieder einmal ER. Der große Ökonom. John Maynard Keynes. Wie einfach und logisch doch dieser Satz im Gehirn – wo auch immer genau – nachschwingt. (Skidelsky 2010: 199)

Doch leben wir ihn auch?

Das gute Leben

Was ist gut? Und was tut gut? Keynes selbst hält sich an die Lehre des Cambridger Philosophen G. E. Moore, der schon 1902 formuliert hat, dass „gut an sich" nur Bewusstseinszustände sind. Handlungen dienen lediglich als Mittel. (Moore 1903: 260)

Für John Maynard Keynes sind diese „an sich guten" Zustände etwa die „Liebe zum Wissen", „ästhetische Empfindungen haben", „verliebt sein". Vermutlich darf man dieser Liste „Bleibendes schaffen" und selbstverständlich wohl die „Gründung einer Familie" hinzufügen.

Nicht „an sich gut" sind für Keynes die Mittel, die zu guten Bewusstseinszuständen führen. Weder der Kapitalismus, ja nicht einmal Freiheit oder Gerechtigkeit können deshalb per definitionem gut sein. Keynes lehnt den Kapitalismus aber nicht ab, ganz im Gegenteil. Er akzeptiert sogar Egoismus, als „Hauptrechtfertigung für politische und wirtschaftliche Freiheit". (Skidelsky 2010: 205)

Abbildung 33: Verzückt in der Betrachtung eines Kunstwerks

Ob das auch allen vehementen Keynes-Kritikern bekannt ist?

Immer öfter geht es in der modernen Welt um Abläufe, um Prozesse statt um Werte. Aber wozu das alles? Was ist der Sinn unseres Schaffens?

„Wir kritisieren die Gier, haben aber keine Antwort auf die Frage: Wie viel ist genug?" (Ebenda: 210)

Gibt es nicht immer mehr Güter, deren angeblicher Genuss sich immer weiter vom Zweck entfernt? Angenommen, es hätte Ihnen in den 1980er-Jahren jemand die Frage gestellt: „Wollen Sie eigentlich 24 Stunden täglich erreichbar sein?" Oder: „Würden Sie gerne mindestens zehn Mal am Tag so lange telefonieren, wie Sie es derzeit tun?" Vermutlich wäre die Antwort: „Ich bin doch nicht verrückt" gewesen. Stellen Sie sich diese Fragen heute noch? Oder genügt die Nachricht, dass ein neues, noch nie da gewesenes Mobiltelefon oder Tablet in den nächsten Tagen in Europa auf den Markt kommen wird?

Will man mit einem neuen Kommunikationsgerät tatsächlich mehr telefonieren, mehr E-Mails verschicken oder will man das neue Gerät einfach *haben*? Will ich künftig mehr Bergstraßen befahren, weil ich nun einen Allrad-SUV mein Eigen nenne, oder will ich das neue Auto einfach *haben*? Werde ich mehr fernsehen, weil ich mir ein Drittgerät kaufe, oder ärgert es mich nur, dass in meiner Wohnung ein einfaches Flachbild-TV-Gerät mit nur 80 Zentimetern Bildschirmdiagonale thront, während mein Arbeitskollege von 3D und HD schwärmt und das in doppelt so großer Ausführung?

Geht es um den Zweck oder um das Mittel?

Die in früheren Zeiten auf Mode und später auch auf Autos beschränkte Produkthysterie hat nun die Welt der Unterhaltungselektronik und Kommunikationsbranche erfasst.

Die Mittel sind auch hier zum Zweck geworden.

Abbildung 34: Wunschlos glücklich?

Kein Ökonom vor ihm hat sich in seinen Betrachtungen zum Geld – und dessen Auswüchsen – so ausführlich diesem eigentlichen Mittel zum Zweck gewidmet wie John Maynard Keynes.

Er beobachtete an Menschen zwei Funktionen des Geldes. Zum einen den Wunsch jedes Einzelnen, so viel wie nur irgendwie möglich davon zu haben. Hauptsache reich, was nun mit dem Reichtum anstellen – das ist zweitrangig.

Funktion zwei: Geld horten. Aus Unsicherheit. Dem Wirtschaftskreislauf entziehen, würde man heute sagen. Mit dieser Auffassung galt Keynes als ökonomischer Revolutionär. Ein Neoklassiker verneint bis heute das Faktum, dass Menschen Geld am Konto liegen lassen oder es gar unter dem berühmten Kopfpolster verstecken, solange die Sparzinssätze auch nur einen Millimeter über Null liegen. So blöd sei niemand, so die „klassische" Argumentation.

Und sie legten und legen ihr Geld trotzdem nicht an: weder in Aktien noch in Anleihen – und schon gar nicht konsumierten und konsumieren sie es, jene von *Unsicherheit* geprägten Menschen in den großen Wirtschafts- oder politischen Krisen des 19., 20. und 21. Jahrhunderts.

Das Erkennen der Angst davor, ihr Geld „in die Wirtschaft zu pumpen", gilt als ein Hauptverdienst des britischen Ökonomen Keynes. Ihn auf einen reinen „Deficit Spender" zu reduzieren, zeugt eher von einer ungenügenden Beschäftigung mit seiner Arbeit denn von Analysekraft. Im Übrigen hat schon Aristoteles darauf hingewiesen, dass das gute Leben in Gefahr sei, wenn der Gelderwerb an sich als wertvoll gelte (Skidelsky 2010: 211).

Grundsätzlich könnte man ja meinen, Menschen wollen lieber Produkte statt Geld. Doch so funktioniert der Kapitalismus nicht, und schon gar nicht der Finanzkapitalismus. Menschen wollen heute Geld, um damit noch mehr Geld zu erhalten. Sie haben dadurch ein Werte-Bild geschaffen, das John Maynard Keynes schon achtzig Jahre zuvor erahnt hatte. Wobei Keynes auch ein Träumer war: Die Liebe zum Geld werde in den 2020er-Jahren aufhören, schreibt er. Da sei die Menschheit mit Gütern gesättigt, das Arbeitsvolumen sei drastisch gesunken und immer mehr Menschen könnten sich ihren Hobbys hingeben. (Keynes ging in den 1920er-Jahren in seinen Berechnungen von einem jährlichen Kapitalwachstum von zwei Prozent aus, einer Produktionssteigerung von jährlich einem Prozent und gleichbleibendem Bevölkerungswachstum, der Lebensstandard müsse sich demnach in 100 Jahren in etwa versechsfachen.)

Was stimmt, ist der Umstand, dass zwar die Einkommensverteilung auf dieser Welt noch immer enorm ungerecht ist, dass aber die Zahl jener Menschen, die in Wohlstandsgesellschaften leben und mittlerweile Geld als Gut und nicht nur zum Gütererwerb sehen, enorm hoch ist. Und sie steigt. Immer mehr haben alles, was sie zum Leben brauchen. Immer mehr haben das, was sie sich gewünscht haben, auch. Also muss durch Marketing Neues her, in immer kürzeren Abständen. Doch das gelingt auf Dauer nicht. Bleibt also nur eines: das Gut Geld zu vermehren. Doch wie? Sparbuch, Anleihen, Aktien, Optionsscheine, Zertifikate, CDOs (jene kreditbesicherten Wertpapiere, die 2008 / 2009 als „Giftpapiere" in die Krisengeschichte eingegangen sind) und ihre Schwester CDS, die Ausfallversicherung ... den Geld-Vermehrern wird Neues einfallen.

Wenn es jedoch stimmt, dass die Liebe zum Geld stärker ist als alles andere, steckt dann in jedem von uns im Grunde doch ein *Homo oeconomicus*, den wir in diesem Buch schon so oft als unzutreffendes Kunstwesen verteufelt haben? Nein, aber die „kühlen Rechner" unter uns werden immer mehr. Die Minderheit ist mit Beginn des Finanzkapitalismus ab den 1980er-Jahren größer geworden. Und jünger.

„Heute regiert das Prinzip der Anpassung zum eigenen Vorteil", fasst ein Wissenschaftler eine österreichische Jugendstudie zusammen. Kalkül statt Visionen, Zurückhaltung und Ducken statt Kritik und Aufschrei – so soll die Jugend von heute sein. (Heinzlmaier 2012). Angesichts der Occupy-Bewegung und anderer Jugendproteste gegen die Sparpolitik von Regierungen klingt das zwar zu düster, aber diese jungen Menschen sind für Jugendforscher die Ausnahmen. Ansonsten kaum ein „Empört euch", abgesehen davon, dass es ohnehin schon geschrieben ist. 2010, vom ehemaligen französischen Widerstandskämpfer Stéphane Hessel, der zum Zeitpunkt der Veröffentlichung „erst" 93 Jahre alt war.

Eine deutsche Studie über 14- bis 17-Jährige sieht die materialistischen Hedonisten und die adaptiv-pragmatischen Jugendlichen im Vormarsch. (Calmach, Thomas 2012)

Die Hedonisten, nur aufs Materielle aus, würden auf Konsum set-zen, lehnten Kontrolle ab und akzeptierten keine Autoritäten, heißt es. Sie streben nach einem „gechillten" Leben. Erst kürzlich war in der U-Bahn in Wien der Satz eines ungefähr 13-jährigen Teenagers zu seiner Mutter zu hören: „Geh bitte, chill dich ab, mir reicht's bald."

Geld würde diese Gruppe glücklich machen, aber man habe lei-der viel zu wenig davon – so wird ihre Einstellung in der Studie be-schrieben. Die Forscher bezeichnen diese Jugendlichen als „freizeit- und familienorientierte Unterschicht mit ausgeprägten marken-bewussten Konsumwünschen". (Ebenda)

Die Adaptiv-Pragmatischen sind die neuen Spießer. Was ist realis-tisch, was kann ich planen, wie komme ich rasch zu Wohlstand?

Auch in der Zusammenfassung der Studie über alle befragten Jugendlichen ist zu lesen: „Der Wert eines Menschen wird (Anm.: von den 14- bis 17-Jährigen) in erster Linie an seiner Leistungsfähig-keit beziehungsweise Bildungsbiografie bemessen". Und „man dürfe keine Zeit vertrödeln, müsse früh den richtigen Weg einschlagen und gleichzeitig flexibel für neue Wege sein". (Ebenda)

Mag sein, dass wir in zehn oder zwanzig Jahren ein anderes Buch schreiben müssen. Dass der rationale Agent doch den Mainstream darstellt und so zu handeln versucht, dass die Welt seine Leistungen so positiv wie nur irgendwie möglich bewertet. Wir können auch beim Begriff des *Homo oeconomicus* bleiben. Bei ihm geht es, wie wir gesehen haben, „nur" um wirtschaftliches Handeln. Man stößt mit dem rationalen Agenten aber auch auf die Bereiche der Philosophie und der Ethik.

Kurzum: Hauptsache Applaus für meine Leistungen, alles andere hat hintanzustehen.

Aber halt! Es muss ja nicht so kommen.

Noch möchte der überwiegende Teil der Wohlstandsgesellschaf-ten gerne den Traum vom Leben leben, so wie wir ihn in den Kapi-teln über Verhaltens- und Neuroökonomie kennengelernt oder wie ihn die Glücksökonomen in den letzten Jahrzehnten erforscht haben: Menschen, die sich nach Liebe, Gesundheit, Familie, Freunden, Haus und Auto sehnen, eingebettet in eine Welt des Friedens, der Sicherheit und mit netten Hobbys, mit netten Menschen oder allein mit guter Lektüre in der Hängematte als Sahnehäubchen oben drauf.

Auch wenn neoliberale Welterklärer mittlerweile den Anleger zum Missetäter stempeln wollen, mit der Argumentation, dass es ja nur die Gier der Menschen gewesen sei, die die Anlageberater dieser Welt erst tätig werden ließen. Mit hochspekulativen Finanzprodukten, die die Kundenberater dann in den Wertpapierabteilungen der internationalen Investmentbanken Gott sei Dank gefunden hätten. Dazu nur eine Zahl: 85 Prozent der Deutschen interessieren sich *nicht* für Risikopapiere, der Anteil der Aktionäre, die direkt an einem Unternehmen beteiligt sind, liegt bei nicht einmal 5 Prozent. (Vgl. Literatur Internet 11)

In Österreich haben 87 Prozent weder Aktien noch Aktienfonds. Der Anteil der sogenannten direkten Aktionäre liegt ebenfalls bei 5 Prozent. (Vgl. Literatur Internet 12)

Und selbst von den anlagefreudigen Schweizern wollen 83 Prozent nichts mehr von Aktien oder Aktienfonds wissen, es wurde sogar ein unglaublicher Einbruch von 30 Prozent direkter und indirekter Aktionäre im Jahr 2000 auf 17 Prozent im Jahr 2010 verzeichnet. (Vgl. Literatur Internet 13)

Selbstverständlich sind Aktionäre und Aktienfonds für eine funktionierende Wirtschaftsstruktur unerlässlich, es wäre gut, gäbe es viel mehr Menschen, die ihr Geld soliden Aktiengesellschaften anvertrauten. Wichtig ist nur, ihren tatsächlichen Anteil an der Weltbevölkerung vor Augen zu haben.

Denn zu sagen, dass die Gier vieler Menschen die Krise ausgelöst habe, ist bei einem Anteil von 85 Prozent, der sich noch nie mit Risikopapieren beschäftigt hat, lächerlich.

Ein ernüchternder Blick zurück: Privatisierungen, Deregulierungen, Liberalisierungen führten dazu, dass viel Geld den Markt erreichte – und das wollte angelegt werden. Gewinnbringend. Einige Menschen sind Ende des letzten Jahrhunderts reich geworden. Sehr reich. Mit diesem Vorbild vor Augen haben auch sogenannte Kleinanleger versucht, auf den Zug aufzuspringen. Doch haben sie die Finanzprodukte, die ihnen ihre Anlageberater empfohlen haben, in ihrer Komplexität wirklich verstanden? Haben die Empfehler gewusst, was beispielsweise CDOs sind?

Der Rest ist bekannt. Der Sinn des Wirtschaftens ging immer mehr verloren. Der da wäre, ein gutes Leben zu führen: Aber nicht nur „an und für *sich*", sondern eben *„an und für* sich", im „Allgemeinen" also. Oder, um es weniger poetisch zu formulieren, es geht nicht um ein Nutzenkonzept für einen, sondern um eine Ethik, in der man dafür sorgen sollte, den Nutzen für das Ganze zu maximieren. So hat es im 19. Jahrhundert auch der Philosoph John Stuart Mill formuliert.

Es sei besser, ein unzufriedener Mensch zu sein als ein zufriedenes Schwein.

Oder wie es im Original heißt:

„It is better to be a human being dissatisfied than a pig satisfied; better to be Socrates dissatisfied than a fool satisfied. And if the fool, or the pig, is of a different opinion, it is because they only know their own side of the question. The other party to the comparison knows both sides." – „Es ist auch besser, ein unzufriedener Sokrates zu sein als ein zufriedener Narr. Und wenn der Narr oder das Schwein da anderer Meinung sind, dann nur deshalb, weil sie es nur aus ihrem eigenen Blickwinkel sehen. Die anderen jedoch kennen beide Seiten." (Mill 2009)

Mill geht es vor allem um die ethische Maxime einer gerechten Verteilung der Güter, die aus seiner Sicht dem hedonistischen Eigennutz in jedem Fall vorzuziehen ist. Er spricht von einem „größten Glück der größten Zahl". „Utilitarismus" gilt als das Hauptwerk der klassischen nutzenorientierten Ethik.

Dem „Erfinder" der Wirtschaftswissenschaften, Adam Smith, tut man unrecht, wenn man seine Theorien ins „eigennützige" Eck stellt. Denn vielfach wird vergessen, dass Smith im 18. Jahrhundert nicht nur das „Jahrtausendwerk" „Wohlstand (manchmal auch Reichtum) der Nationen" verfasst hat, sondern auch die „Theorie der ethischen

Gefühle". In dieser beschreibt Smith den Menschen als liebevoll, ausgestattet mit Einfühlungsvermögen und keineswegs nur „rational" agierend. (Evensky 2005)

Adam Smith sieht die Sympathie als den Kitt der Gesellschaft.

Warum gelingt uns das aber alles nicht? Warum entfernen wir uns immer mehr vom eigentlichen, „klassischen" Sinn des Wirtschaftens, je besser es uns geht?

Der tschechische Ökonom, Tomáš Sedláček, der einer breiten Öffentlichkeit durch die Übersetzungen seines Buches „Die Ökonomie von Gut und Böse" ins Englische (2011) und ins Deutsche (2012) bekannt geworden ist, schreibt: „Unsere Bedürfnisse wachsen schneller als ihre Erfüllung." (2012: 275)

Dem kann nur schwer zugestimmt werden. Müsste es nicht vielmehr heißen: Die erzeugten Bedürfnisse wachsen schneller als die Erfüllung? Doch im Grunde stimmt nicht einmal das, sieht man von unverständlichen 200-Meter-Warteschlangen beim Erstverkauf eines neuen Smartphones vor dem Elektronikgeschäft ab. Meist ist es eher so, dass das Ding zuerst da ist und erst dann kommt die Lust, vielleicht auch die Gier des Menschen, es zu besitzen. Und wir erinnern uns: Rund 85 Prozent der neuen Produkte in Deutschland scheitern an der Unlust des Konsumenten, sie auch haben zu wollen.

Doch Sedláček lässt nicht locker. Er glaubt keineswegs daran, dass Menschen, die schon viel haben, weniger brauchen. Das zu glauben, „war ein großer Fehler. Unsere Bedürfnisse wachsen mit dem, was wir haben. Wir werden nie zufrieden sein. Der Anstieg des Angebots wird den Anstieg der neuen Nachfrage nie einholen." (Ebenda: 275)

Auf den ersten Blick kann dieser Satz vielleicht global zutreffen, keinesfalls jedoch auf die Wohlstandsgesellschaft bezogen werden.

Natürlich ist der Mensch latent unzufrieden. Aber doch wohl nicht, weil er in Permanenz neue Produkte braucht? Geht es da nicht mehr um Sinnfragen?

Aber Sedláček relativiert selbst etwas. Die Bedürfnisse mögen ja vielleicht „begrenzt und befriedigungsfähig" sein, doch für unsere Wünsche und Begehren gelte das nicht.

Natürlich nicht. Das Begehren ist endlos. Und das „Shoppen-Gehen" wird um des „Shoppens willen" gemacht. Zumindest hat man immer öfter einen dementsprechenden Eindruck. Und gewiss hat der tschechische Ökonom vollkommen recht, wenn er dies anprangert und sich fragt, weshalb die „Konsum-süchtigen Menschen aufgrund einer Stagnation beim BIP oder eines Null- oder niedrigen Wachstums in eine Depression verfallen"? (Ebenda: 275)

Schon der Gang durch überfüllte Kaufhäuser scheint für immer mehr „Süchtige" der Weg zum inneren Glück. Doch nur schauen statt shoppen frustriert am Ende beide Seiten. Die Anbieter ohnehin („Dauernd schaun s' nur, verstellen den anderen die Sicht aufs G'wand und dann gehn s' wieder" – Originalzitat einer Wiener Geschäftsfrau, die Mode anbietet), aber auch die Nicht-Einkaufenden. Denn zu Hause ist nichts da, was man freudig auspacken könnte. Und so wird unmittelbar, bevor die Geschäfte ihre Läden wieder herunterlassen, in letzter Sekunde doch noch ein Schnäppchen erworben, das meist für immer und ewig ein kümmerliches Dasein im Kleiderkasten fristet.

Es liegt in unserer Natur, Neues zu suchen und letztlich auch zu besitzen, doch dass das Angebot nicht mehr mitkönnte, diese Theorie kann schwer nachvollzogen werden.

Warum das Problem nicht von der anderen Seite anpacken? Könnte uns Mäßigung zu mehr innerem Glück führen? Fehlt uns vielleicht der Mangel?

Wir haben in diesem Buch diese bizarre Situation schon einmal beschrieben. Ohne Mangel keine knappen Güter – keine Preise – keine Ökonomie.

Also wird Mangel immer wieder erzeugt. Mangel an lieferbaren iPhones, Mangel an Live-Übertragungen von großen Fußballspielen, Mangel an T-Shirts einer bestimmten Marke.

Der Mensch mit seinem ihm innewohnenden Erlebnisdrang wird sich allerdings nicht ewig narren lassen. Er wird sich vielleicht andere als ausschließlich produktbezogene Freuden suchen. Man denke nur an die Jakobsweg-Wanderer, die vielen Umkehrer, Einkehrer, In-sich-

Kehrer, Rückkehrer und Lebenssinn-Suchenden. Letztere oft in ökonomisch sehr ertragreichen Seminarangeboten kluger Lebensberater.

Wenn sich die Wirtschaft ändern soll, muss sich jedenfalls zuerst der Mensch ändern. Dazu müsste er das über Jahrzehnte antrainierte künstliche Wollen schrittweise wieder ablegen und zurück zu Natürlichkeit und echter Spontaneität finden. Auf den Punkt bringt dies in diesem Zusammenhang eine scharfe Polemik des slowenischen Philosophen Slavoj Žižek gegen die Bedeutung von Coca-Cola – hier einige Passagen:

„Weder bereitet der merkwürdige Geschmack des Getränks besonderen Genuss, noch wirkt es auf Anhieb angenehm und anregend. Doch genau dadurch, dass es seinen unmittelbaren Gebrauchswert transzendiert (im Gegensatz zu Wasser, Bier oder Wein, die den Durst löschen oder eine andere gewünschte Wirkung – Beruhigung, Entspannung usw. – herbeiführen), fungiert Coca-Cola als die unmittelbare Verkörperung des ‚Es‘, des reinen Mehrgenießens gegenüber den üblichen Formen von Befriedigung, des mysteriösen und schwer zu fassenden X, dem wir mit unserem zwanghaften Warenkonsum hinterherhetzen. Die unerwartete Folge dieses Merkmals besteht nicht darin, dass wir Cola nur als Ergänzung, als Supplement, trinken, nachdem irgendein anderes Getränk unser substanzielles Bedürfnis befriedigt hat, sondern darin, dass die völlige Überflüssigkeit von Coca-Cola den Durst danach ‚noch unstillbarer‘ macht. Coca-Cola hat die paradoxe Eigenschaft, umso süchtiger zu machen, je mehr man davon trinkt; durch seinen bittersüßen Geschmack wird unser Durst danach nie wirklich gelöscht. […]

Dieser Prozess wird im Fall des koffeinfreien Diet-Coke an sein logisches Ende geführt – warum? Wir trinken Cola oder irgendein anderes Getränk aus zwei Gründen: wegen seines Nährwerts und wegen seines Geschmacks. Im Falle des koffeinfreien Diet-Cokes existiert der Nährwert praktisch nicht, und auch das Koffein, das Schlüsselelement seines Geschmacks, fehlt; was bleibt, ist der reine Schein, das künstliche Versprechen einer Substanz, die sich nicht materialisiert. Verhält es sich daher im Falle dieser koffeinfreien Diet-Coke nicht wirklich so, dass wir fast buchstäblich ‚nichts in Gestalt von etwas‘ trinken? […]

Dieses Beispiel veranschaulicht den inhärenten Zusammenhang zwischen drei Begriffen: dem marxistischen Mehrwert, dem Lacan'schen *Objekt a* als Mehr-Genießen (ein Konzept, das Lacan im direkten Bezug auf den Marx'schen Mehrwert entwickelte) und dem von Freud schon vor langer Zeit erkannten Paradox des Über-Ichs: Je mehr Cola man trinkt, desto durstiger wird man; je mehr Gewinn man macht, desto mehr will man haben; je mehr man den Befehlen des Über-Ichs gehorcht, desto schuldiger wird man – in allen drei Fällen wird die Logik eines ausgeglichenen Austauschs zugunsten einer exzessiven Logik des ‚Je mehr man gibt (je mehr Schulden man abbezahlt), desto mehr schuldet man‘ gestört (oder: ‚Je mehr man besitzt, wonach man sich sehnt, desto mehr vermisst man etwas, desto größer ist das Verlangen‘). Die nachfrageorientierte Variante dazu lautet: ‚Je mehr wir kaufen, desto mehr müssen wir ausgeben‘, und sie ist das genaue Gegenteil des Paradoxons der Liebe, das Julia in ihren unsterblichen Worten gegenüber Romeo formuliert: ‚The more I give, the more I have.‘" (2000: 13–15)

Natürlich soll dieses Buch nicht als Plädoyer für den Stillstand enden. Allein die Aufrechterhaltung unseres Wohlstandes bedarf enormer menschlicher Energie, vor allem dann, wenn man ihn irgendwann ohne Neuverschuldung stabilisieren will. Wenigstens in diesem Punkt sind sich die meisten in Politik und Wirtschaft – wenn auch nicht in der Strategie und im Zeitplan, so im Ziel einig: Gesucht wird ein Wohlstand ohne neue Schulden bei gleichzeitiger Disziplin der Völker, nicht selbst den Staat auszuhungern.

Aber einen Grundgedanken wollen wir in diesem Schlusskapitel dennoch nicht verlieren: Wenn wir nicht bloß produktbezogen angenehmer leben wollen, sondern einfach rundum zufriedener, dann wird das nur ohne unbefristeten Wachstumswahn möglich sein.

Denn auch darüber sind sich fast alle einig. Das Morgen ist wirtschaftlich nicht mehr das bessere Heute. Was seit 1945 galt – es wird von Jahr zu Jahr besser –, hat seine Gültigkeit verloren.

Doch bevor wir zu fordernd werden, können wir uns überhaupt *selbst* ändern? Wir haben in diesem Buch schon einmal über Willensstärke gesprochen. Die Diskussion über freien oder doch unfreien Willen dominiert, wie wir gesehen haben, die gesamte Neuroökonomie und sie spaltet die Wissenschaft. Eine hochinteressante Antwort gibt der bekannte deutsche Hirnforscher Gerhard Roth: „Ich glaube ja auch an die Willensfreiheit, allerdings nicht in diesem absurden traditionellen metaphysischen Sinne, man könnte sich neben seine Persönlichkeit stellen und über sie hinweg entscheiden. Meine Entscheidungen sind dann für mich subjektiv frei und werden auch in der Gesellschaft als frei angesehen, wenn sie sich aus meiner Persönlichkeit ergeben, das heißt in Abwesenheit eines äußeren, aber auch eines inneren Zwanges." (Roth 2012)

„Ohne Ökonomie bin ich nichts"

In den 1980er-Jahren sagte der damalige österreichische Bundeskanzler Fred Sinowatz in seiner Parteitagsrede den Satz: „Der Partei verdanke ich alles, ohne die Partei bin ich nichts." Spott und Häme bis weit über den Tod des Kanzlers hinaus waren die Folge, vor allem weil als Zitat nur „Ohne Partei bin ich nichts" übrig geblieben war. Heute sagen viele, dass man dem Mann unrecht getan habe und dass er vor allem, war es doch die Antrittsrede als neuer Parteichef, seinen Sozialdemokraten Danke sagen wollte dafür, dass sie ihm nach dem Rücktritt der österreichischen Größe Bruno Kreisky das Vertrauen geschenkt hatten.

Muss man nicht heute vielmehr die meisten Ökonomen fragen: Warum habt *ihr* jahrzehntelang nach dem Motto „Ohne Ökonomie ist die Gesellschaft nichts" gelebt und gelehrt?

Natürlich hat die Wirtschaft für uns größte Bedeutung – und ohne Wirtschaft würden wir wohl noch immer jagen, sammeln und kämpfen. Aber kann man es sich heute in der Ökonomie wirklich leisten, sozialwissenschaftliche und medizinische Disziplinen sowie die Philosophie auszuklammern? Nennen wir es eine interdisziplinäre Wende, die notwendig sein wird, um vielleicht doch irgendwann einmal das Aufziehen großer Welt-(Wirtschafts-)Krisen zumindest zu erahnen.

Von einer notwendigen Wende spricht auch der deutsche Philosoph und Buchautor Richard David Precht: Denn der Siegeszug des Kosten-Nutzen-Kalküls als gesellschaftliche Leitvorstellung verdanke sich dem Leitbild von Bankern und Brokern seit den 1990er-Jahren des letzten Jahrhunderts. Seine Opfer sind laut Precht Wertkonservativismus und Sozialutopien. Des Philosophen Wende könne nur von Wissenschaftlern, deren Gegenstand die Gesellschaft, nicht der Markt ist, eingeleitet werden. (Precht 2012)

Und es stimmt, wie wir schon ausgeführt haben, dass die „sozialen, politischen und moralischen Zusammenhänge, um die es geht, weit größer als die Ökonomie sind" (Ebenda: 70).

Schwierig wird es mit Sicherheit für die Anhänger der reinen Ökonometrie, jenes Teiles der Wirtschaftswissenschaften, der sich ausschließlich zwischen Zahlen und Daten bewegt, eine Art Symbiose von mathematischen Methoden und statistischen Daten, die eingesetzt wird, um ökonomische Modelle empirisch abzusichern.

Eine *Neue* Ökonomie stützt sich genauso auf Mathematik, Statistik und Ökonometrie, aber sie wird vielleicht nicht mehr alles mit allem in Beziehung bringen, um dann eine monokausale Begründung abzuliefern, nach dem Motto: Dies (zum Beispiel Geldmengenerhöhung) war der wirtschaftspolitische Fehler und sonst nichts. Schon 1980 machte sich der Oxford-Professor David Hendry (1980) in dem Artikel „Ökonometrie: Alchemie oder Wissenschaft?" darüber lustig, dass der Zusammenhang zwischen heftigen Regenfällen im Vereinigten Königreich und der dort vorherrschenden Inflation weitaus signifikanter sei als jener zwischen Geldmenge und Inflation. Neoklassische Ökonomen lehren ja, dass mit Ausweitung der Geldmenge nur die Preise steigen und sonst nichts (Positives) passiere. Was zum Teil stimmt, aber nicht in dem Ausmaß, wie es meist prognostiziert wird.

Ja, dieses Beispiel ist eine maßlose, letztlich ökonomisch unanständige Übertreibung. Denn ein Zusammenhang zwischen „Geld über die Menschen schütten" und Inflation besteht selbstverständlich. „Lieber Kollege, warum lassen wir über verschuldete Staaten nicht Helikopter fliegen, die Geldscheine abwerfen?", ist eine beliebte Frage an Volkswirtschaftsstudenten. Zumindest war sie es in den 1980er-Jahren. Das Problem nur, man konnte bei den meisten Professoren in seinen studentischen Antworten ganz ohne „aber" und „auch" durchkommen – im doppelten Sinne. Es genügte die Antwort: Sinnlos Herr oder Frau Professor, das erzeugt nur Inflation. Man hätte auch hinzufügen können, wäre es verlangt worden: Mehr Geld im Umlauf kann kurzfristig (!!) auch positive Effekte haben: ein Anspringen von Investitionen, mehr Beschäftigung und, und, und. Und vor allem kann es psychologisch einiges auslösen. Bessere Stimmung (kurzfristig!), optimistischere Unternehmer, kauffreudigere Menschen (wobei man die Kauffreude auch nicht übertreiben sollte, schon gar nicht mittel- oder langfristig). Vielleicht verbessert sich sogar die soziale Situation im Land. Vielleicht aber auch nicht.

Es geht wie schon so oft um die unerlässliche Zusammenarbeit zwischen den Wissenschaftsdisziplinen. Doch wer kann diese veranlassen? Wer ist derjenige, der alle zusammenbringt? Ökonomen, Politiker, Philosophen, Ethiker, Soziologen, Juristen, Mediziner. Wer beruft den Runden Tisch zur großen ökonomischen Wende ein?

Wirtschaft mit Sinn

Darauf zu warten, bis die oben genannten Wissenschaftler einander „selbst finden", wird sich als sinnlos herausstellen. Die Revolution kann nur von unten kommen. An den Universitäten findet sie schon statt. Studenten an vielen deutschen Universitäten weigern sich bereits, Lösungen für die europäische Krise 2012 in Büchern aus dem 18. und 19. Jahrhundert zu suchen. Sie organisieren Konferenzen (etwa „Rethinking Economics" in Tübingen 2012) und bringen so die Lehrenden immer mehr unter Zugzwang: Entweder sie springen auf den fahrenden Zug der Neuen Ökonomie auf oder die Medien werden weiter mit Informationen über die schlechte, veraltete Lehre an manchen Universitäten gefüttert. Denn nichts anderes findet seit

Jahren statt. In Dutzenden Zeitungen wird die Krise der Volkswirtschaftslehre thematisiert, alternative Ökonomen werden in Fernsehshows eingeladen, sogar sogenannte Finanz-Kabarettisten erklären die Kreditkrise 2008/2009 – besonders sehenswert die perfekt analysierte Version des deutschen Kabarettisten Chin Meyer im Netz. Bei Printmedien hat man den Eindruck, dass neben der deutschen Wochenzeitung „Die Zeit" vor allem das „Handelsblatt" führend in der Darstellung der Lehre-Krise ist, ja Studenten der Volkswirtschaftslehre wird bereits Platz gegeben, ihre Vorstellungen von Nationalökonomie niederzuschreiben. Krisen-Lehre einmal anders.

Parallel zu Großkonferenzen von Professoren aus aller Welt werden Gegenveranstaltungen mit Titeln wie „Arbeitskreis Real World Economics" organisiert.

Aber auch Wirtschafts-Nobelpreisträger (die, wie wir ja wissen, keine ganz „echten" sind) wie Joseph Stiglitz attackieren immer mehr ihr eigenes Fach. Die Volkswirtschaftslehre habe die intellektuelle Basis für die krisenauslösenden Deregulierungen geliefert, schreibt Stiglitz (2010a).

Tausende Ökonomen sind in der „World Economic Association" bereits drauf und dran, die Volkswirtschaftslehre methodisch neu zu erfinden.

Etwas skeptischer darf man sein, wenn ein legendärer Hedgefonds-Manager, der wirtschaftspolitisch nicht nur Gutes angerichtet hat, eine Denkwerkstatt baut. Aber immerhin hat George Soros in seinem Institute for New Economic Thinking (INET) bereits mehrere Nobelpreisträger versammelt, die nur dann Geld bekommen, wenn sie heterodox, also gegen den Mainstream, forschen.

All das wird dauern. Viel zu lange. Bis zu dem Tag, an dem die Ökonomie wirkungsvollere Methoden gefunden haben wird, um Krisen zu bekämpfen oder sie zumindest zu erahnen und Vorbeugung zu betreiben, bleibt uns allen nur eines.

Der Hausverstand. Auch bei ganz alltäglichen ökonomischen Fragen. Greifen wir nun eine der meistgestellten auf.

Soll ich als Einzelner in Krisenzeiten sparen oder konsumieren?

Ökonomen antworten: „Sparen! Konsumieren!"

Politiker: „Das kann man jetzt noch nicht sagen."

Medien berichten: „Die einen sagen so, die anderen so."

In einer österreichischen Tageszeitung sagt ein Bankökonom im Sommer 2012 unter dem Zeitungstitel „Österreicher sparen viel zu wenig", dass man zu einer – wortwörtlich – „Sparen ist geil"-Mentalität zurückmüsse.

Tatsächlich ist die Sparquote in Österreich von unglaublichen 11,7 Prozent im Jahr 2008, unmittelbar vor Ausbruch der Krise in Europa, auf 7,5 Prozent im Jahr 2011 zurückgegangen.

Abbildung 35: Die Sparquote in Österreich

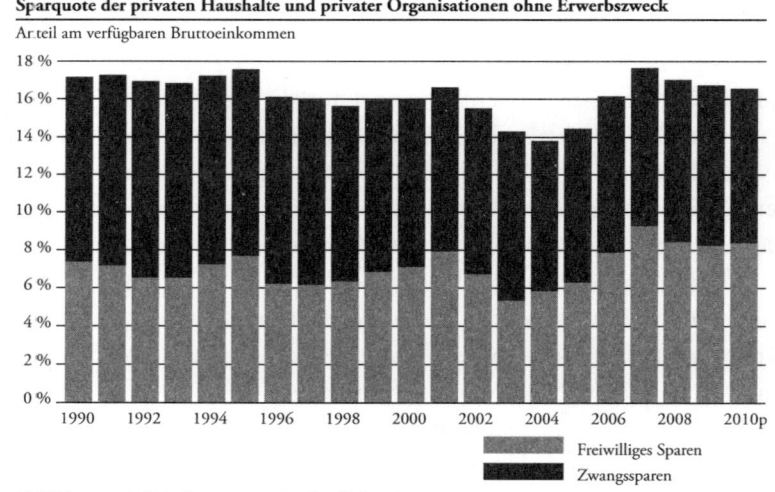

Abbildung 36: Die Sparquote in der Schweiz

Sparquote privater Haushalte in Deutschland 1992 bis 2012

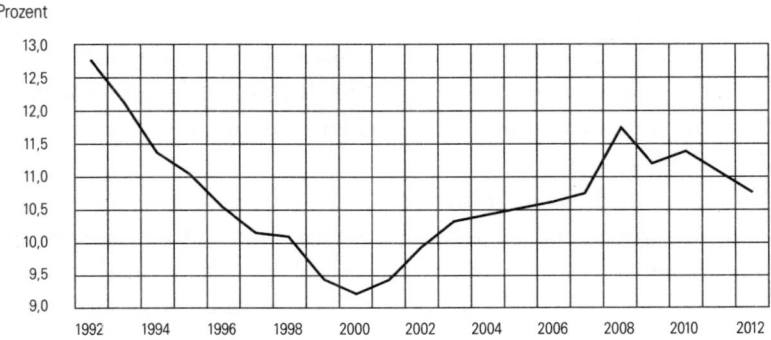

Abbildung 37: Die Sparquote in Deutschland

Na und? Damit sparen die österreichischen Verbraucher genau so viel ihres verfügbaren Einkommens wie andere Haushalte im Euroland (EU-17) und sogar mehr als jene in der Europäischen Union (5,8 Prozent). Deutschland liegt mit rund 11 Prozent deutlich höher. Die Deutschen haben in der Krise mehr gespart, die Österreicher weniger. Die Schweizer sparen 17 Prozent, die US-Amerikaner haben in der Krise 2008–2010 ihre Quote versechsfacht. Vor der Krise unglaubliche 99–100 Prozent Konsum, also eine Sparquote von 0–1 Prozent. 2010 immerhin 6 Prozent.

Der zuvor angesprochene österreichische Bankökonom sagt, es sei mittelfristig falsch, in der Krise mehr zu konsumieren. Die Wirtschaft brauche, wenn der Aufschwung komme, Sparer, um Investitionen zu tätigen. Und die Wirtschaft brauche Banken, die mit „spannenden Sparprodukten" die Haushalte zum Sparen ermuntern.

Erkennen Sie selbst, wie viele Botschaften in diesen wenigen Aussagen stecken?

1. Auch wir haben keine Ahnung, ob in der Krise sparen oder konsumieren effizienter wäre. Und die Erfahrungen aus den verschiedenen Ländern zeigen, dass sich die Menschen vollkommen unterschiedlich verhalten. Das heißt:

2. Allgemeingültige Aussagen der Ökonomie zur Frage „Sparen oder Konsum?" sind nicht vorhanden.
3. Tragen Sie Ihr Geld zur Bank, kaufen Sie ein „spannendes" Produkt – am besten eines, das nur Ihr Anlageberater („unserer Bank") versteht – und der Aufschwung wird kommen.

Und was sagt der Hausverstand?

Klarerweise „und" statt „oder". So wie bisher. Rund ein Zehntel des verfügbaren Einkommens sparen, neun Zehntel gehen in den Konsum. Hat man noch nicht für die Zukunft vorgesorgt, wobei Pflegekosten im Alter noch immer oft in ihrer wahren Dimension unterschätzt werden, wird man das Zehntel wohl erhöhen müssen. Auch dann, wenn in einiger Zeit ein Großankauf ansteht – Häuser oder Wohnungen zu mehr als der Hälfte kreditfinanziert zu erwerben, ist nur dann klug, wenn die Zinssätze sehr niedrig sind.

Hat man die Zukunft jedoch finanziell halbwegs im Griff, stürzt die Welt auch bei einer Sparquote von sieben Prozent nicht ein.

Das sind schlimme Milchmädchenrechnungen und vor allem basieren sie auf einer Vorgangsweise, wie wir sie das ganze Buch über angeprangert haben: Daten über Volkswirtschaften mit jenen von einzelnen Wirtschaftsteilnehmern zu vermischen. Es sollte jedoch nur der Sinn des Sparens klargemacht werden. Denn natürlich ist es unvernünftig, *nichts* zu sparen und sich auf die staatlichen Pensionssysteme zu verlassen. Sind jedoch die für die langfristigen Projekte reservierten Summen angelegt, und bleibt nach Abzug der durchschnittlichen monatlichen Kosten noch immer ein Teil übrig, weshalb den nicht konsumieren? Gerade in Zeiten dramatisch niedriger Zinssätze.

Sparen um des Sparens willen? Geldvermehrung als Lebensziel, ohne auch zu leben?

Sie sehen: Niemand kann eine eindeutige Antwort geben.

Und der, der sie – vor allem ungefragt – gibt, hat mit Sicherheit Eigeninteressen.

Fragen zu Konsum- und Sparverhalten können nie unabhängig vom Verschuldungsproblem gesehen werden, wie wir in der zweiten Weltwirtschaftskrise vor allem in Europa sehen. Das gilt für Staaten ebenso wie für private Haushalte oder jeden Einzelnen von uns. Kurzfristige Schuldenpolitik und keynesianische Ausgaben sowie Defizitpolitik sind notwendig, um den katastrophalen Fehler des Kaputtsparens, wie es in den 1930er-Jahren praktiziert worden ist, nicht nochmals zu begehen.

Kennen Sie die Situation in Restaurants, wenn am Freundestisch beschlossen wird, die Rechnung einfach durch die Zahl der Konsumierenden zu teilen. Einige Male werden es sich jene, die sich bewusst bei Speis und Trank, vor allem beim Genuss teuren Weines, zurückgehalten haben, gefallen lassen, dass sie genauso viel zahlen wie jene anderen „Freunde", die sich quer durch die Speise- und Getränkekarte gearbeitet haben.

Doch irgendwann wird Schluss sein.

Ein gutes Leben zu führen, ist ein gutes Ziel. Dabei bleiben wir. Aber auf Dauer ein gutes Leben auf Kosten anderer zu führen, wird Freundschaften früher oder später zerbrechen lassen. Auch Staaten, die unablässig Geld anderer Länder brauchen, um ihren Wohlstand zu festigen oder auszubauen, werden ins Abseits geraten. Im Ernstfall eine Gemeinschaftswährung verlieren oder in Solidargemeinschaften grundsätzlich nicht mehr gerne gesehen sein.

Aber zurück zur verzweifelten Suche der Ökonomie nach ihrem Higgs-Teilchen. Und zum verzweifelten Warten der Politik auf neue Ideen aus der Neuen Ökonomie.

Letztlich liegt es am Einzelnen selbst. Er kann Parteien wählen, die ein ökonomisches Umdenken zumindest andenken. Das Angebot ist dürftig.

Es wird also noch sehr lange dauern, bis die Neue Ökonomie auch in neue Politik gegossen ist.

Noch dazu, wo sich – wie schon Keynes gesagt hat – Politiker häufig an den alten Lehren bereits verstorbener Ökonomen orientieren. Meist an jenen, die gepredigt haben, dass sich ja „langfristig" die Marktgleichgewichte auch nach einer ganz schlimmen Krise ohnehin *immer* wieder einstellen würden.

„Langfristig sind wir alle tot. Ökonomen machen es sich einfach, wenn sie uns in stürmischen Zeiten nicht mehr zu erzählen haben, als dass der Ozean wieder ruhig ist, wenn sich der Sturm gelegt hat." – „In the long run we are all dead. Economists set themselves too easy, too useless a task if in tempestuous seasons they can only tell us that when the storm is long past the ocean is flat again." (Keynes 1923: 80)

Ein Schluss: Wenn ich weiß, dass ich nichts weiß, muss ich es nicht auch noch ständig sagen

Abgesehen davon, dass sich das „nichts" sein „s" erst durch einen Übersetzungsfehler erschlichen hat (und es eigentlich „… dass ich *nicht* weiß …" heißt), wundert es schon, wie sehr die Menschheit auch 2400 Jahre nach Sokrates vor dessen Erkenntnis, die eigentlich auf Platon zurückgeht, noch immer ehrfürchtig kniet.

Warum eigentlich? Kann Nichtwissen wirklich ein Wissen sein oder bleibt es nicht stets ein Eingeständnis dessen, dass es eben *nicht* ist?

Jedenfalls ist es moderner zu sagen: „Ich hab keine Ahnung", als beschämt zu schweigen. Während früher in Führungsetagen Nichtwissen als Schande galt, wird heute damit geprahlt: „Da kenn ich mich nicht aus!", „Macht ihr mich doch klüger!" oder gar (beliebt bei Journalisten): „Wenn ich's nicht versteh, versteht's der Leser / Hörer / Seher schon gar nicht!"

Welch Armutszeugnis.

Aber es wirkt. Überall. Ökonomen sagen heute unumwunden: „Die Zukunft des Euro? Keine Ahnung!" Oder: „Wie Griechenland retten? Woher sollen wir das wissen?"

Jene, die noch nicht so weit sind, führen Krieg. Schlagzeilen aus einer deutschen Wirtschaftszeitung: „Dieser Mann ist eine akademische Nullnummer" (der konservative Ökonom über den gewerkschaftsnahen Ökonomen), „Job verfehlt und schlimmste Stammtisch-Ökonomie", hatte der jetzt Angegriffene seinen Kontrahenten zuvor kritisiert.

Was wird sich der geneigte Leser wohl denken?

Vor allem: Welches Übel ist das kleinere? Zu sagen, nichts zu wissen, oder zu sagen, dass der andere mit Sicherheit eine dumme Nuss ist? Politische Parteien wählen, die über Monate hinweg ihr (Noch-) Nichtwissen als Programm behübschen, oder doch die Opposition, die der jeweiligen Regierung die Unfähigkeitsbescheinigung gleich ab deren ersten Amtstag ausgestellt hat?

Vielleicht langweilig, aber hier nochmals der Aufruf zum „und":

Unmittelbar vor Drucktermin dieses Buches, deshalb nur noch zum Schluss, treten die Gegner der „Neuen Ökonomie" wieder auf den Plan. Und das sehr laut. Verhaltensökonomie, Paternalismus – auch in seiner „sanften" Form – sowie die Glücksökonomie, und damit die wichtigsten Bausteine dieses Buches, werden frontal angegriffen. Den Argumenten ist durchaus etwas abzugewinnen. Denn auch wir wollten in dieser Zusammenfassung der neuen ökonomischen Modelle, zeitlich nach Klassik, Neoklassik, Keynes und Neoklassik II, nur aufzeigen, was alles *möglich* wäre. Aber nie mit dem Ziel, alles andere zu verteufeln. So, wie es Kurt Rothschild stets gelehrt hat: Dem anderen müsse wenigstens die Chance gegeben sein, gehört zu werden. Und da sei die Neoklassik leider sturer als Keynesianer und Postkeynesianer. Alle Mischversuche der neoklassischen Keynesianer und der keynesianischen Neoklassiker sind zwar bis heute nicht wirklich gelungen, aber das darf nicht bedeuten, es für lange Zeit überhaupt aufzugeben, das Beste aus links und rechts zu finden.

Zurück zum Angriff auf die neuen Modelle. Die „Tyrannei der Nützlichkeit", schreibt Gilles Saint-Paul, Ökonom in Toulouse (2011). Der Gesellschaft drohe die Freiheit verloren zu gehen, wenn der Staat sich durch „Schubsen" zu sehr in das Leben der Menschen einmische. Durch die Verhaltensökonomie entstehe das Bild eines Kindes oder eines Triebmenschen, jedenfalls eines unmündigen Bürgers, der von Vater Staat erzogen werde.

Zucker- und Fettsteuern, weil ein Volk zu dick sei, Vorschläge wie diese würden völlig zu Unrecht alle treffen, während Selbstbehalte für zu dicke Menschen weitaus effektiver wären. Der französische Ökonom gibt zu, dass der *Homo oeconomicus* mit der Realität nichts zu tun habe, aber auch mit einer in sich gespaltenen Persönlichkeit könne man doch in ökonomischen Modellen nicht arbeiten.

Der Proteststurm wird dem Mann gewiss sein. Und die Kritik sei erlaubt, dass man nicht unbedingt an einem Uralt-Modell festhalten muss, nur weil man alles Neue verteufelt.

In der Ökonomie wäre die Erstellung eines Aufgabenkataloges ein Beginn: Was kann die Privatwirtschaft besser, was der Staat? In welchen Bereichen helfen Experimente aus der Verhaltens- oder Neuroökonomie, in welchen sind sie sinnlos, weil man ohnehin weiß, wie der „Durchschnittsmensch" (*Homo oeconomicus*) reagiert (auch dafür haben wir Beispiele angeführt). Apropos „wahre" *Homines oeconomici*: Das sind eigentlich die K i n d e r . Eine Studie aus Deutschland 2012 überrascht und soll Ihnen nicht vorenthalten werden: *Das Vorbild für die Verfechter der rationalen Ökonomie könnten die ganz Kleinen sein*. Sie leben den *Homo oeconomicus* – nicht, weil sie wollen, sondern weil sie nicht anders können. Teilen, Fairness oder Gerechtigkeit im Verhalten, das spielt es im Kinderzimmer nicht.

Dazu ist das kindliche Gehirn noch nicht weit genug entwickelt. Gefunden hat man zu dieser These – wie könnte es anders sein – wieder mit den Methoden der Spieltheorie. Und wieder mit dem Diktator- und dann dem Ultimatum-Spiel. (Steinbeis 2012)

Das Ergebnis: Jüngere Kinder (von 6–9 Jahren) bleiben egoistisch, auch wenn sie wissen, dass ihnen das im Spiel Nachteile bringt (es ging um Pokerchips, die sie später gegen altersadäquate Geschenke eintauschen konnten). Erst die älteren (10–13 Jahre) spürten, je unfairer ich bin, desto weniger Chips bekomme ich selbst. Und tatsächlich war bei älteren Kindern der seitliche präfrontale Cortex, in dem sich die Kontrolle des eigenen Verhaltens und damit auch Fairness abspielen, während des Spiels deutlich aktiver als bei den Kleineren (vermessen wurden die armen Kleinen übrigens in der Magnetresonanzröhre). Die Ursache lag aber nicht in mangelnder Intelligenz oder einem fehlenden Verständnis von Fairness, sondern in der noch nicht ausreichend ausgebildeten Fähigkeit zur Impulskontrolle.

Wo sind aber nun die Grenzen der Ökonomie? Wo *sollten* sie sein? Ebenfalls noch 2012 wird ein Forscherteam mit dem Harvard-Ökonomen David Laibson an der Spitze in der „American Economic Review" stolz bekannt geben, dass es sich immer eindeutiger messen lässt, wie Genkombinationen im Menschen dessen wirtschaftliche Talente beeinflussen bzw. ausmachen. Ob jemand einmal viel oder wenig Geld verdienen werde, sei schon im Erbgut angelegt. Und 50 Prozent der dafür verantwortlichen DNA seien schon entschlüsselt. „Je weiter die Forscher das DNA-Rätsel entschlüsseln, desto größer ist aber auch die Gefahr, dass ihre Ergebnisse missbraucht werden. Menschen mit Armutsgenen könnten als hoffnungslose Fälle abgestempelt werden, die man am besten gleich in Hartz IV abschiebt", warnt das Handelsblatt. (2012)

Das ökonomische Higgs-Teilchen bleibt also weiterhin im Dunkeln.

Welche gigantischen Röhren man wird bauen müssen und mit welcher Geschwindigkeit die beschleunigten Teilchen von links und rechts aufeinanderprallen müssen, um den Urknall zu simulieren, wissen wir auch nicht.

„Hoffentlich wird's nicht so schlimm, wie es schon ist."
(Karl Valentin)

Danksagung

Der Dank gilt in erster Linie meiner Frau Friederike und meinen Kindern Taddeo (5 Jahre) und Benno (3 Jahre), die ihren Papa 2012 viel zu wenig gesehen haben. ORF-Redakteur und Buchautor. Da bleibt wenig Zeit. Die Geduld meiner Frau war unglaublich groß. Aber jetzt ist es gut, dass dieses Buch fertig ist!

Vor allem aber danke ich dem Chef des Verlages Braumüller, Bernhard Borovansky. Ohne ihn hätte ich nach „Wie Wirtschaft die Welt bewegt" nicht drei Jahre später ein weiteres Buch geschrieben. In diesem Verlag herrscht nach der Umstrukturierung eine unglaubliche Dynamik und Einsatzbereitschaft. Namentlich möchte ich vom Team vor allem meine Lektorin Anita Luttenberger sowie die Grafikerin Alexandra Schepelmann erwähnen. Und die zweite Chefin des Verlages, „Stanzi" Borovansky, die an Hilfsbereitschaft schwer zu überbieten ist. Theres Lessing hat mich bei der Aufbereitung der Bereiche aus der experimentellen Ökonomie unterstützt.

Danke auch meiner lieben Mama, die mir durch ihre eigene Kunst des Formulierens, sozusagen als Vorbild, neben vielen anderen Dingen auch die Lust zu schreiben mit auf den Weg gegeben hat.

Und noch jemandem möchte ich danken. Die frühere Braumüller-Pressechefin, Ausstrahlung und Kompetenz in einer Person, hat mich Ende 2008 zum Verlag gebracht. Elisabeth Farago ist noch während der Arbeiten für „Wie Wirtschaft die Welt bewegt" völlig unerwartet, nach nur 45 Lebensjahren, verstorben. Danke Lisi. Für alles.

Mein letzter Dank gilt einem Menschen, dem ich diesen Dank auch nicht mehr persönlich aussprechen kann. Meinem Volkswirtschaftslehrer, Universitätsprofessor Kurt Rothschild, der inhaltlich und menschlich immer mein großes Vorbild bleiben wird. Er ist, ein Jahr nach Veröffentlichung unseres gemeinsamen Buches, im Jahr 2010 mit 96 Jahren gestorben. Einmal sagte er: „Sie können mit mir n i c h t über Gott und die Welt sprechen, wenn, dann nur über die Welt." Der weltweit anerkannte Ökonom war Agnostiker. Vielleicht hat er meinen Dank dennoch gehört.

Literaturverzeichnis

Aiginger, Karl: *Wirtschafts-Nobelpreis: Der Homo oeconomicus schlägt zurück*, in: „Die Presse", Economist, 11. 10. 2011, S. 19

Ariely Dan, George Loewenstein, Drazen Prelec: *Coherent Arbitrariness: Duration-sensitive Pricing of Hedonic Stimuli around an Arbitrary Anchor*, in: MIT Sloan School of Management Working Paper Series, 09/2000

Ariely, Dan: *Denken hilft zwar, nützt aber nichts: Warum wir immer wieder unvernünftige Entscheidungen treffen*, München: Droemer, 2008

Axelrod, Robert: *Die Evolution der Kooperation*, München: Oldenbourg, 2009

Bechara, Antoine, Hanna Damasio, Antonio R. Damasio: *Emotion, Decision Making and the Orbitofrontal Cortex*, in: Oxford Journals Life Sciences & Medicine Cerebral Cortex Volume 10, Issue 3, 2000, S. 295–307

Bechara, Antoine, Hanna Damasio, David Rudrauf, Naqvi H.Nasir: *Damage to the Insula Disrupts Addiction to Cigarette Smoking*, Science, Volume 315, Number 5811, 26.01.2007, S. 531–534

Biffl, Gudrun, Anna Faustmann, Doris Gabriel, Thomas Leoni, Christine Mayrhuber, Eva Rückert: *Psychische Belastungen der Arbeit und ihre Folgen*, Österreichisches Institut für Wirtschaftsforschung, 2012. Siehe auch: http://www.wifo.ac.at/wwa/downloadController/displayDbDoc.htm?item=S_2012_PSYCHISCHEBELASTUNGEN_44034$.PDF

Binswanger, Mathias: *Führt mehr Einkommen zu mehr Zufriedenheit? – Die Kontroverse um das Easterlin-Paradox*, 21. 12. 2011, siehe: www.oekonomenstimme.org/artikel/2011 / 12/fuehrt-mehr-einkommen-zu-mehr-zufriedenheit--die-kontroverse-um-das-easterlin-paradox/

Binswanger, Matthias: *Die Tretmühlen des Glücks: Wir haben immer mehr und werden nicht glücklicher. Was können wir tun?*, Freiburg: HERDER spektrum, 2006

Bittner, Jochen. *Zeit ist Macht,* in: Zeit Online, 05.08.2012, http://www.zeit.de/2012/31/Beschleunigung/komplettansicht

Blüm, Norbert, *Ehrliche Arbeit*, Gütersloher Verlagshaus, 2011

Brown, Hazel N., Rebecca B. Saunders, and Margaret J. Dick: *Preventing Secondary Pregnancy in Adolescents: A Model Program*, Health Care for Women International, Volume 20, Issue 1, 1999, S. 5–15

Bürger, Hans, Kurt W. Rothschild: *Wie Wirtschaft die Welt bewegt*, Wien: Braumüller, 2009

Calmach, Marc, Peter Martin Thomas: *Wie ticken Jugendliche 2012*, SINUS-Jugendstudie, 2012

Camerer, C., Loewenstein, G. & Prelec, D. (2004). *Neuroeconomics: Why economics needs brains*, in: Scandinavian Journal of Economics, Volume 106, Issue 3, S. 555–579

Carroll, Christopher, Byung-Kun Rhee, and Changyong Rhee: *Does Cultural Origin affect Saving Behavior?*, in: Economic Development and Cultural Change, Volume 48, 1999, S. 33–50

Coen, Amrai: *40,9 Prozent sind schon glücklich*, in: ZEIT ONLINE, 2011; http://www.zeit.de/2011/49/Kapitalismuskritik-Bhutan

Colander, David: *Edgeworth's Hedonimeter and the Quest to Measure Utility*, Journal of Economic Perspectives, Volume 21, Number 2, 2007, S. 215–225

Damasio, Antonio R., Christen Hanna Yves Damasio: *Neurobiology of Decision-Making*, Berlin: Springer, 1996

Damasio, R. Antonio: *Descartes' Irrtum: Fühlen, Denken und das menschliche Gehirn*, Berlin: List-Taschenbuch, 2004

Demel, Michael, Bernd Frohmader, Mario Wallentin, Ulrike Wombacher: *Wirtschaft & Recht* (WSG-W), Band 3, Bamberg: C.C. Buchner, 2009

Descartes, René: *Die Prinzipien der Philosophie*. Lateinisch–Deutsch. Übersetzt und herausgegeben von Christian Wohlers, Hamburg: Felix Meiner Verlag, 2005

Descartes, René: *René Descartes' philosophische Werke*. Übersetzt, erläutert und mit einer Lebensbeschreibung des Descartes versehen von Julius Hermann Kirchmann. Dritte Abtheilung. Die Prinzipien der Philosophie, Berlin: Verlag L. Heimann, 1870

Diefenbacher, Hans, Roland Zieschank, Dorothee Rodenhäuter: *Wohlfahrtsmessungen in Deutschland. Ein Vorschlag für einen neuen Wohlfahrtsindex*, Forschungsstelle für Umweltpolitik, 2008, siehe auch: www.boyond-gdp.eu/downlad/BMU_UBA_Endbericht_v20_endg.pdf

Dodds, Peter Sheridan, Kameron Decker Harris, Isabel M. Kloumann, Catherine A. Bliss, Christopher M. Danforth: *Temporal patterns of happiness and information in a global social network: Hedonometrics and Twitter*, Cornell University, 29.07.2011, siehe: http://arxiv.org/abs/1101.5120

Eberhardt, Tim, Thomas M. Fojcik, Mirja Hubert, Marc Linzmajer, and Peter Kenning, *The Sweet Side of Sugar. The Influence of Raised Insulin Levels on Price Fairness and Willingness to Pay*, Pittsburgh: Zeppelin University, 2009

Ecker, Bernhard: *Auf den Spuren von Lüge, Gier & Fairness*, in: Der Trend, 12/2011, S. 32

Elger, Christian E., Friedhelm Schwarz: *Neurofinance*: *Wie Vertrauen, Angst und Gier Entscheidungen treffen*, Freiburg: Haufe-Verlag, 2009

Esch, Franz Rudolf: *Strategie und Technik der Markenführung*, siehe: http://tocs.ulb.tu-darmstadt.de/198135343.pdf, 2008

Evensky, Jerry: *Adam Smith's Theory of Moral Sentiments: On Morals and Why They Matter to a Liberal Society of Free People and Free Markets*, in: Journal of Economic Perspectives, Volume 19, Number 3, 2005, S. 109–130

268

Falk, Armin: *Homo Oeconomicus Versus Homo Reciprocans – Ansätze für ein Neues Wirtschaftspolitisches Leitbild?*, in: Institute for Empirical Research in Economics, University Zürich, Working paper No.79, 2001

Falk, Emily B., Elliot T. Berkman, Matthew D. Lieberman: *From neural responses to population behavior. Neural focus group predicts population-level media effects*, in: Psychological Science, Volume 23, Number 5, 2012, S. 439–445

Fehr, Ernst, Gerhard Schwarz (Hrsg.): *Psychologische Grundlagen der Ökonomie*, Zürich: Verlag Neue Zürcher Zeitung, 2002

Fehr, Ernst, Jean-Robert Tyran: *Does Money Illusion Matter?*, in: American Economic Review, Volume 91, 2001, S. 1239–1262

Fehr, Ernst, Lorenz Goette, Christian Zehnder: *Behavioral Account of the Labor Market: The Role of Fairness Concerns*, in: Annual Review of Economics Volume 1, 2009, S. 355–384

Fehr, Ernst, Simon Gächter: *Do Incentive Contracts Crowd-out Voluntary Cooperation*, in: Institut für Empirische Wirtschaftsforschung, Working Paper N34, 2000

Ferrari, P. F., L. Fogassi, V. Gallese, G. Rizzolatti: *Mirror neurons responding to the observation of ingestive and communicative mouth actions in the monkey ventral premotor cortex*, in: European Journal of Neuroscience, Volume 17, Number 8, 2003, S. 1703–1714

Flaßpöhler, Svenja: *Evolution oder Revolution – Zwei Strategien für ein neues Leben*, in: Philosophie Magazin, Nummer 5, 2012

Flaßpöhler, Svenja: *Macht Arbeit glücklich?*, in: Philosophie Magazin, 02./03.2012, S. 34

Foot, Philippa: *The Problem of Abortion and the Doctrine of the Double Effect in Virtues and Vices*, Oxford: Basil Blackwell, 1978

Frank, Robert H., Thomas Gilovich, and Dennis T. Regan: *Does Studying Economics Inhibit Cooperation?*, in: Journal of Economic Perspectives, Volume 7, 1993, S. 259–271

Franz, Stephan: *Grundlagen des ökonomischen Ansatzes: Das Erklärungskonzept des Homo Oeconomicus*, in: Universität Potsdam (Hrsg.): International Economics Working Papers 2004-02, siehe auch: http://www.uni-potsdam.de/u/makrooekonomie/docs/studoc/stud7.pdf

Frey, Bruno S., Christine Benesch, Alois Stutzer: *Does watching TV make us happy?*, in: Journal of Economic Psychology 28, 2007, S. 283–313

Frey, Bruno S., Claudia Frey-Marti: *Glück – die Sicht der Ökonomie*, Zürich: Rüegger Verlag, 2010

Frey, Bruno S.: *A Constitution for Knaves Crowds out Civic Virtues*, in: The Economic Journal 107, 1997, S. 1043–1053

Frey, Eric: *Die Menschheitsformel*, in: Der Standard, 28.01.2012

Friedel, Heiko, Barbara Orfeld: *Das Anforderungs-Kontroll-Modell: Psychische Belastungen am Arbeitsplatz sind einfach zu ermitteln*, in: Die BKK 2/2002, S. 50–54

Gabriel, Stuart A., Joe P. Mattey, William L. Wascher: *Compensating differentials and evolution in the quality-of-life among U. S. states*, in: Regional Science and Urban Economics, Elsevier,Volume 33, Number 5, 2003, S. 619–649

Gaulhofer, Karl: *Die Ökonomen haben auf die Banken vergessen*, in: Die Presse, 06. 02. 2010

Gillwald, Katrin: *Konzepte sozialer Innovation*, Berlin: Wissenschaftszentrum, Abteilung Sozialstruktur und Sozialberichterstattung, 2000

Glimcher, Paul W., Colin F. Camerer, Ernst Fehr, Russell A. Poldrack: *Neuroeconomics, Descision Making and the brain*, Academic Press of Elsevier, 2009

Golder, Scott A., Michael W. Macy: *Diurnal and Seasonal Moods Vary with Work, Sleep, and Daylength Across Diverse Cultures*, in: Science 30. 09. 2011, S. 1878–1881, siehe auch: http://dx.doi.org/10.1126/science.1202775

Gomez, Isabel: *Hochfrequenzhandel, so arbeiten Blitzhändler*, in: Financial Times Deutschland, 29. 05. 2012

Greenspan, Alan: *Greenspan Concedes Error on Regulation*, in: The New York Times, 24. 10. 2008

Gul, Faruk, Wolfgang Pesendorfer: *The Case for Mindless Economics*, Princeton University, 2005

Harris, Robert: *Angst*, München: Heyne Verlag, 2011

Häusel, Hans-Georg: *Brain View – Warum Kunden kaufen*, Freiburg: Haufe-Verlag, 2008

Heinzlmaier, Bernhard im Interview mit dem KURIER am Sonntag, 19.08.2012, S. 14–15

Held, Dirk, Christian Scheier: *Wie Werbung wirkt. Erkenntnisse des Neuromarketing*, Freiburg: Haufe-Verlag, 2006

Hendry, D. F.: *Econometrics: Alchemy or science?*, in: Economica, Volume 47, 1980, S. 387–406

Heuser, Uwe Jean: *Formel für ein besseres Leben*, in: Die Zeit, Nr. 49, 01. 12. 2011

Heuser, Uwe Jean: *Humanomics. Die Entdeckung des Menschen in der Wirtschaft*, Frankfurt: Campus Verlag, 2008

Hinghofer-Szalkay , Helmut G.: *Eine Reise durch die Physiologie*, Kapitel „Integrative Funktionen von Hirnstamm und Zwischenhirn", Institut für Physiologie, Medizinische Universität Graz, Aktualisierung in http://user.meduni-graz.at/helmut.hinghofer-szalkay/XVI.6.htm

Hochgerner, Josef: *Soziale Innovation. Wunsch und Wirklichkeit.* ZSI-Kongress, 2006; siehe: http://www.soziale-innovation.net/attach/ZSI_Kongress_Vortrag_JH.pdf

Homann, Karl: *Vorteile und Anreize: Zur Grundlegung einer Ethik der Zukunft*, Tübingen: Mohr Siebeck, 2002

Howaldt, Jürgen, Michael Schwarz: „Soziale Innovation" im Fokus. Skizze eines gesellschaftstheoretisch inspirierten Forschungskonzepts, Bielefeld: transcript Verlag, 2010

Kahneman Daniel: *Schnelles Denken, langsames Denken*, München: Siedler-Verlag, 2012

Kahneman, Daniel, Amos Tversky: *Prospect theory: An analysis of decision under risk*, in: Econometrica, Volume 47, Number 2, 1979, S. 263–291

Kahneman, Daniel, J. L. Knetsch and R. H. Thaler: *Experimental Test of the endowment effect and the Coase Theorem*, in: Journal of Political Economy, Volume 98, Number 6, 1990, S. 1325–1348

Kahneman, Daniel, J. L. Knetsch, R. H. Thaler: *Anomalies: The Endowment Effect, Loss Aversion, and Status Quo Bias*, in: Journal of Economic Perspectives, Volume 5, Number 1, 1991, S. 193–206

Kahneman, Daniel, Alan B. Krueger: *Entwicklungen bei der Messung von subjektivem Wohlbefinden*, in: Journal of Economic Perspectives, Band 20, Nummer 1, 2006, S. 3–24

Kahneman, Daniel, Amos Tversky: *Choices, Values, and Frames*, New York: Cambridge University Press, 2000

Kahneman, Daniel, Alan B. Krueger, David Schkade, Norbert Schwarz und Arthur A. Stone: *Would you be happier if you were richer? A focusing illusion*, in: CEPS Working Papers Number 125, Mai 2006, siehe auch: http://www.princeton.edu/~ceps/workingpapers/125krueger.pdf

Karasek, R. A., and T. Theorell: *Healthy Work. Stress, Productivity and the Reconstruction of Working Life*, New York: Basic Books, 1990

Kenning, Peter: *Neuroökonomie. „Eine belohnende Atmosphäre schaffen"*, 2011, siehe: zumhandelngeschaffen.de/internet/site/handelsportal/get/209555/11-07-29-belohnende-atmosphere.pdf

Keynes, John Maynard: *A Tract on Monetary Reform*. London: Macmillan and Co., 1923

Kirchgässner, Gebhard: *Homo oeconomicus*, Tübingen: Mohr Siebeck, 2008

Kirchgässner, Gebhard: *Sanfter Paternalismus, meritorische Güter, und der normative Individualismus*, Universität St. Gallen: School of Economics and Political Science, Department of Economics, Diskussionspapier 07.2012

Koenigs, Michael, Antonio Damasio, Liane Young et al.: *Damage to the prefrontal cortex increases utilitarian moral judgements*, in: Nature, Volume 446, 2007, S. 908–911

Laibson, David, Jeromin Zettelmeyer: *Die neue Ökonomie der Ungeduld*, in: Fehr/Schwarz (Hrsg.): Psychologische Grundlagen der Ökonomie. Über Vernunft und Eigennutz hinaus, Zürich: Verlag Neue Zürcher Zeitung, 2002, S. 39–46

Lanthaler, Ingrid: *Neuroeconomics. Erklärung ökonomischer Handlungslogik durch neuronale Prozesse*, Saarbrücken: Verlag Dr. Müller, 2010

Layard, Richard: *Kämpfen wir fürs Glück!*, in: Die Zeit, 31. 08.2011, siehe auch: www.zeit.de/zeit-wissen/2011 / 05/Gluecksformeln

Leuzinger-Bohleber, Marianne, Gerhard Roth, Anna Buchheim: *Psychoanalyse Neurobiologie Trauma*, Stuttgart: Schattauer Verlag, 2008

Litschka, Michael, Michaela Suske, Roman Brandtweiner: *Decision Criteria in Ethical Dilemma Situations: Empirical Examples from Austrian Managers*, in: Journal of Business Ethics, Volume 104, Number 4, 2011, S. 473–484

Mai, Jochen: *Entscheidungsgewalt – das Herz ist schneller als das Hirn*, in: Karrierebibel, 2008, http://karrierebibel.de/entscheidung-das-herz-ist-schneller-als-der-kopf/

Mai, Jochen: *Gutschein – Freiwillig gibt's keine guten Taten*, in: Karrierebibel 2007, http://karrierebibel.de/gutschein-freiwillig-gibts-keine-gute-taten/

Malthus, Thomas Robert: *Das Bevölkerungsgesetz*, München: DTV, 1977

Matzat, Lorenz: *Malte Spitz' Vorratsdaten: Der Datensatz unter der Lupe*, in: Zeit Online Data Blog, 2011, http://blog.zeit.de/open-data/ 2011/02/24/vorratsdaten-unter-der-lupe/

Mill, John Stuart: *On Liberty* (1859), Deutsche Übersetzung, Darmstadt: Wissenschaftliche Buchgemeinschaft, 1967

Mill, John Stuart: *Utilitarismus*, übersetzt von Manfred Kühn, Hamburg: Meiner Verlag, 2009

Möhring-Hesse, Matthias (Hrsg.): *Streit um die Gerechtigkeit. Themen und Kontroversen im gegenwärtigen Gerechtigkeitsdiskurs*, Schwalbach: Wochenschau Verlag, 2008

Möllering Kristin: *Neuroökonomie – Ein Gehirn für Wirtschaftswissenschaftler!*, in: AWARE, Magazin für Psychologie, FS 12, siehe: http://aware-magazin. ch/2012/03/neurooekonomi/

Moore, G. E.: *Principia Ethica*, 1903, S. 260 in: http://fair-use.org/g-e-moore/principia-ethica/

Morishima, Yosuke, Daniel Schunk, Adrian Bruhin, Christian C. Ruff, and Ernst Fehr: *Linking brain structure and activation in the tempoproparietal junction to explain the neurobiology of human* altruism, in: Neuron, Volume 75, Issue 1, S. 73–79

Nordhans, William D., James Tobin: *Is Growth Obsolete?*, National Bureau of Economic Research, 1972, siehe auch: www.nber.org/chapters/c7620.pdf

Novak, Martin: *SuperCooperators: Altruism, Evolution, and Why We Need Each Other to Succeed*, New York: Free Press, 2011

Nufer, Gerd, Miriam Wallmeier: *Neuromarketing*, Reutlingen: Business School, 2010

O'Donoghue, T., M Rabin: *Regulation for Conservatives: Behavioral Economics and the Case for Asymmetric Paternalism*. The American economic review. University of Pennsylvania Law Review, 2003

Olson, Mancur: *Aufstieg und Niedergang von Nationen*, Tübingen: Mohr Siebeck, 2004

Oswald, Andrew J., Stephen Wu: *Objective Confirmation of Subjective Measures of Human Well-Being: Evidence from the U.S.A.*, in: Science, Volume 327, 2010, S. 576–579

PM-Magazin: *Bei Rabatt hören wir zu denken auf*, in: Pm Magazin, http://www.pm-magazin.de/a/bei-%C2%BBRabatt%C2%AB-h%C3%B6ren-wir-zu-denken-auf

Precht, Richard David: *Vom Schlingern der Galeere. Bio-philosophische Betrachtungen über die obskuren „Märkte"*, in: Der Spiegel, 2/2012, S. 70

Precht, Richard David: *Wer bin ich und wenn ja, wie viele? Eine philosophische Reise*, München: Goldmann Verlag, 2007

Pritzel, Monika, Matthias J. Brand, J. Markowitsch: *Gehirn Und Verhalten. Ein Grundkurs der Physiologischen Psychologie*, Heidelberg: Spektrum Akademischer Verlag, 2009

Ravallion, Martin, Shaohua Chen: *World Bank Policy Research Working Paper 3341* [Forschungspapier 3341 über die Politik der Weltbank], Juni 2004

Reimann, Martin, Bernd Weber (Hrsg.): *Neuroökonomie. Grundlagen – Methode – Anwendungen*, Wiesbaden: Gabler Verlag, 2011

Roth, Gerhard: *Evolution oder Revolution – Zwei Strategien für ein neues Leben: Dialog zwischen Gerhard Roth und Volker Gerhardt: Der Hirnforscher und der Philosoph diskutieren die Bedingungen der Möglichkeit, sein Leben zu ändern*, in: Philosophie Magazin, Nummer 5, 2012, S. 55

Rothschild, Kurt W., Hans Bürger: *Gespräche Mai–Juli 2009*, unveröffentlichtes Manuskript

Rothschild, Kurt W.: *Arbeitslose: Gibt's die? Ausgewählte Beiträge zu den ökonomischen und gesellschaftspolitischen Aspekten der Arbeitslosigkeit*. Rainer Buchegger, Monika Hutter, Béla Löderer (Hrsg.): Postkeynesianische Ökonomie, Band 4, Marburg: Metropolis-Verlag, 1990

Saint-Paul, Gilles: *The Tyranny of Utility*, Princeton: Princeton University Press, 2011

Samuelson, W., R. J. Zeckhauser: *Status quo bias in decision making*, in: Journal of Risk and Uncertainty, Volume 1, 1988, S. 7–59

Schneider, Stefan: *Homo Oeconomicus oder doch eher Homer Simpson?* in: Reihe Aktuelle Themen, Deutsche Bank Research, 30. 04. 2010

Schräder, Olaf: *Wohin wollen wir gehen?*, München: Ag Spak, 2008

Schuberth, Helene: *Finanzmarktregulierung als öffentlicher Auftrag*, in: WISO, Nummer 1, 2012

Schumpeter, Joseph A.: *Unternehmer*, in: Stephan Böhm (Hrsg.): Beiträge zur Sozialökonomik. Wien: Böhlau, 1987

Sedláček, Tomáš: *Die Ökonomie von Gut und Böse*, München: Carl Hanser Verlag, 2012

Shafir, E., P. Diamond, A. Tversky: *On Money Illusion,* in: Quarterly Journal of Economics 112, 1997, S. 341–374

Shermer, Michael: *The Mind of the Market*, New York: Times Books, 2007

Shiller, Robert J.: *Paradigmenwechsel in der Finanzmarktforschung*, in: Ernst Fehr,Gerhard Schwarz (Hrsg.): Psychologische Grundlagen der Ökonomie, Zürich: Verlag Neue Zürcher Zeitung, 2002

Shiller, Robert J.: *The Subprime Solution*, Princeton: Princeton University Press, 2008

Siebenhüner, Bernd: *Homo sustinens als Menschenbild für eine nachhaltige Ökonomie*, in: Journal of Social Science Education, 2000; siehe auch: www.sowi-online.de/journal/nachhaltigkeit/siebenhuener.htm

Skidelsky, Robert: *Die Rückkehr des Meisters. Keynes für das 21. Jahrhundert*, München: Kunstmann-Verlag, 2010

Skidelsky, Robert: *John Maynard Keynes: 1883–1946: Economist, Philosopher, Statesman*, New York: Penguin Books, 2005

Spencer, J.: *Lessons from the brain-damaged investor*, in: The Wallstreet Jounal, 21. 07. 2005

Spohr, Frederic: *Forscher finden das "Wirtschafts-Gen"*, in: Handelsblatt, 18. 07. 2012

Steinbeis, Nikolaus, u.a.: *Fehlende Impulskontrolle hindert Kinder am fairen Teilen*, in: Zeitschrift der Max-Planck-Gesellschaft, 07. 03. 2012

Stevenson, Betsey, and Justin Wolfers: *Economic Growth and Subjective Well-Being: Reassessing the Easterlin Paradox,* in: Brookings Papers on Economic Activity 2008 (1): S. 1–87

Stiglitz, Joseph: *Die Krise traf die Finanzmärkte nicht schicksalhaft*, in: Handelsblatt, 22. 04. 2010b

Stiglitz, Joseph: *Im freien Fall – Vom Versagen der Märkte zur Neuordnung der Weltwirtschaft*, München: Siedler, 2010a

Stiglitz, Joseph: *There is no invisible* hand, in: The Guardian, 20. 12. 2002

Storbeck, Olaf: *Ein Leben in der Scheinwelt*, in: Handelsblatt, 24. 09. 2010

Thaler, Richard H., Cass R. Sunstein: *Nudge: Wie man kluge Entscheidungen anstößt*, Düsseldorf: Econ, 2009

Thaler, Richard H.: *Towards a positive theory of consumer choice*, Marketing Science, Volume 4, 1980, S. 199–214

Thompson, Clive: *Desktop Orb Could Reform Energy Hogs*, in: Wired Magazine, 15. 08. 2007

Tversky, Amos, Daniel Kahneman: *The Framing of Decisions and the Psychology of Choice*, in: Science, Volume 211, Number 4481, 1981

Weber, Christian: *Wohlstand und Glück – Irgendwann ist es genug*, in: Süddeutsche Zeitung, 14. 12. 2010

Welsch, Heinz: *Macht grüner Strom glücklicher?*, in: Einblicke, Nummer 49, Oldenburg: Carl von Ossietzky Universität, 2009

Wolz, Lea: *Glück lässt sich nicht kaufen*, in: stern.de, 2010, siehe auch: http://www.stern.de/wissen/mensch/wachsender-wohlstand-glueck-laesst-sich-nicht-kaufen-1634207.html

Worldwatch Institute (Hrsg.) in Zusammenarbeit mit der Heinrich-Böll-Stiftung und Germanwatch: *Zur Lage der Welt 2011. Hunger im Überfluss. Neue Strategien gegen Unterernährung und Armut*, München: oekom verlag, 2011

Wright, Robert: *Nonzero. The Logic of Human Destiny*, New York: Vintage, 2001

Yeung, Karen: *Nudge as Fudge*, in: The Modern Law Review, Volume 75, Issue 1, 2012, S. 122–148

Žižek, Slavoj: *Das fragile Absolute. Warum es sich lohnt, das christliche Erbe zu verteidigen*. Aus dem Englischen von Nikolaus G. Schneider, Berlin: Verlag Volk & Welt, 2000

Weiterführende Literatur

Akerlof, George, Robert Shiller: *Animal Spirits. Wie die Wirtschaft wirklich funktioniert*, Frankfurt: Campus, 2009

Ariely, Dan, Uri Gneezy, George Lowenstein, Nina Mazar : *Large stakes and big mistakes*, in: Review of Economic Studies, 2009, S. 451–469

Bardsley, Nicholas, Judith Mehta, Chris Starmer, Robert Sugden: *Citations explaining focal points: Cognitive hierarchy theory versus team reasoning*, in: The Economic Journal, Volume 120, Issue 543, 2010, S. 40–79

Bhaskar, V.: *Rational adversaries? Evidence from randomised trials in one day cricket*, in: The Economic Journal, Volume 119, Issue 534, 2009, S.1–23

Burd, M.: *Hunting, gathering, investing, globalizing: The biological roots of economic behavior*, System Research and Behavioral Science, Volume 27, Issue 5, 2009, S. 510–522

Carpenter, Jeffrey, Jessica Holmes, Peter Hans Matthews: *Charity Auctions: a field experiment*, in: The Economic Journal, Volume 118, Issue 529, 2008, S. 92–113

Chaudhuri, Ananish: *Talking ourselves to efficiency: Coordination in inter-generational minimum effort games with private, almost common and common knowledge of advice*, in: The Economic Journal, Volume 119, Issue 534, 2009, S. 91–122

Clark, Andrew E., Claudia Senik: *Who compares to whom? The anatomy of income comparisons in Europe*, in: The Economic Journal, Volume 120, Issue 544, 2010, S. 573–594

Clark, Jeremy E., Lana Friesen: *Overconfidence in forecasts of own performance: An experimental study*, in: The Economic Journal, Volume 119, Issue 534, 2009, S.229–251

Dohmen, Thomas, Armin Falk, David Huffman, Uwe Sunde: *Homo Reciprocans: Survey Evidence on Behavioural Outcomes*, in: The Economic Journal, Volume 119, Issue 536, 2009, S. 592–612

Dominguez-Martinez, Silvia, Otto H. Swank: *A simple model of self-assessment*, in: The Economic Journal, Volume 119, Issue 539, 2009, S. 1225–1241

Ellingsen, Tore, Magnus Johannesson, Jannie Lilja, Henrik Zetterqvist: *Trust and Truth*, in: The Economic Journal, Volume 119, Issue 534, 2009, S. 252–276

Falk, Armin u.a.: *Homo reciprocans: Survey evidence on behavioral outcomes*, in: The Economic Journal, Volume 119, 2009, S. 592–612

Fehr, Ernst u.a.: *Fairness, errors and the power of competition*, in: Journal of Economic Behavior & Organization, Volume 72, 2009, S. 527–545

Fehr, Ernst, Herbert Gintis: *Human motivation and social cooperation: Experimental and analytical foundations*, in: Annual Review of Sociology, Volume 33, 2007, S. 43–64

Fehr, Ernst, Martin Brown, Christian Zehnder: *On Reputation: A microfoundation of contract enforcement and price rigidity*, in: The Economic Journal, Volume 119, Issue 536, 2009, S. 333-353

Fellner, Gerlinde, Matthias Sutter: *Causes, consequences, and cures of myopic loss aversion – an experimental investigation*, in: The Economic Journal, Volume 119, Issue 537, 2009, S. 900–916

Gigerenzer, Gerd, Henry Brighton: *Homo heuristicus: Why biased minds make better inferences*, in: Topics in Cognitive Schience Volume 1, Issue 1, 2009, S. 107–141

Goldschmidt, Nils, Hans Nutzinger (Hrsg.): *Vom homo oeconomicus zum homo culturalis: Handlung und Verhalten in der Ökonomie*, in: Berlin: Lit-Verlag, 2009

Gravelle, Hugh, Matt Sutton: *Doctor behaviour under a pay for performance contract: Treating, cheating and case finding*, in: The Economic Journal, Volume 120, Issue 542, 2010, S. 129–156

Hommer, Daniel W., Brian Knutson, et al.: *Amygdalar recruitment during anticipation of monetary rewards*, in: Annals of the New York Academy of Sciences, Volume 985, 2003, S. 476–478

Hopfensitz, Astrid, Ernesto Reuben: *The importance of emotions for the effectiveness of social punishment*, in: The Economic Journal, Volume 119, Issue 540, 2009, S. 1534–1559

John, Peter, Graham Smith, Gerry Stoker: *Nudge Nudge, Think Think: Two Strategies for Changing Civic Behaviour*, in: The Political Quarterly, Volume 80, Issue 3, 2009, S. 361–369

Knabe, Andreas, Steffen Rätzel, Ronnie Schöb, Joachim Weimann: *Dissatisfied with life, but having a good day: time-use and well-being of the unemployed*, in: The Economic Journal, Volume 120, Issue 547, 2010, S. 867–889

Krugmann, Paul: *Wie konnten die Ökonomen sich nur so irren?*, in: Das Magazin, 18.9.2009

Laibson, David, B. C. Madrian: *Reinforcement learning and savings behavior*, in: The Journal of Finance, Volume 64, Issue 6, 2009, S. 2515–2533

Lindbeck, Assar, Sten Nyberg, Jörgen W. Weibull: *Incentives and Social Norms and Economic Incentives in the Welfare State*, in: The Quarterly Journal of Economics, Volume 114, Issue 1, 1999, S. 1–35

McDonald, Ian M.: *The global financial crisis and behavioural economic*, in: Economic Papers: A Journal of Applied Economics and Policy, Volume 28, Issue 2, 2009, S. 65–181

Metcalfe, Robert: *Destruction and distress: using a quasi-experiment to show the effects of the September 11 attacks on mental well-being in the United Kingdom*, in: The Economic Journal, Volume 121, Issue 550, 2011, S. 81-103

Nishimura, Kazuo, Akira Okada, Yoshikazu Tobinaga: *Ability to stop thinking and strategy choice in dilemma games*, in: International Journal of Economic Theory, Volume 7, Issue 1, 2011, S. 133–146

Norton, Mike, Dan Ariely: *From thinking too little to thinking too much: A continuum of decision making*, in: Wiley Interdisciplinary Reviews: Cognitive Science, Volume 2, 2011, S. 39–46

Ruckriegel, Karlheinz: *Von der Neoklassik zurück (!) zur Psychologischen Ökonomie (Behavioral Economics) und zur Glücksforschung (Happiness Research) – die Wiederentdeckung des Menschen in der Ökonomie*, in: Sonderdruck der Georg-Simon-Ohm Hochschule Nürnberg, Nummer 46, April 2010, siehe: www.ruckriegel.org

Siegrist, Johannes: *Der homo oeconomicus bekommt Konkurrenz. Die Wiederentdeckung der Emotion in der Wirtschaft*, Düsseldorf: Identity Edition, 2009

Simonsohn, Uri: *Weather to go to college*, in: The Economic Journal, Volume 120, Issue 543, 2010, S. 270–280

Stiglitz, Johannes, Amartya Sen, Jean-Paul Fitoussi: *Report by the Commission on the Measurement of Economic Performance and Social Progress*, September 2009, siehe: www.stiglitz-sen-fitoussi.fr

Thielemann, Ulrich: *System Error. Warum der freie Markt zur Unfreiheit führt*, Frankfurt: Westend, 2010

Van Boven, Leaf, George Loewenstein, Edward Welch, David Dunning: *The illusion of courage in self-predictions: Mispredicting one's own behavior in embarrassing situations*, in: Journal of Behavioral Decision Making, Volume 25, Issue 1, 2012, S. 1–12

Literatur aus dem Internet [Stand September 2012]

(1)   www.wiwi.uni-bremen.de/traub/index-Dateien/labor.htm

(2)   www.optischetaeuschungen-online.de/optischet%E4uschungen/geo.php

(3)   http://eggetsberger.net/der_pce-scanner_iq.html

(4)   http://nielsen.com/de/de/insights/presseseite/2012/nielsen-weltweite-werbeausgaben-steigerten-sich-in-2011-um-7-komma-3-prozent.html

(5)   http://oecdbetterlifeindex.org/

(6)   www.beyond-gdp.eu/

(7)   http://www.stiglitz-sen-fitoussi.fr/documents/rapport_anglais.pdf

(8)   www.footprintnetwork.org/en/index.php/GFN/page/earth_overshoot_day/

(9)   www.eurofound.europa.eu/surveys/ewcs/index.htm

(10) www.koennensgesellschaft.de/mediapool/84/848124/data/Eine_kleine_Geschichte_der_Arbeit_1_.pdf

(11) http://de.statista.com/statistik/daten/studie/75227/umfrage/zahl-der-direkten-aktionaere-in-deutschland/

(12) www.aktienforum.org/b137m14

(13) www.bf.uzh.ch/publikationen/pdf/2986.pdf

Quellenverzeichnis

Abbildungen 1, 2, 3, 4, 5, 6, 7, 8, 9, 10, 11, 12, 13, 14, 26, 33, 34: Michael Leon Saathen

Abbildung 15: © Feingold Technologies GmbH, 2012; E: www.feingoldtech.com; A: Feringastr 4, 85774 Unterföhring, Germany

Abbildung 16: © Limbio Business OG

Abbildung 17: © Limbio Business OG

Abbildung 18: Gerhard Roth (2011): Persönlichkeit, Entscheidung und Verhalten. Klett-Cotta, Stuttgart

Abbildung 19: nach Wikipedia: http://de.wikipedia.org/wiki/Datei:Gray728.png

Abbildung 20: Dirk Held, Christian Scheier: Wie Werbung wirkt. Erkenntnisse des Neuromarketings. Freiburg: Haufe-Verlag, 2006, S. 25

Abbildung 21: Hans Georg Häusel: Brain View – Warum Kunden kaufen. Freiburg: Haufe-Verlag, 2008, S. 53

Abbildung 22: Wikipedia / © Evolution of Neonatal Imitation. Gross L, PLoS Biology Vol. 4/9/2006, e311 http://dx.doi.org/10.1371/journal.pbio.0040311

Abbildung 23: IMF, World Economic Outlook Database, April 2012. Translated and reproduced with permission. The International Monetary Fund is not responsible for the accuracy of this translation

Abbildung 24: Denkwerk Zukunft – Stiftung kulturelle Erneuerung – www.denkwerkzukunft.de

Abbildung 25: Human Development Report; http://hdr.undp.org

Abbildung 27: New Economics Foundation (2012) The Happy Planet Index: 2012 Report. London: nef; http://www.happyplanetindex.org

Abbildungen 28a und 28b: © WWF Deutschland

Abbildung 29: Mathias Binswanger, Die Tretmühlen des Glücks. Wir haben immer mehr und werden nicht glücklicher. Was können wir tun? © Verlag Herder GmbH, Freiburg i. Br. 72012, S. 142

Abbildung 30: Stiftung Eurotransplant, Februar 2011, siehe auch www.organspende-info.de

Abbildung 31: DGB-Infoservice einblick

Abbildung 32: „Die deutsche Lebensbilanz"; www.geo.de/GEO/interaktiv/wissenstests/4638.html

Abbildung 35: KURIER

Abbildung 36: BFS, Volkswirtschaftliche Gesamtrechnung; http://www.bfs.admin.ch/bfs/portal/de/index/themen/00/09/blank/ind42.indicator.420004.420001.html

Abbildung 37: nach http://www.tagesgeld.info/statistiken/sparquote/